4,40 €

Ruth Denison

Sandy Boucher

Ruth Denison

Pionierin des Buddhismus, Weltbürgerin aus Ostpreußen

Aus dem amerikanischen Englisch von Hilke Bleeken

Theseus Verlag

Theseus im Internet: www.Theseus-Verlag.de

Die Originalausgabe erschien unter dem Titel *Dancing in the Dharma,
The Life and Teachings of Ruth Denison* bei Beacon Press, 25 Beacon Street,
Boston, MA, USA, www.beacon.org

Bibliografische Information Der Deutschen Bibliothek
Die Deutsche Bibliothek verzeichnet diese Publikation in der Deutschen
Nationalbibliografie; detaillierte bibliografische Daten sind im Internet
über http://dnb.ddb.de abrufbar.

ISBN 3-89620-315-0
ISBN 978-3-89620-315-1

Copyright © 2005 by Sandra Boucher
Copyright der deutschen Ausgabe © 2006 Theseus Verlag, Berlin,
in der Verlagsgruppe Dornier GmbH

Die Verwertung der Texte und Bilder, auch auszugsweise, ist ohne Zustimmung
des Verlages urheberrechtswidrig und strafbar. Dies gilt auch für Vervielfältigungen,
Übersetzungen, Mikroverfilmungen und für die Verarbeitung mit
elektronischen Systemen.

Umschlaggestaltung: Morian & Bayer-Eynck, Coesfeld, www.mbedesign.de
Gestaltung und Satz: Grafikstudio Scheffler, Berlin
Druck: Clausen & Bosse, Leck
Printed in Germany

Gedruckt auf alterungsbeständigem Papier mit chlorfrei gebleichtem Zellstoff.

Inhalt

ERSTES KAPITEL *Ein Tag in der Wüste* 7

I. TEIL *Das brave Mädchen: Die Jahre in Deutschland*

ZWEITES KAPITEL *Erste Ahnungen* 40

DRITTES KAPITEL *Der Krieg beginnt* 55

VIERTES KAPITEL *Dunkle Reise* 69

II. TEIL *Die »kleine Immigrantin«: Spirituelle Lehrjahre in Hollywood und Asien*

FÜNFTES KAPITEL *Ein Traum erfüllt sich* 94

SECHSTES KAPITEL *Die erste Lehrerin* 106

SIEBTES KAPITEL *Pilgerreise – Der zweite Lehrer* 116

ACHTES KAPITEL *Ehe und Millbrook* 128

NEUNTES KAPITEL *Zusammenbruch und Neubeginn* . . . 141

ZEHNTES KAPITEL *Reisen und Begegnungen* 151

III. TEIL *Die Lehrerin: Zeit der Reife*

ELFTES KAPITEL *Anfänge* 166

ZWÖLFTES KAPITEL *Konflikt und Klarheit* 185

DREIZEHNTES KAPITEL *Meine Lehrerin* 198

VIERZEHNTES KAPITEL *Frauen auf den Weg des Buddha einladen* 203

FÜNFZEHNTES KAPITEL *Eine Gemeinschaft gründen* 224

IV. TEIL *Das Alter: Die Früchte ernten*
    SECHZEHNTES KAPITEL *Unbeständigkeit* 244

Nachwort von Annabelle Zinser 262

    Quellen 267
        Interviews 267
        Anmerkungen 268
        Literatur 272
        Filme 275
    Dank 276
    Kontaktadressen 280

ERSTES KAPITEL

Ein Tag in der Wüste

An diesem Aprilmorgen im Jahr 2003 hatte ich hier in der Wüste die erste glühende Sommerhitze erwartet. Stattdessen peitscht ein kalter Wind mir die Haare ins Gesicht, als ich die vierhundert Meter vom Dukkha-Haus, dem Frauenschlafsaal, zum Haus Las Vegas, wo Ruth jetzt lebt, hinüberstapfe. Über mir ziehen große, dunkle Wolken auf. Ich blicke über die offene Fläche der Copper Mountain Mesa in der Mojave-Wüste Kaliforniens, spärlich bewachsen mit Kreosot und Bergsalbei. Hier und da stehen einfache kleine Häuser. Dhamma Dena, das Meditationszentrum von Ruth Denison, besteht aus einstöckigen Gebäuden und Wohnwagen aus Holz, Stein, Putz und lackiertem Metall, die sich in die weite, eintönige Landschaft einfügen.

Ich bin wieder einmal hier, um bei Ruth zu sitzen und mit ihr zu sprechen, ihre Lebensgeschichte zu erfahren und mit ihr in einer Reise durch ihre Erinnerungen geographische und geistige Orte aufzusuchen, die an ihrem Weg lagen, ehe sie schließlich hierher ans Ziel gelangte.

Vor dem Tor von Haus Las Vegas entdecke ich Kakteen mit prachtvollen kirschroten Blüten, gepflanzt in glänzend weiße Toilettenschüsseln, und bleibe stehen, um die Pracht dieser nur kurz blühenden Pflanzen zu bewundern. Ich öffne die Pforte des Metallzauns, gehe die unbefestigte Auffahrt hinauf und betrete das einstöckige Haus mit den grünen Schindeln durch den Hintereingang. Die vorherigen Besitzer haben den Zaun errichtet und eine Sicherheitstür eingebaut. Ruth hat so wenig Angst, dass die Türen den größten Teil der Zeit seit Bestehen des Zentrums unverschlossen blieben, und die meisten sind es immer noch.

Der Zaun war trotzdem nützlich, vor allem während jener fünf Jahre, in denen ihr Ehemann Henry körperlich und geistig immer mehr verfiel und sein Leben sich dem Ende zu neigte. Er lebte hier und wurde von bissigen Dackeln bewacht, die darauf aus waren, einem in die Waden zu beißen, wenn man ihn besuchen kam. So manches Mal stand ich zitternd an der Pforte, vom aufgeregten Knurren der kleinen, wurstigen Hunde bedroht, und rief nach jemandem, der sie zurückhalten würde, damit ich hineingehen konnte, um mich zu Henry zu setzen.

An diesem Morgen werde ich nicht von solchen Wächtern attackiert. Ruths derzeitige Dackel sind zu alt und zu müde, um sich als Wachhunde aufzuspielen.

Ich gehe durch die Veranda in die dunkle, enge Küche und rufe: »Hallo, da bin ich!«

Ruth steht im Wohnzimmer und spricht mit Dhammapala, die aus Burma zurückgekehrt ist und eine Weile hier bleiben wird. Dhammapala schenkt mir ihr strahlendes Lächeln, während Ruth sie instruiert: »Ja Dahling, wenn ich über Nacht fort bin, schläfst du hier in meinem Haus. Das wird schön für dich, hmm? Später zeige ich dir, wie du die Kojoten, die Kaninchen und die Roadrunner fütterst.«

»Ich könnte auch in meinem Bus schlafen«, bietet Dhammapala an.

Ruth widerspricht: »Nein, Dahling, du schläfst hier, damit du dich um die Hündchen kümmern kannst.« Sie dreht sich um und zeigt, wie die Hunde zusammengerollt auf einem großen, runden Kissen zwischen Ess- und Wohnzimmer liegen. Tara, die Zottelige mit dem grauen Schnauzbart, schläft. Nelli Belli Delli, eine schöne karamellfarbene Kurzhaardackeldame mit feiner, spitzer Schnauze, schaut ängstlich zu uns auf. Sie ist reinrassig und wurde als Zuchthündin benutzt – ihr ganzes Leben musste sie in einem kleinen Käfig verbringen, wurde regelmäßig geschwängert, hatte Junge und säugte sie –, bis das Ende ihrer »Brauchbarkeit« erreicht war und sie für Tierversuche verkauft worden wäre, hätte sie nicht das außerordentliche Glück gehabt, von Ruth gerettet zu werden.

Dhammapala, die einen verbeulten Sonnenhut trägt, hockt sich hin und streichelt die Hunde.

Ich habe meinen gewohnten Platz am Wohnzimmertisch eingenommen und packe Kassettenrekorder, Mikrofon und Notizblock aus.

»Ja, Dahling, du machst es dir dort drüben bequem«, ordnet Ruth an. Sie wirft mir einen durchdringenden Blick zu. »Hast du gefrühstückt?«

Ich versichere es ihr.

Ruth ist eine kleine, drahtige Frau. Sie trägt eine schwarze Hose und ein schwarzes Oberteil, darüber eine leuchtend rote Jacke. Auf dem Kopf sitzt einer ihrer vielen Hüte – dieser sieht aus wie ein weißer Baumwollmuffin, oben ein wenig ausgebeult, mit einer schmalen Krempe. Darunter kräuseln sich ihre braunen Haare auf der Stirn und über den Ohren. (So ungewöhnlich braune Haare für eine Achtzigjährige sind, Ruth kann nachweisen, dass dies in der Familie liegt. Ein gerahmtes Foto an der Wand zeigt sie mit ihrer *Mutti*, wie sie sie nennt. Das Bild wurde in Deutschland aufgenommen, als ihre Mutter bereits über neunzig war und immer noch hellbraunes Haar hatte.)

»Also, Dahling, ich möchte, dass du die Veranda fegst.« Dies gilt Dhammapala, die neben den Hunden hockt. »Und kannst du dann zu Jim gehen und ihm sagen, er soll die hintere Tür reparieren? Sie hängt ganz schief in den Angeln!«

Mit schnellen Schritten kommt Ruth zu mir an den Tisch, als ihr etwas einfällt. Sie zieht einen Brief aus einem Stapel mit Papieren. »Weißt du, was sie der Umwelt antun, Dahling? Ich denke, im Großen und Ganzen ist es zwar besser für die Frauen, wenn sie mehr Führungspositionen in der Regierung haben, hm? Aber diese Gale Norton!« Sie schlägt mit der flachen Hand auf den Brief und fuchtelt damit herum. »Sie bringt uns nichts Gutes! Einfach unglaublich, was sie getan hat!« Sie reicht mir den Brief.

Während ich den aktuellen Bericht über die Aktivitäten von Präsident Bushs Innenministerin lese, begleitet Ruth Dhammapala nach draußen und sucht einen Besen für sie.

Ich schließe den Kassettenrekorder an, stöpsele das Mikrofon ein und sitze wartend da. Alles Mögliche könnte nun passieren und unser Interview verzögern. Jim, der derzeitige Haushandwerker, könnte auftauchen und weitere Anweisungen wegen der Tür benötigen. Das Telefon könnte klingeln. Wir könnten die Rufe der Roadrunner hören, Ruths Lieblingsgeschöpfe. Diejenigen von uns, die mit Walt Disney aufgewachsen sind, werden sich an die Roadrunner aus den Zeichentrickfilmen erinnern. Ein großer, verrückter Vogel mit roter Haube, der mit aufgerichteten Schwanzfedern über die Erde flitzt und von Wile E. Coyote verfolgt wird.

Ruth hat Freundschaft mit einem Roadrunner-Paar geschlossen und hält im Kühlschrank kleine Fleischklößchen bereit, um sie damit zu füttern. Sie liebt sie heiß und innig. Letztens kam eines der Tiere, als ich dort war. Durch die offene Verandatür lief es ins Wohnzimmer und stieß heisere Schreie nach Futter aus.

»Ah, das ist die Mutter«, erklärte mir Ruth. »Sie sucht Nahrung für ihre Jungen.« Sie kniete nieder und hielt der Besucherin ein Fleischklößchen hin. Diese schnappte gierig danach. Ruth blickte mich an, ihr Gesicht strahlte vor Freude wie das eines kleinen Mädchens. »Sieh nur«, sagte sie, »sie frisst mir sogar aus der Hand!«

Jetzt geht sie in die Küche. »Soll ich dir einen Kaffee machen, Dahling?«

* * *

Das ist Ruth Denison, eine der ersten buddhistischen Lehrerinnen im Westen. Vor dem Ersten Weltkrieg in Deutschland geboren, überlebte sie Bombenangriffe, Granateneinschläge, Armut, Krankheit und Verletzung. Dann, mit Ende dreißig, Anfang vierzig emigrierte sie in die USA, und es begann für sie eine zweite harte Schule: Sie lernte bei den bedeutendsten spirituellen Lehrern der ersten Hälfte des zwanzigsten Jahrhunderts in Indien, Burma, Japan und in den Vereinigten Staaten und ging daraus als autorisierte Lehrerin hervor. Die Lehrerlaubnis wurde ihr von einem angesehenen buddhistischen Meister aus Burma erteilt.

Ruth brachte einen weiblichen, körperbezogenen Ansatz in die buddhistische Praxis ein, als dies noch radikal und subversiv war. Sie leitete das allererste buddhistische Frauen-Retreat und wurde für Frauen, ebenso wie für ihre zahlreichen männlichen Schüler, eine bedeutende und starke Lehrerin. Sie führte Bewegungsübungen und Techniken der *Sensory Awareness* in die buddhistische Meditationspraxis ein und schockierte damit die eher traditionell Praktizierenden, während viele ihrer Schülerinnen begeistert waren. Dreißig Jahre lang hat sie an vielen Orten in den USA und in Europa unterrichtet und Menschen dabei unterstützt, Meditationszentren in Kanada, Deutschland, Massachusetts und Kalifornien aufzubauen. Und wie so häufig bei Erneuerern der Fall: Heute wird Ruth von denjenigen respektiert, die sie einst ausgrenzten.

Auch eher konventionelle Lehrerinnen und Lehrer haben einige ihrer Methoden übernommen – sie gehören mittlerweile in manchen buddhistischen Zusammenhängen zur Routine. Ruth hat für unzählige Frauen und Männer die Tür zu einer spirituellen Praxis geöffnet. Führende Buddhisten und Historiker erkennen ihre Bedeutung für die Einführung des Buddhismus in den Westen an.

Sie ist unberechenbar, widersprüchlich und fordert ihre Schülerinnen und Schüler mit ihrer Liebe zum Leben und ihrer grenzenlosen Energie immer wieder heraus. In einem Moment kann sie den überheblichen preußischen General spielen – dich herumkommandieren, dich anherrschen, weil du langsam und unaufmerksam bist – und im nächsten Augenblick dein Herz mit ihrem liebevollen Mitgefühl für den Schmerz anderer dahinschmelzen lassen. Mit ihrem Verständnis der Wirklichkeit kann sie dich hinab bis in die Tiefen deines innersten Bewusstseins führen, nur um dich anschließend bis zur Weißglut zu reizen, indem sie deine Konzentration durch ständige Anweisungen stört. Ihr Mitgefühl zeigt sich auf unzählige Weise – oftmals subtil oder versteckt. Ihre Geduld mit Neurosen und Verrücktheit brachte vielen Menschen Trost und Heilung. Jemanden wie Ruth Denison hat es auf dieser Welt noch nicht gegeben.

Nach anfänglichem Zögern – denn das Vorhaben erschien gewagt – habe ich mich schließlich bereit erklärt, das erstaunliche Leben von Ruth Denison, so weit es mir möglich ist, darzustellen. Ich tue das, weil sie eine unübertreffliche Lehrerin ist, deren Leistung Anerkennung verdient, und weil sie in dem großartigen, fortdauernden Prozess der Ausbreitung des Buddhismus im Westen Neuland betreten hat. Aber ich folge auch einem dringenden, eher persönlichen Bedürfnis, wenn ich Ruths Geschichte erzähle. Sie war es, die meine Schritte vor etwa fünfundzwanzig Jahren auf den spirituellen Weg lenkte, mich seither inspiriert und nicht ruhen lässt. Um mein eigenes komplexes Verhältnis zu dieser Frau zu begreifen, musste ich ihre Entwicklung in all den Umständen und Wendepunkten ihres Lebens verstehen, die sie zu der gereiften Lehrerin werden ließen, die ich heute kenne. Während der Recherche und beim Schreiben dieses Buches begegnete ich mir selbst an jeder Weggabelung. Ich widersetzte mich Ruth, kritisierte sie, verurteilte sie und öffnete mich gleichzeitig dem, was ihr Leben lehrt. Ich war nie die angepasste, schwärmerische, bewundernde Schülerin. Sie ist nun alt, und auch ich selbst werde älter und habe das dringende Bedürfnis, mich mit den vielen Widersprüchen ihres Charakters und meinen Reaktionen darauf auseinander zu setzen, damit ich das gesamte Spektrum meines eigenen spirituellen Weges und Bewusstseins verstehen lerne.

Was hatte es mit Ruth und mir auf sich, dass es mich Jahr um Jahr wieder dorthin zog, um mit ihr zu meditieren, mich zu bewegen und zu tanzen, obwohl ich doch ihre Fehler und Schwächen so klar sehen konnte?

Seit mehr als zwanzig Jahren komme ich hierher in die Mojave-Wüste in Ruths Meditationszentrum – im letzten Jahr allerdings nicht, um zu meditieren, sondern um an ihrem Esstisch zu sitzen und sie zu ermuntern, noch einmal die Geschichten aus ihrem

Leben zu erzählen, die ich in der Meditationshalle und überall in Dhamma Dena gehört habe.

In meinen Jahren mit Ruth habe ich gelernt, dass die Dinge oftmals nicht so geschehen, wie es mir lieb wäre. Im Unterricht und im Leben reagiert Ruth spontan, sie ist so mit *diesem Moment* verbunden, dass sie darüber vergessen kann, was sie am Vortag versprochen hat, ja, dass sie unter Umständen sogar den geplanten Ablauf eines Retreats aus den Augen verliert. Anfangs hat mich dies zur Verzweiflung getrieben – bis ich schließlich das Offensichtliche erkannte, nämlich, dass es mein eigener Geist war, der mein Leid verursachte. Ich begann zu verstehen, dass ich hier etwas Großartiges lernen konnte: Erwartungen loszulassen, mich nicht so sehr an meinen eigenen geliebten Plan zu halten, aus der Starre auszubrechen und in der Freude und dem Interesse am gegenwärtigen Augenblick zu verweilen.

Heute ist es für mich erfrischend, einfach nur mit Ruth zusammen zu sein, egal was sie gerade tut. Sie lehrt in ihrem alltäglichen Leben genauso viel wie in ihren formellen Unterweisungen, kümmert sich so leidenschaftlich um die Kleinigkeiten des »normalen« Lebens und sorgt so liebevoll für alles und alle, dass es hart, missgünstig und unnötig erscheint, Gefühlen der Ungeduld ihr gegenüber nachzugeben.

Unsere Beziehung hat sich weiterentwickelt, während ich sie im letzten Jahr interviewte. Zu Beginn war Ruth diesem Buchprojekt gegenüber eher misstrauisch, obwohl sie ihr offizielles Einverständnis gegeben hatte. Sie steht einer schriftlichen Darstellung ihrer Person oder ihrer Arbeit tendenziell eher ablehnend gegenüber, denn sie ist der Meinung, dass man sie persönlich erleben muss, um sie kennen zu lernen. Als ich den Kontext ihrer Jugend in Deutschland recherchierte, über ihre Jahre in Hollywood mit Henry Denison und die fünfzehn Jahre Unterricht bei führenden Lehrern und einer Lehrerin zur Zeit der spirituellen Renaissance in den Sechzigern forschte, sprachen wir ausführlich über ihr Leben, berührten überaus schmerzvolle Zeiten, gingen in die Tiefe. Nach und nach entspannte sie sich und begann, meiner Absicht zu vertrauen, ihre Persönlichkeit und ihr Leben, so gut ich es eben kann, in ihrer Komplexität darzustellen.

Es war uns beiden klar, dass dies keine gewöhnliche Biografie werden würde, denn meine eigene Geschichte berührt die von Ruth. Außerdem hatte ich weder zehn Jahre Zeit noch verfügte ich über die finanzielle Unterstützung, um alle Namen, Daten und Ereignisse ihres Lebens zu belegen. Manches war für mich auch nicht zu recherchieren: Das Dorf in Ostpreußen, in dem Ruth aufgewachsen ist, gehört seit vielen Jahren zu Polen. Alle ihre Geschwister und viele ihrer Gefährten aus Deutschland und Amerika sind inzwischen verstorben. In vielen Fällen musste ich mich auf Ruths manchmal lückenhafte Erinnerung verlassen, wenn es um Einzelheiten ging, und gelegentlich blieb mir nichts anderes übrig, als mich damit zu begnügen, dass sie unterschiedliche Versionen derselben Geschichte erzählte. Die Zeitschiene von Ruths Leben habe ich aus ihren eigenen Schilderungen, den Berichten anderer und den Daten bestimmter Weltereignisse zusammengesetzt. An den wichtigsten Knotenpunkten ist diese Zeitschiene präzise. Dennoch, manches wurde nebulös, wenn ich versuchte, Daten festzulegen, und so gab ich es zugunsten von Ruths und meiner offenen Geisteshaltung auf und bewertete den Schwung und die Aussage einer Geschichte höher als ihre genaue zeitliche Festlegung.

* * *

An diesem Morgen bin ich hier, um Ruth wieder einmal dazu zu bringen, aus ihrem Leben zu erzählen – etwas, was sie mit viel Geist und voller Genuss tut. Ruth hat ihre Dose mit teurem Instant-Biokaffee geöffnet, für uns beide einen Becher aufgebrüht und Kaffeesahne hinzugegeben. Nun stellt sie beide Becher auf den Tisch und setzt sich mir gegenüber. Ich befestige das kleine Mikrofon an ihrem Kragen – wir sind bereit.

Während der Vorbereitungen fällt mein Blick auf eine schöne

Bronzestatue des Hindugottes Shiva auf der Anrichte. Der Gott der Zerstörung und Erschaffung tanzt in einem Feuerring. Ich erinnere mich, dass diese Statue einst Alan Watts gehörte. Einer der unzähligen Schüler und alten Freunde von Ruth, die ich in den vergangenen Monaten interviewt hatte, erzählte mir die Geschichte von Ruth und Watts. Sie scheint mir ein guter Einstieg zu sein.

»Ich habe gehört, dass du in Indien warst, als Allan Watts gestorben ist, und dass du einen Tempeltanz für ihn getanzt hast. Wie kam es dazu?«

Ruth beugt sich vor, lächelt und lässt die Erinnerungen aufsteigen.

Der berühmte Vermittler der östlichen Religionen und Protagonist der Gegenkultur, Alan Watts, war in den Sechzigern ein guter Freund von Ruth und Henry Denison. Er hielt viele Seminare im Wohnzimmer ihres Hauses in den Hollywood Hills ab. Watts war die zentrale Figur eines Freundeskreises von Psychologen, Philosophen, Hindu-Gurus, japanischen Zen-Meistern, Befürwortern von LSD und Marihuana, Vorreitern und Experimentierfreudigen. Sie alle kamen zu den Partys und den gemeinsamen Essen im Creston Drive. Das Haus auf dem steilen Hügel über einem Wasserreservoir hatte das Flair eines japanischen Landhauses. Schlicht und elegant, ruhig und kultiviert, bot es das perfekte Ambiente für die informellen Begegnungen, zu denen Ruth und Henry einluden.

»Ja, ich habe in meinem Haus viel mit Alan getanzt«, beginnt sie. »Und wenn er da war, waren da auch immer Leute wie der Psychiater Dr. Janiger, Werner Erhard, John Lilly und seine Frau Antoinette und die beiden Besitzer der Buchhandlung in Wilshire, die Alan die Gelegenheit gaben, Seminare in ihrem Laden abzuhalten. Wenn wir an dem großen Tisch gegessen hatten, legten wir eine Oper von Mozart auf, den Figaro zum Beispiel, damit wir nicht immerzu die Musik wechseln mussten. Die anderen saßen am Kamin und unterhielten sich. Die Musik lief also, und dann hat Alan immer ...« Sie steht auf und bewegt ihre

Arme fließend und ausdrucksstark wie eine Isadora Duncan. »… Und ich habe auf seine Bewegungen geantwortet. Die anderen saßen immer da und haben geredet und analysiert, etwas erfunden und geplant. Aber Alan und ich haben getanzt.«

Sie zieht den Brief mit Gale Nortons Aktivitäten hervor, dreht ihn um und zeichnet den Grundriss vom Wohnzimmer ihres Hauses in Hollywood auf. »Hier in diesem großen Zimmer ist der Kamin. Drumherum haben unsere Gäste gesessen, hier war ein großes Sofa und hier ein Sofa und da. Und dann war da der lange Tisch. Und hier war Platz. Aber man konnte auch nach draußen auf die Terrasse gehen. Die Schiebetüren waren offen, die großen Fenster im Esszimmer ebenfalls, man konnte einfach hinausgehen und draußen tanzen. Alan und ich folgten dem Rhythmus des »Figaro«, manchmal *staccato*, manchmal im Walzertakt und manchmal mit ein wenig abwehrenden Bewegungen, wie in einem gemeinsamen Spiel. Die anderen dachten einfach, dass soll wohl so sein, ja?

Ich erfuhr von seinem Tod, als Henry und ich in einem Taxi in Delhi saßen. Sein Tod kam für mich überraschend, er war noch nicht alt, vielleicht dreiundsechzig.«

»Ich glaube, er war erst achtundfünfzig«, werfe ich ein.

Sie sieht mich an. »Tatsächlich! So jung?«

»Ja – laut seinem Biografen hat er angeblich ›die Kerze an beiden Enden angezündet‹.«

Wir gleiten in ein Hin und Her über Alan Watts Lebenswandel ab, Ruth möchte die kompromittierenden Behauptungen des Biografen nicht glauben. »Ich habe seine Größe bewundert«, stellt sie fest. »Die hatte er immer.«

Und wir wenden uns wieder unserem Thema zu, seinem Tanz.

»Als ich hörte, dass er gestorben war, sah ich vor mir, wie ich mit ihm tanzte. Ich habe viel durch Bewegung gelernt. Ich genoss die Bewegung mit ihm, das war sehr inspirierend. Er fand mich sexy – das hat er in seinem Buch geschrieben – und geerdet. Und religiös. Ja, Sex ist auch Religion. Sexualität kann auch religiös sein, wenn man sie dem Transzendenten darbringt.«

In seiner Autobiografie beschreibt Alan Watts sie als ein »sehr blondes Fräulein, das – nach entsetzlichen Abenteuern – aus dem russisch besetzten Ostpreußen fliehen konnte«. Er beschreibt sie als »kühn und abenteuerlustig, sexy, praktisch und religiös.«[1]

»Ich sah die gute Verbindung, die ich zu ihm hatte, auf dieser Ebene«, fährt Ruth fort, »und außerdem war ich immer glücklich, wenn die Gäste sich wohl fühlten.«

Sie hält inne und nimmt einen Schluck Kaffee.

»Du warst also in Delhi, als du von seinem Tod erfuhrst?«, nehme ich den Faden wieder auf. »Watts starb im November 1973.«

»Ja, wir saßen im Taxi, und Henry las mir den Brief vor, in dem stand, dass Alan gestorben war. Dann schwiegen wir beide, und ich ließ die Bilder vorüberziehen. Henry nahm es so gelassen auf, dass ich beinahe wütend auf ihn wurde. Ich fand ihn so überheblich, so losgelöst. Wir gingen zurück ins Hotel. Henry war wahrscheinlich müde. Er las immer gern die *Newsweek*, trank ein Glas Wein und schlief manchmal den Nachmittag über. Das war nichts für mich. Ich zog los und lief durch die Straßen, mit meinen Gedanken bei Alan. Ich war wirklich traurig und dachte über das Sterben nach.«

Während Ruth spricht, beobachte ich ihr Gesicht mit der breiten Stirn, den tiefen Augenhöhlen und dem energischem Kinn, von Erfahrungen und Erlebnissen gezeichnet. Ihre hellen Augen hinter den Brillengläsern schauen mit dem zurückhaltenden Ausdruck einer Frau, die sowohl die Untiefen des menschlichen Charakters gesehen hat als auch seine Höhen. Sie sieht uralt aus, eine Ahnin, aus Granit gehauen. Dann plötzlich, wie beim Auftauchen der Roadrunner, glätten sich vor lauter Begeisterung die Falten, und ihre Augen leuchten erwartungsvoll.

»Ich lief durch die Straßen und kam zum Sarasvati-Tempel. Dort war ich noch nie zuvor gewesen. Sarasvati ist die Göttin der Weisheit, weißt du. Überall in dem Tempel waren Marmorfußböden, große Säulen und Bogengewölbe, es gab keine Tür. Ich trat ein. Da war eine große Halle, wunderschöne Stufen führten hinauf, auf den Stufen standen lauter Schuhe. Der Tempel war wohl für eine nachmittägliche Zeremonie geöffnet, hmm? Es war voll, um die dreihundert Menschen saßen dort. Ich hörte Musik, diese Percussion-Musik mit dem schönen Rhythmus. Alle saßen auf dem Boden, und ungefähr fünf Leute spielten diese Rhythmusinstrumente, Rasseln und all das, und bewegten sich dazu.« Sie klatscht einen Rhythmus. »Sie sangen ›Shiva, Shiva‹ in einem wunderschönen Rhythmus. Ich ging hinein und setzte mich dazu.«

Ruth war zu jener Zeit einundfünfzig. Sie trug wahrscheinlich den weißen Sari, den ihr die Frau des indischen Meditationslehrers S. N. Goenka geschenkt hatte. Ihr langes blondes Haar war in einem Knoten zusammengebunden, der Pony bedeckte ihre Stirn. Ich habe ein Foto von ihr gesehen: Eingehüllt in den Sari posiert sie vor einem gemalten Hintergrund mit Bäumen und Wasserfall, einen Arm erhoben, als würde sie Zimbeln spielen, und lächelt kokett in die Kamera. Das ist die Frau, die sich zu den singenden und betenden Inderinnen und Indern setzte und meditierte.

»Ich konnte mich gut konzentrieren, ich konnte in diesen Zustand gelangen, in dem ich spürte, dass ich nur ein Kanal war, dass mein Bewusstsein überall war, ich brauchte nicht zu überlegen, was ich tun wollte. Ich vergaß meine Umgebung.«

Und dann passierte etwas Erstaunliches. Ohne zu überlegen, stand Ruth auf und begann zu tanzen.

»Ich kannte ein paar Grundschritte des indischen Tanzes. Ich konnte auf einem Bein stehen, wie Shiva. Ich hatte es zu Hause geübt und ihn ein bisschen imitiert – was soll man in einem Hotel auch machen? Also begann ich im Rhythmus der Musik mit meiner eigenen Interpretation. Niemand beachtete mich, alle sangen weiter. Nur die Musiker schauten mich an, und so, wie ich zuvor ihrer Musik gefolgt war, gingen sie nun auf mich ein. Ich hatte keine Scheu wegen all der Leute, die dort saßen und mir vielleicht zuschauten, überhaupt nicht! Während ich tanzte, hielt ich Alan vor mir und auch Shiva. Alan hatte Shiva geliebt. Als ich nach seinem Tod in die USA zurückkehrte, schickte seine Frau Mary Jane mir den tanzenden Shiva, den du hier in meinem Wohnzimmer siehst.« Sie deutet auf die wunderschön gearbeitete große Statue. »Ich tanzte vielleicht anderthalb Stunden lang. Ich stellte mir vor, dass ich Shiva tanzte – also irgendetwas habe ich zum Ausdruck gebracht. Das spürten auch die Musiker.

Dann war es vorbei, und ich setzte mich wieder. Nichts passierte. Ich sang wieder mit ihnen. Die Zeremonie endete gegen sieben Uhr, um drei Uhr hatte sie begonnen. Der Leiter der Musiker und der Vorsteher des Tempels kamen zu mir. Sie luden mich ein, dort zu bleiben, und sagten, ich hätte einen Shiva-Tanz getanzt, hmm? Sie meinten, ich wäre eine Art Inkarnation. Wo ich denn unterrichte, zu welcher Schule ich gehöre, fragten sie mich.

›Nein, ich habe einfach nur auf die Musik gehört.‹ – Das fanden sie noch besser. Sie zeigten mir den Wohnbereich des Tempels und wollten, dass ich bliebe. Nun ja, ich hatte einen Ehemann zu Hause, und so sagte ich ihnen, dass ich gehen müsse. Ich weiß nicht mehr, ob ich gelaufen bin oder ob ich zum Hotel gebracht wurde. Aber die beiden verneigten sich und die anderen Leute auch. Sie legten mir Blumen zu Füßen. Ich staunte.

Als ich Henry davon erzählte, geriet er in Aufregung. Er fragte: ›Warum machst du das morgen nicht noch mal?‹ Am nächsten Tag begleitete er mich also zum Tempel. Aber ich hatte nicht den Mut aufzustehen, ich konnte mich nicht auf die Musik einstimmen, ich war nicht mehr gegenwärtig.«

Wir sitzen einen Moment in Stille, während ich über diese bemerkenswerte Geschichte nachsinne. Sie ähnelt anderen Geschichten, die Ruth erzählt und in denen deutlich wird, wie sie sich so vollständig in eine Situation hineinbegibt, dass sie sich ihrer selbst nicht mehr bewusst ist, ohne jede Befangenheit handeln kann und von den Menschen um sie herum daher als etwas Besonderes wahrgenommen wird.

Die Ironie liegt darin, dass Ruth während der spirituellen Praxis, in der wir üben, »niemand Besonderes« zu sein, oftmals da-

Haupthaus

Dukkha-Haus

Meditationshalle

Umgebung des Zentrums

Haupthaus

Ulrike, Ruth, Linda und Norma

Samadhi-Haus

Kakteengarten

Haupthaus

rauf hinweist, wie besonders sie ist. Dies ist nur einer ihrer Widersprüche. In anderen Situationen bleibt sie bescheiden im Hintergrund, ist für andere da und zieht keine Aufmerksamkeit auf sich. Das Spektrum von Ruths Rollen ist unglaublich: von der Ausdruckstänzerin zur unermüdlich zähen Arbeiterin, von der liebenswürdigen Gastgeberin zur weisen Lehrerin.

* * *

Vor dreiundzwanzig Jahren, als ich Ruth zum ersten Mal begegnete, ging für mich eine Zeit zu Ende, in der ich all meine Energie der Frauenbewegung gegeben hatte. Ich hatte mich fast zehn Jahre lang politisch engagiert und fühlte mich ausgelaugt, brauchte innere Nahrung. Meine damalige Partnerin überredete mich, mit ihr und anderen Frauen nach Dhamma Dena zu fahren. Sie hatte von dem ersten Frauen-Retreat im Jahr 1979 gehört und wollte jetzt, 1980, an dem zweiten Retreat für Frauen teilnehmen. Ich willigte ein und war ein wenig von der Vorstellung fasziniert, dass ich meditieren würde. So fuhren wir die zehn Stunden von Berkeley nach Süden in den kleinen Ort Joshua Tree und weiter entlang der unbefestigten Straße zur Copper Mountain Mesa nach Dhamma Dena. Ich hatte keine Ahnung, was mich erwartete.

Während der nächsten Tage beobachtete ich, dass Ruth Denison – die uns vorgeschlagen hatte, sie einfach Ruth zu nennen – an jedem Aspekt unseres Erlebens Anteil nahm. Sie arrangierte unsere Sitzkissen, sagte uns, wo wir sitzen sollten, stritt mit der Köchin, bemängelte, wenn Aufgaben nicht ordentlich ausgeführt worden waren, entsandte Frauen, etwas zu besorgen, oder trug ihnen handwerkliche Arbeiten auf. Sie war überall gleichzeitig. Nachts brannte die Lampe in der kleinen Hütte, in der sie wohnte, bis sich die entfernten Berge in der Morgendämmerung abzeichneten. Und zur Morgenmeditation erschien sie frisch, fordernd und voller Schwung im langen Rock, der den Röcken der Zen-Mönche nachempfunden war, die Bluse mit fließend weiten Ärmeln und das Haar von ihrer kleinen Kappe bedeckt. In der winzigen Meditationshalle, die Ruth als Referenz an ihre vielen Jahre Zen-Praxis Zendo nannte, saßen wir auf Kissen, praktisch Knie an Knie, während Ruth uns lehrte, mit der Aufmerksamkeit bei unserem Atem zu sein. Dann wieder lenkte sie unsere Aufmerksamkeit in langen, konzentrierten Sitzungen auf unsere Körperempfindungen. Ihre Anleitung war so präzise und fein, dass ich mein körperliches Sein auf eine Weise erlebte wie niemals zuvor. Und wenn wir die Intensität kaum mehr ertragen konnten, ging sie mit uns in die Wüste, wo wir im Kreis zu Ehren der fernen Berge im bläulichen Nebel am Horizont und zu Ehren des makellosen Himmels über uns tanzten. Oder sie erzählte uns verschlungene Geschichten über ihre Abenteuer mit den Lebewesen der Wüste, die uns in prustendes Gelächter ausbrechen ließen, oder darüber, wie dieser Ort Namens Dhamma Dena entstanden war. Sie sprach auch über das Dharma, die Lehren des Buddhismus, die, wie sie sagte, unendlich kostbar für sie seien, und ihre Augen füllten sich mit Tränen.

Eines Tages erklärte sie, warum wir meditierten. Sie saß der Gruppe von Frauen gegenüber, und ihr ganzer Körper drückte Dringlichkeit aus.

»Wir üben«, sagte sie, »um die Zwanghaftigkeit unseres Geistes zu verringern. Wir wenden uns den Körperempfindungen zu, hmm? Und was passiert? Wir kommen in Kontakt mit unseren Wurzeln, unserer Lebenskraft. Ja, wir halten den Geist *hier*, wo das Leben sich entfaltet, wir lehren den Geist, sich zu beruhigen, wir ziehen ihn von den Dummheiten ab, damit er klar wird und anfangen kann zu verstehen.« Sie öffnete ihre Hände, und ihre Stimme wurde weich. »Seht ihr, meine lieben Schwestern, auf diese Weise lernen wir uns selbst kennen. Wir berühren unsere Freude und unseren Schmerz, wir sehen diese lästigen Gewohnheiten, die uns rasend machen. Wir wollen in unserer ganzen Entfaltung präsent sein – ja, in allem, was wir genau hier und genau jetzt erleben – und dann ist die natürliche Ordnung des Geistes wiederhergestellt.«

Die natürliche Ordnung des Geistes entzog sich mir in diesem Retreat. Ich kämpfte mit einem Körper, der nicht still sitzen wollte, mit Gedanken, die sich immer wieder der gestellten Aufgabe entwanden, und mit einem rebellischen Geist, der sich nicht in jeder Minute von dieser beharrlichen deutschen Frau sagen lassen wollte, was zu tun war.

Trotzdem ahnte ich, welches Geschenk mir da angeboten wurde. Mit ihren Anweisungen brachte Ruth mich in tiefen Kontakt mit meinem körperlichen und geistigen Dasein. Möglicherweise war ich nur als Kind in jedem Augenblick meines Lebens so lebendig gewesen. Es gab Situationen während dieses Retreats, in denen meine Aufmerksamkeit gegenüber dem momentanen Erleben mich offen machte für Augenblicke von transzendenter Klarheit und Frieden. Ich wurde ganz aufgeregt, als ich begann zu verstehen, dass ich lernen könnte, von *diesem* Ort in mir ausgehend zu leben, anstatt in den begrifflichen, wirren Geisteszustand zurückzukehren, der mich gewöhnlich leitete. Ruth bot Übungen an, um dieses Bewusstsein zu erlangen, aber ich hatte während des Retreats genug Widerstand und Kämpfe durchlebt, um zu erkennen, wie schwer es mir fallen würde, diese Übungen im Alltag durchzuführen. Wäre ich dazu in der Lage? Könnte ich lernen, still zu sitzen und meinen Körper und Geist zu erforschen auf der Suche nach Erkenntnis? Könnte ich lernen, meine Aufmerksamkeit in jede Handlung fließen zu lassen? Begeisterung packte mich, ich wusste, dass ich diese Herausforderung annehmen wollte. Ich hatte keine Ahnung, dass dies der Beginn einer zwanzigjährigen Praxis und Beziehung sein sollte. Und mir war nicht bewusst, dass ich das große Glück hatte, eine absolut authentische, einzigartige und tiefgründige Lehrerin gefunden zu haben, die mich lehrte zu leben.

* * *

Jetzt, im Jahr 2003 im Haus Las Vegas, klingelt das Telefon, und wir werden von den andauernden Aktivitäten und Unterbrechungen in Ruths Alltag eingeholt. Ruth springt auf, um den Anruf entgegenzunehmen, und ich habe Mühe, ihr noch schnell das Mikrofon vom Kragen zu entfernen, ehe sie quer durchs Zimmer zum Telefon eilt.

Sie hört die Stimme am anderen Ende und hebt die Hand. »Ja, Seimi, ich habe dich angerufen, damit du zum Flughafen fährst ...«

Seimi ist ein Mann, der seit den siebziger Jahren in und um Dhamma Dena lebt und Ruth oft behilflich ist. Ich weiß, dass sie ihn darum bittet, eine buddhistische Nonne abzuholen, und dass er widerspricht, weil die Reisende auf Einhaltung der Regel besteht, dass eine Theravada-Nonne nicht mit einer Person des anderen Geschlechts allein sein darf.

In Ruths Gesicht erscheint ein verschmitztes Lächeln. »Also, Seimi, ich hab' die Lösung! Du setzt eine Perücke auf und ziehst ein Kleid an. Ich habe alles hier.«

Sie lächelt breit, als Seimi ablehnt, und antwortet ihm: »Also Henry wollte das immer mal machen.«

Als das Gespräch beendet ist, hat sie Seimi nicht überzeugt. Kichernd kommt sie zurück.

»Ja«, sagt sie mit gespielter Empörung, »das ist wahr. Henry hat manchmal gesagt, dass er mal Frauenkleider anziehen wollte.«

Ihr Ehemann war ein vornehmer, bärtiger Mann, der mindestens einen Meter neunzig groß war. Die Vorstellung von ihm im Kleid und mit Perücke bringt uns beide zum Lachen. Henry und Ruth waren vierzig Jahre verheiratet, ihre Beziehung war immer von großer Bedeutung für Ruths spirituelle Entwicklung. Henry war ein schwieriger Mensch, abwechselnd unterstützend und verächtlich, charmant und sarkastisch, freundlich und grausam. Er war es, der sie zum ersten Mal nach Asien brachte, wo sie ihren spirituellen Lehrer fand, und durch ihn traf sie viele andere Lehrer. Während ihrer gesamten Beziehung vergaß Ruth nie die Schätze, die sie Henry zu verdanken hatte.

Ich gehe ins Bad, und als ich zurückkomme, macht Ruth den Abwasch. »Bist du hungrig, Dahling? Möchtest du zu Mittag essen?«

Als ich ihr sage, dass ich mir ein Erdnussbutter-Sandwich und einen Apfel aus dem Dukkha-Haus mitgebracht habe, protestiert sie.

»Ich hätte dir doch etwas zum Mittag gemacht. Ich habe hier eine schöne Avocado. Und Käse.«

Ich erinnere mich, wie wichtig es ihr ist, ihre Gäste zu bewirten und zu versorgen. Ich hatte das Sandwich mitgebracht, weil wir vor ein paar Tagen so von den Geschichten gefangen waren, dass Ruth darüber völlig vergaß zu essen, und es mir peinlich war zu sagen, dass ich Hunger hatte. Jetzt bin ich verunsichert.

»Erdnussbutter!«, schimpft sie. »Das ist doch nur was fürs Frühstück!«

»In Ordnung«, stimme ich ihr zu. »Ich nehme ein bisschen Avocado.«

Während sie das Essen herrichtet, erinnert sie sich an eine große »Puja-Party«, die sie und Henry in ihrem Haus für Lama Govinda ausgerichtet haben. Lama Govinda, ein Deutscher, war ein buddhistischer Meister, bei dem sie während eines langen Besuchs in Almora, einer »Bergstation« am Fuße des Himalaya in Indien, gelernt hatten. 1971 machte Lama Govinda eine Reise in die Vereinigten Staaten und nach Kanada und war bei Henry und Ruth zu Gast. Im Moment interessiert sie das Essen auf jener Party, und sie erzählt die Geschichte eines kulinarischen Coups.

»Im Kamin brannte ein Feuer, und er hielt seine Vorträge, hmm? Ich richtete immer ein feines, kleines Abendessen. Ich hatte ein ganz besonderes kleines Gericht, nach dem alle ganz verrückt waren, denn es war grün, es war kalt und ein bisschen wie Gelee. Und so habe ich es gemacht. Wir hatten vorher schon eine Party, wahrscheinlich eine große Party, und es war Salat übrig, der ganz schlapp war und im Dressing ertrank. Jemand half mir, und ich sagte: ›Nein, wirf das nicht weg, wir schütten den Rest einfach in eine Schüssel und stellen ihn in den Kühlschrank.‹«

Ruth ist berühmt für ihre Sparsamkeit. Für eine Frau wie sie, die im Nachkriegsdeutschland gehungert hat, ist jegliche Verschwendung von Essen ein Sakrileg. Ich frage mich, was jetzt kommt.

»Am nächsten Tag schaute ich mir die Schüssel mit dem übrig gebliebenen Salat an. Natürlich konnte man ihn nicht mehr anbieten, aber er enthielt gute Zutaten, weißt du, ein wunderbares Dressing, und es waren auch Nüsse darin. Der Salat war nicht verdorben, nur welk. Ich nahm die Schüssel und gab den Inhalt in diesen Apparat, hmm? Die Maschine mahlte und pürierte, und das Ergebnis war eine wunderbar frische, hellgrüne Masse, so wie Pudding, der schon gekocht, aber noch nicht abgekühlt ist. Und so nahm ich zwei meiner elegantesten Kristallschalen, füllte die Masse hinein und stellte sie in den Kühlschrank.

Am Abend sahen meine Gäste die grünen Schalen auf dem Tisch, etwas ganz Besonderes. Sie nahmen sich Cracker und Käse, probierten und fragten: ›Was *ist* das? Was *ist* das? Kannst du uns das Rezept geben?‹ Und ich erwiderte: ›Ich glaube, ich habe vielleicht ein bisschen Spinat genommen. Aber genau kann ich es euch nicht sagen, es ist zu kompliziert, ihr wisst ja, die französische Küche.‹ Wie auch immer, es war die Attraktion des Abends: *Purée verte à la Française*! Alle hatten ihren Spaß.«

Sie bringt mir eine halbe Avocado und eine Zitronenscheibe.

»Möchtest du Brot dazu, Dahling?«

Während wir essen, hören wir die ersten leichten Tropfen fallen, der Regen wird stärker und trommelt schließlich auf unser Dach.

Ruth ist entzückt. »Das ist göttlich! Die Wüste wird blühen!«

Dem Wüstengestrüpp würden neue grüne Blätter wachsen, und zarte Wildblumen mit gelben, rosafarbenen und weißen Blüten würden den sandigen Boden überziehen.

Bald darauf erscheint Jim. Er ist für sechs Monate zum meditieren hier, bevor er nach Indien weiterreist. Die beiden gehen, um nach einer schleifenden Tür zu sehen. Innen an der Tür stehend, so dass sie gerade eben vorm Regen geschützt sind, beginnen sie eine ausführliche Unterredung darüber, wie die Reparatur ausgeführt werden soll. Ruth hat entschieden, dass Jim erst anfangen soll, wenn der Regen aufgehört hat. Hier sind sie uneins, er würde am liebsten sofort beginnen. Aber sie setzt sich durch.

Von meinem Platz am Tisch aus blicke ich auf jenen Teil des Esszimmers, wo Henrys Platz war, als er starb. Ein Holzofen mit einem schwarzen Ofenrohr beherrscht die eine Ecke, daneben ein stehender Buddha auf einem Tischchen. Vor dem Fenster steht Henrys großer, schwarzer Sessel. Kam man während der fünfeinhalb Jahre, als sein Leben sich dem Ende zu neigte, an den kläffenden Hunden vorbei ins Haus, fand man ihn immer hier. Altersverwirrtheit hatte von ihm Besitz ergriffen, so dass er schließlich nur noch zeitweise präsent war. Ruth ermunterte die Leute zu kommen und mit ihm zu sprechen. Kontakt hielt seinen Geist wach. So saß ich dann Henry gegenüber, dem schlanken, gut aussehenden Mann im Pyjama, dem die Ruhe und der vornehme Bart den ehrwürdigen Ausdruck eines Patriarchen gaben, und bemühte mich um eine Unterhaltung. Obwohl vieles nachgelassen hatte, lebte Henry nach wie vor das Spektrum seines widersprüchlichen Charakters aus. Gerade noch voll herzlicher Liebenswürdigkeit – »es ist so freundlich von dir, mich zu besuchen«, sein Gesicht offen und freundlich –, war er im nächsten Augenblick kalt und verächtlich, nachdem ich eine banale Phrase wie »um ehrlich zu sein« benutzt hatte. »Na, ich hoffe doch sehr, dass du ehrlich bist – sonst würdest du ja lügen«, sagte er mit eisig-herausforderndem Blick, und ich war sprachlos.

Ich musste die Unterhaltung in Gang halten, Henrys Aufmerksamkeit reichte nur für eine Erwiderung. So bestand unsere Unterhaltung aus meinen Fragen oder Bemerkungen, auf die er antwortete. Dann starrte er mich schweigend an, sein Blick mal grimmig, mal verwirrt oder abwesend. Aber egal wie schwierig unsere halbe Stunde gewesen war – und egal wie vernichtend sein Sarkasmus war –, zum Abschied umarmte ich ihn stets und gab ihm einen Kuss. Er war schließlich immer noch Henry, der

Mann, mit dem Ruth sich seit vierzig Jahren abmühte und den sie über alles liebte.

Sie kommt vom hinteren Teil des Hauses zurück. »Ich habe Jim weggeschickt«, sagt sie. »Er soll nicht im Regen arbeiten.« Sie setzt sich wieder an den Tisch, und ich greife nach dem Mikrofon, um es ihr anzustecken. »Er ist ein Guter, weißt du.«

Die meisten Arbeiten wie Bauen, Reparieren und Instandhalten werden in diesem Meditationszentrum seit Jahren von Besuchern wie Jim ausgeführt, die für Kost und Logis arbeiten.

»Er hat den Wohnwagen in meinem Hof aufgearbeitet. Dahling, es wird wunderbar sein, wenn ich alt und klapprig bin. Dann kann jemand dort wohnen und mir helfen. Hast du ihn dir angesehen?«

Ich frage mich, ob tatsächlich jemals der Zeitpunkt kommen wird, an dem Ruth nicht mehr voller Energie ihr Leben führen kann und auf die Hilfe derjenigen um sie herum angewiesen sein wird. Mir kommt es meist vor, als sei sie immer noch fünfzig oder sechzig, immer voller Energie und stark, niemals müde. Aber sie hat mir anvertraut, dass sie inzwischen manchmal erschöpft ist und ihr Leben einfacher gestalten möchte. Und es gibt Situationen, in denen ich mit ihrer körperlichen Zerbrechlichkeit konfrontiert werde: Während eines Retreats musste ich mit ihr in die Notfall-Ambulanz fahren. Von zusammengesammelten Bettdecken hatte sie sich die Krätze geholt und musste die entzündeten Stellen behandeln lassen. Zurück in Haus Las Vegas, bot ich ihr an, sie an den Stellen mit der Salbe einzureiben, wo sie selbst nicht hinreichen konnte. Als ich sie ohne Kleider sah, überraschte mich der Anblick ihres verletzlichen, schmalen, alten Frauenkörpers, und mir wurde klar, dass sie bei all ihrer nicht nachlassenden Energie mit zunehmendem Alter immer zarter und zerbrechlicher wird.

Aber Ruth holt mich mit der Beschreibung des umgebauten Wohnwagens hinter ihrem Haus ins Hier und Jetzt zurück. Das Gelände von Dhamma Dena ist mit großen und kleinen Wohnwagen übersät, die zwischen den Häusern stehen. Ruth hat sie über die Jahre erstanden, hat Besucherinnen und Besucher der Retreats angewiesen, sie zu putzen, hat sie mit Betten und Stühlen aus Spenden und mit Lampen und Zubehör vom Sperrmüll oder aus ihrem Haus in Hollywood ausgestattet und so Schlafräume und kleine private Räume für besondere Gäste geschaffen.

»Die Klimaanlage, Dahling – es hätte mich ein Vermögen gekostet, sie reparieren und einbauen zu lassen! Aber Jim ist hoch nach San Francisco gefahren und hat in einem Laden, den er kennt, Zubehör für praktisch umsonst besorgt. Er ist gut. Und er macht alles auf seine Art, er lässt sich nichts von mir sagen.«

»Vielleicht sollten wir eine Pause machen«, schlage ich vor.

»Ja, vielleicht …« Ihr Blick schweift durch das Zimmer, und ich weiß, dass sie im Geiste die endlosen Aufgaben durchgeht, die sie am verbleibenden Nachmittag erwarten.

»Oder vielleicht doch noch eine Geschichte?«, frage ich.

»Dahling, ich weiß nicht.«

»Zum Beispiel über die kleinen Opossums?«

Ruth lächelt. »Oh, die gefällt dir? Weißt du, dass es zwei Opossumgeschichten gibt?«

»Ich erinnere mich an die, in der du die Jungen mit einer Augentropfenpipette gefüttert hast.«

Sie neigt sich kokett zu mir herüber. »Dies ist die andere!«

Ich lehne mich zurück, um etwas aus der Zeit zu erfahren, als Ruth noch in ihrem Haus in Hollywood lebte.

»Ich fand das Opossum verletzt auf der Straße, es war ein Junges. Das Maul war verletzt. Der Unterkiefer zeigte in die eine, der Oberkiefer in die andere Richtung, die Kiefer standen über Kreuz, es konnte nicht fressen. Und es machte immer …« (Sie gibt krächzend-keuchende Laute von sich.) »Also hob ich es hoch und brachte es in unser Haus. Ich legte es in die Duschwanne, um es einzusperren, damit es in Sicherheit war. Dann begann ich, es mit etwas zerdrückter Banane von meinem Finger zu füttern. Irgendwie korrigierte sich der Kiefer dabei ein wenig, und es wurde mein Haustier. Ich war wieder einmal allein. Henry war weg.«

Henry war ein Suchender, der auf der Suche nach spiritueller

Erkenntnis die Welt bereiste. Ruth begleitete ihn häufig, aber manchmal wurde sie zurückgelassen. Zum Glück fand sie immer etwas, um sich zu Hause zu beschäftigen.

»Ich saß dann am Frühstückstisch und hatte das Opossum dabei. Es ist ein nachtaktives Tier, das macht am Tag nicht viel, hmm? Ich gab ihm ein Stückchen Banane, aber es fraß kaum wegen des Tageslichts.

Dann legte ich ihn mir – es war ein Männchen – über die Schulter und kochte meinen Porridge oder tat, was ich sonst in der Küche zu tun hatte. Ich stand also da und rührte die Suppe oder so, und er saß auf meiner Schulter. Dann kletterte er den Arm, mit dem ich rührte, herunter, und ich sagte: ›Oh, er fällt!‹«

»In die Suppe?«, frage ich, und sie lacht.

»Nein, daneben. Aber er ist nicht gefallen, er blieb an meinem Arm hängen. Er dachte, mein Arm wäre ein Ast. Er hatte diesen langen Greifschwanz, ganz nackt, ohne Fell. So hing er also da.« Sie steht auf und zeigt, wie sie mit einem Opossum am Arm in einem Topf rührt. »Ich glaube, ich ging wieder zum Tisch, um ihn dort abzusetzen, aber er krabbelte wieder auf mich. So ging ich mit ihm durchs Haus. Tagsüber saß er auf meiner Schulter, keine Gefahr.

Dann wollte ich Henry ein Foto schicken – ich glaube, er war damals für ein Jahr weg. Ich zog also meine schönsten Sachen an, ging zum Fotografen und hielt das Opossum auf meinem Arm, und einmal hatte ich es auch um den Hals. Das brachte mich auf eine Idee. Ich dachte: ›Das ist wie ein Pelzkragen‹, und ich ließ ihn dort schlafen.

Ich gehe zum Auto, er kringelt sich immer noch um meinen Nacken. Aber ich will noch zur Post. Er verhält sich ganz ruhig. Es ist taghell. Ich betrete also den Schalterraum der Post, halte ihn ein bisschen am Schwanz, aber er schlummert, die Augen zu, er fühlt sich dort wohl. Ich stehe in der Schlange.«

Wir glucksen vor Lachen, und ich stelle mir diese Szenerie vor. »Ich rücke auf, hinter mir stehen eine Menge Leute. Und plötzlich, als ich mit der Person vor mir spreche, fängt das Opossum an, sich zu bewegen. Und sie laufen alle auseinander! Die vor mir dreht sich um, weil der hinter mir schreit. So bin ich plötzlich die Erste, und alle stehen um mich herum!«

Sie lacht und lacht.

»Aber weißt du, Dahling, am Ende hatten alle ihren Spaß. Und sie haben es vielleicht ein bisschen bewundert, hmm?

So ging ich nach Hause. Zuerst legte ich ihm Heu auf den Boden der Wanne, und wenn ich auf die Toilette ging, gegenüber der Dusche, öffnete ich die Dusche und sprach mit ihm. Oder ich brachte ihn an den Tisch, und er fraß dort Bananen und Nüsse und hatte eine tolle Zeit. Ich setzte ihn auch in die Badewanne. Meine Schülerin Elizabeth hatte ein adoptiertes Kind aus Kambodscha. Das Opossum mochte gern mit dem Baby in der Wanne sein, ohne Wasser.«

Wir hören den Regen wieder stärker werden, ein lautes, friedvolles Geräusch.

»Wunderbar!«, ruft sie aus. »Ja, das wird der Wüste wieder Auftrieb geben.«

»Das ist eine tolle Geschichte«, sage ich.

»Sie ist noch nicht zu Ende!«, entgegnet sie mir.

»Schließlich dachte ich, er kann ja wieder fressen, und ich fing an, ihn mit Sachen von draußen zu füttern, mit Blättern und so weiter. Ich beschloss, dass er zurück in die Natur musste. Wir hatten damals einen Gärtner, und der baute mir eine Kiste mit Wänden aus Maschendraht und einer Tür. Der Maschendraht gab dem Opossum ein Gefühl für das Draußensein. Ich brachte ihn in seinem Käfig auf den Hügel und ließ ihn dort für ein paar Tage. Brachte ihm zu fressen. Er musste draußen fressen, ich ließ die ganzen Extravaganzen sein. Und ich fing an, Bücher über die Lebensweise von Opossums zu lesen.

»Eines Tages öffnete ich dann die Tür des Käfigs. Die erste Nacht blieb er drinnen. In der zweiten war er weg. Ja.«

Sie schaut mich mit großer Befriedigung an.

Allmählich dringt Dunkelheit in das Zimmer. Es ist schon fast fünf. Ich frage, ob wir für heute aufhören sollen, aber sie erinnert sich an die Hügel hinter dem Haus in Hollywood, sieht sie vor sich:

»Weißt du, als ich zuerst in Henrys Haus kam, war dort Wildnis. Man hatte ein großes Schild auf den Hügeln aufgestellt, auf dem fünfzig Dollar Belohnung für einen geschossenen Puma versprochen wurden. Ja. Und es gab Rotwild, das zu uns in den Garten kam. Weißt du, ich habe die Kojoten dort in Hollywood gefüttert, genauso, wie ich es hier tue. Ich trug den Eimer dorthin und hatte mir Stufen in den Hügel gegraben. Ein Zen-Meister, der mir den Namen Myodo gab – *myodo* bedeutet ›leuchtender Weg‹ –, dieser Meister begleitete mich, um zu sehen, wo ich die Kojoten fütterte, und er schrieb darüber in einem seiner Rundbriefe. Er war fasziniert davon, was ich tat, dass ich sie fütterte.«

Ein weiterer Regenschwall pladdert auf das Dach. Ruth ist entzückt.

»Oh, dieser Regen!«

Später fährt sie mich in ihrem alten grünen Pontiac-Kombi, der einem schwerfälligen Leichenwagen gleicht, zurück ins Dukkha-Haus. Der Regen klatscht gegen die Windschutzscheibe, drückt die Kreosotbüsche zu Boden und weicht die Erde auf.

Als ich im Dukkha-Haus am Fenster sitze und den strömenden Regen beobachte, lächle ich bei dem Gedanken an die Rettung des Opossums. Diese kleine Geschichte beschreibt so deutlich Ruths Verhältnis zum Leben. Das ist es, was sie lehrt: nicht einfach das Übliche zu tun, sondern sich mit jeder Situation in der Tiefe auseinander zu setzen und so zu handeln, dass die lebenden Wesen ermutigt und unterstützt werden. Zunächst ließ Ruth es zu, das Leid des verletzten Tieres zu spüren. Und dann, anstatt weiterzugehen oder es in ein Tierheim zu bringen, hat sie ihm ihre Zeit und Aufmerksamkeit geschenkt und es gesundgepflegt. Und das tat sie mit ihrer exzentrischen Fantasie und ihrem Humor. Jeden Tag und in jedem Augenblick verbindet Ruth sich eng mit dem ganzen komplexen Netz des Lebens.

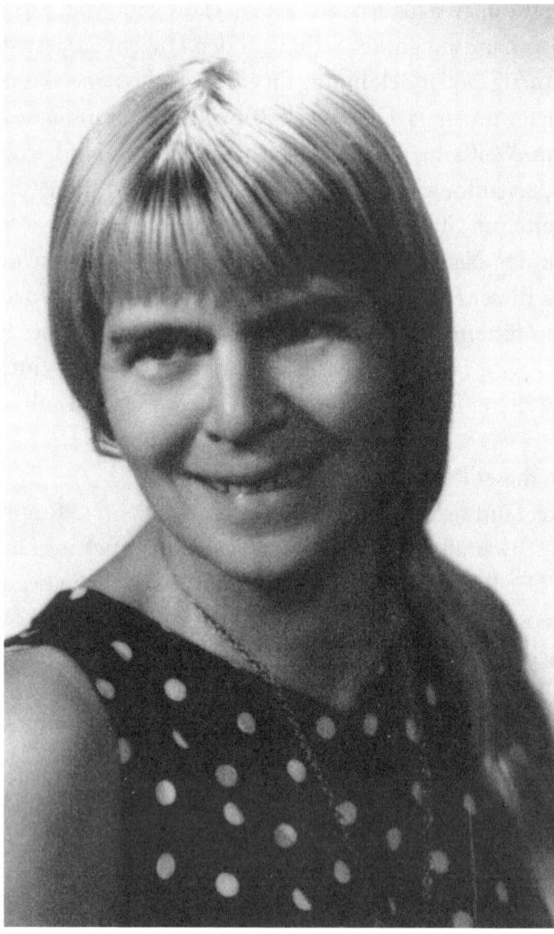

I. Teil

Das brave Mädchen:
Die Jahre in Deutschland

ZWEITES KAPITEL

Erste Ahnungen

Um Ruth kennen zu lernen, muss man am Anfang ihres Lebens beginnen, in dem Land, das sie geprägt und ihren Weg bestimmt hat: Deutschland. Selbst jetzt, mit über achtzig und nach mehr als vier Jahrzehnten in den USA, verkörpert Ruth bestimmte, traditionell deutsche Werte. Obwohl sie Monate und Jahre in Asien verbracht hat und eine asiatisch begründete Spiritualität praktiziert, ist Ruth doch in vieler Hinsicht eine typisch deutsche Frau ihrer Generation geblieben: Sie besteht auf Ordnung und Sauberkeit, sie hat klare Vorstellungen und äußert diese mit Nachdruck, sie glaubt an die Autorität von Lehrern und an den Respekt ihnen gegenüber, sie arbeitet unermüdlich und erwartet das Gleiche von anderen, sie schätzt Effizienz und Produktivität. Das Fundament ihrer Persönlichkeit wurde im Land ihrer Geburt gelegt und bestimmt noch heute, wie sie dem Leben begegnet.

Als ich mit dem Gedanken spielte, Ruths Geschichte zu erzählen, wollte ich den roten Faden ihrer Eigenschaften und Einstellungen zu seinem Ursprung zurückverfolgen. Ich wollte die Wurzeln all dessen kennen lernen, was sich in den Jahren, als ich ihre Schülerin war, gleichermaßen als inspirierend, herausfordernd und schwierig für mich erwiesen hatte, wenn ich versuchte, das Gelernte anzuwenden. Ich vermutete, dass der Boden für ihre widersprüchliche Persönlichkeit und das scheinbar Paradoxe in ihrem Leben in ihrer Kindheit und frühen Jugend bereitet worden war. Mir wurde klar, dass ich in die deutsche Geschichte zur Zeit vor und während des zweiten Weltkriegs eintauchen musste. Ruth hat viele Geschichten aus dem Land, in dem sie aufgewachsen war, erzählt – manche davon mysteriös und verwirrend –, und ich wusste, dass ich den größeren Zusammenhang erforschen musste, in den diese Geschichten gehören.

Ruth wurde nach dem ersten Weltkrieg im Jahr 1922 geboren. Berichte aus dieser Zeit beschreiben Deutschland als ein Land, das von den Verlusten und Demütigungen des verlorenen Krieges gezeichnet war. Ihre Kindheit wird Ruth jedoch in einer optimistischeren Welt verlebt haben, denn im Jahrzehnt nach dem Friedensvertrag erholte sich die deutsche Industrie; neue Arbeitsplätze entstanden, der Handel blühte, und das Land kam wieder zu Wohlstand. Die nach dem Krieg gegründete Weimarer Republik mit neuen Chancen für Kreativität und Freiheit brachte eine liberale Intelligenzija hervor, die bemerkenswerte Leistungen in Literatur, bildender Kunst, in Theater und Film vollbrachte. Die Republik hob außerdem alle Restriktionen gegenüber der jüdischen Bevölkerung auf und gestattete ihr die Teilhabe an jedem Bereich des öffentlichen Lebens.

Ostpreußen, wo Ruth geboren und aufgewachsen ist, war eine abgelegene Gegend, ein wenig abgeschnitten vom raschen Fortschritt in den anderen Teilen Deutschlands. Es war das nordöstlichste Gebiet, vom Rest des Landes abgetrennt durch den polnischen Korridor, ein schmales Stück Land, das von Polen kontrolliert wurde. Während es politisch und kulturell zu Deutschland gehörte, lag Ostpreußen geografisch gesehen wie eine Insel in Polen. Eine fast noch feudale Wirtschaft blühte in dieser abgelegenen Gegend, in der es zwei Gruppen von Menschen gab: die Gutsbesitzer und diejenigen, die für sie arbeiteten. Ruths Vater Hermann Schäfer war nach dem Kriegseinsatz hierher zurückgekehrt und Gärtnermeister geworden. Er versorgte Gärten, Gewächshäuser und die Ländereien eines adeligen Gutsherrn. Hermann heiratete, und am 29. September 1922 brachte Elisabeth, seine Frau, ihr erstes Kind zur Welt, das sie Ruth Elisabeth nannten. Drei weitere Kinder sollten in den nächsten vier Jahren geboren werden.

Wenn Ruth Geschichten aus ihrer Kindheit erzählte, entstand in mir das Bild vom einfachen und friedlichen Landleben. Der Vater zog mit der Familie in ein Nachbardorf auf einen eigenen kleinen Bauernhof. Er baute Obst und Gemüse an, im Winter auch im Gewächshaus, und brachte die Produkte mit Pferd und Wagen auf den Markt in die Stadt. Die Mutter arbeitete zu Hause als Schneiderin für die Nachbarn und nähte auch Kleider für ihre drei kleinen Töchter und Hemden für ihren Sohn.

Ruth wuchs in einem friedlichen, arbeitsamen Haus zu einem gesunden kleinen Mädchen heran. Nach einem kurzen, schmerzhaften Anfall von Kinderlähmung, der sie zeitweise in ihrer Bewegungsfähigkeit einschränkte, lief sie wieder über Felder und Wiesen, schwamm mit den anderen Kindern im See – und lernte, in Haus und Garten hart zu arbeiten. Ihre Mutter nannte Ruth ihr »braves Mädchen«. Sie war nicht wie die kleine Schwester Christel, die der Mutter manchmal nicht gehorchte und nicht das tat, was sie sollte. Die Mutter war die bestimmende Kraft im Haus. Einerseits oft zum Scherzen aufgelegt und enthusiastisch, war sie andererseits energisch, streng und fordernd. Fehler und Ungehorsam bestrafte sie prompt, manchmal auch körperlich.

Ruth entwickelte früh ein Verhältnis zu Gott, von dem sie annahm, dass er im Himmel residierte, und sie erzählt, dass sie sich leicht, offen und freudig fühlte, wenn sie fleißig arbeitete. Sie stellte sich vor, »den Herrn zu erfreuen«, wenn sie ihre Pflicht erfüllte. Ihre Mutter ging mit den Kindern in die evangelische Kirche im Dorf, aber das meiste, was Ruth über Gott und Jesus wusste, lernte sie in der Schule. In der ersten Stunde unterrichtete die Lehrerin zumeist Religion. Ruth war von den Bildern der Bibel stark beeindruckt: Christus und seine Jünger, Kamele und Zelte in der Wüste und am Toten Meer.

In der Kirche zweifelte sie jedoch manchmal an den Predigten, merkwürdig überzeugt, dass sie mehr wusste als der Pfarrer. Diese Überzeugung, »mehr zu wissen«, sollte sich in anderen spirituellen und weltlichen Zusammenhängen wiederholen. Heute frage ich mich, ob dies von einer tiefen spirituellen Ahnung herrührte, einer Verbindung mit der Wahrheit, die persönlicher und authentischer war als das, was die evangelische Kirche ihr bieten konnte. Im späteren Leben konnte ihre unerschütterliche Überzeugung, in einer Sache Recht zu haben (und die anderen folglich Unrecht), sehr lästig sein. Auf der anderen Seite leitete ihre Fähigkeit, eine Situation ganz zu durchschauen und zu erkennen, was erforderlich war, sie oft zu wunderbar entschiedenem Handeln, von dem ihre Umgebung profitierte.

Ihre Spiritualität war in der Natur verwurzelt und mit der Erde, den Tieren und den Vögeln verbunden. Sie fütterte die Tiere auf dem Hof, war von deren Verhalten fasziniert, und lernte, Hunde zu lieben. Sie hütete die Kühe der Dorfbewohner und kümmerte sich tapfer auch während der Sommergewitter um sie. Allein auf den Wiesen betete sie, wenn sie sich einsam fühlte oder Angst hatte. Eingetaucht in die Natur, stellte sie sich die weite Welt vor. An schönen Nachmittagen, wenn sie ihre Aufgaben erledigt hatte, streifte sie durch die Weizenfelder, wo zwischen den Halmen blaue Kornblumen blühten. Sie suchte sich einen Pfad, der zur Mitte des Feldes führte. Dort legte sie sich auf die Erde und schaute in den Himmel, und während sie dem Rascheln des Getreides und dem Summen der geschäftigen Insekten lauschte, dachte sie an die Welt jenseits der Grenzen ihres ostpreußischen Dorfes.

Im Dorf war Ruth als *die goldene Mitte* bekannt. Sie spielte mit den Jungen – ging schwimmen, kletterte auf Bäume, erlebte Abenteuer –, kam aber genauso gut mit den Mädchen aus und spielte deren Spiele. Zu Hause war sie die Friedensstifterin. Ich frage mich, ob Ruth in der Familie, in der oftmals strikte Disziplin und Selbstkontrolle erwartet wurden, als Überlebensmethode lernte, vorsichtig und entgegenkommend zu sein. Als Kind fand sie heraus, wie sie das, was sie wollte, erreichen konnte: indem sie zunächst einen Schritt zurückwich, um im Geheimen zu planen und dann andere zu manipulieren, statt geradeheraus darum zu bitten. Diese Übung ließ sie auch später schwierige Situationen während des Krieges und in der Zeit danach überleben und half ihr, durch die manchmal stürmischen Gewässer in ihrer Ehe mit Henry zu manövrieren.

Ruths Eltern beggneten dem Leben auf unterschiedliche Weise. Ruth beschreibt es so: »Meine Mutter war ein bisschen zu sehr die Geschäftsfrau. Mein Vater hatte den anderen Part. Er war ein ruhiger und wunderbarer Arbeiter. Er war sanft.« Wenn sie über ihre Eltern spricht, achtet Ruth stets darauf zu betonen, dass sie beiden nahe stand und dass in der Familie »nichts absolut und konstant gleichbleibend war, sondern es herrschte eine gewisse Flexibilität im Umgang miteinander vor. Wenn ich also etwas falsch gemacht hatte, zum Beispiel gegenüber Mama, und sie mit mir schimpfte oder mich schlug, dann drehte ich mich sofort darauf um und tat etwas, um sie zu versöhnen. Ich war plötzlich wieder das brave Mädchen, ja? – Mutti war manchmal streng,« gibt sie zu und erinnert sich an die Male, als die Mutter die Tür abschloss, alle vier Kinder mit einem Gürtel schlug und sie verstört und zitternd zurückließ. Aber Ruth verteidigt ihre Mutter, nimmt die Schuld auf sich: »Manchmal waren wir sehr ungezogen, wir stahlen Geld aus ihrem Portemonnaie und kauften Schokolade, wir erledigten unsere Aufgaben nicht. Einmal starben sieben kleine Zicklein, weil wir sie draußen im Regen gelassen hatten. Wir Kinder machten wirklich schlimme Sachen.« Sie fügt hinzu, dass die Mutter sie nur zweimal mit dem Gürtel schlug.

Frau Schäfers Erziehungsmethoden entsprachen denen, die zu dieser Zeit in deutschen Familien üblich waren. Die Psychologin Alice Miller hat sich mit der Art von Druck, der auf Ruths Generation in der Kindheit ausgeübt wurde, intensiv beschäftigt. Sie stellt fest, dass Gehorsam in Ruths Kinderjahren als die herausragende Eigenschaft eines Kindes angesehen wurde. Eine frühe deutsche Erziehungsanweisung lautet: »Gehorsam ist von solcher Wichtigkeit, dass die ganze Erziehung tatsächlich nichts anderes ist, als gehorchen zu lernen.«[2] Kinder lernten, dass körperliche Bestrafung eine notwendige Maßnahme gegen die eigenen Verfehlungen sei. (Diese Pädagogik fügte sich nahtlos in den aufkommenden Nationalsozialismus ein. Und noch 1979 sprachen sich zwei Drittel der deutschen Bevölkerung für körperliche Bestrafung von Kindern aus.) Kinder lernten, hart gegen sich selbst zu sein und die Härte ihrer Eltern zu entschuldigen.

Ruth hatte ein enges und komplexes Verhältnis zu ihrer Mutter. Als älteste Tochter war sie ihr am Ähnlichsten, sie hatte die Energie der Mutter, deren Lust an der Arbeit und ihren Perfektionismus geerbt. Sie liebte und respektierte *Mutti* zutiefst (die über neunzig wurde und bis zum Ende ein Teil von Ruths Leben blieb). Wenn sie über *Muttis* Strenge spricht, beeilt Ruth sich immer, die angenehmeren Facetten ihres Charakters, ihre Fantasie und ihre Fröhlichkeit, zu beschreiben und beispielsweise zu betonen, wie hart ihre Mutter arbeitete, wenn sie nächtelang aufblieb, um für die Kinder zu nähen.

Herr Schäfer fragte seine Frau dann, wohl um sie aufzuheitern: »Warum machst du das, findest du, sie haben so schöne Kleider verdient? Gib ihnen einen Kartoffelsack, der tut's doch auch.«

Die Erziehung, wie Ruth sie beschreibt, scheint voller Widersprüche. Wie verwirrend mag es für sie gewesen sein, eine Mutter zu haben, die die ganze Nacht aufblieb, damit ihre Kinder ordentlich gekleidet waren, und sie gleichzeitig so hart bestrafte; und einen freundlichen, liebevollen Vater, der zuweilen so abschätzig über seine Kinder sprach. Wie kommt man mit einer so unberechenbaren Umgebung zurecht, in der es einmal heißt: »Du bist mein geliebtes Kind«, und dann wieder: »Du bist böse, das hast du nicht verdient«? Ruths Reaktion bestand anscheinend darin, Strafe mit Freundlichkeit zu vergelten. Sie war bemüht, die Familienbande zu stärken, Kälte mit Wärme zum Schmelzen zu bringen. Ihre Mutter beobachtete, dass Ruth, wenn sie getadelt wurde, bereit war, ihren »Stolz«, ihre Selbstachtung herunterzuschlucken, um die Nähe zu anderen zu bewahren.

So verhielt Ruth sich auch während des Erwachsenwerdens, und manches Mal mag die Fähigkeit, das größere Ganze zu sehen, statt auf ihrem Recht zu bestehen oder sich zu rächen, sie geschützt haben. Auf jeden Fall entspricht dies der buddhistischen Perspektive, die jedes Ereignis einfach als das Ergebnis unpersönlicher Bedingungen ansieht und Mitgefühl auf alle Wesen ausdehnt. Aber was tat sie mit ihrer Wut, wenn sie so hart bestraft wurde? Vielleicht kam diese später in Ruths manchmal recht rauen Anweisungen zum Ausdruck.

* * *

Im Jahr 1929 brach die Wirtschaft in den USA zusammen, die große Depression begann. Die deutsche Wirtschaft war eng mit der amerikanischen verwoben, besonders weil die deutsche Regierung an der Wall Street hohe Kredite für den Wiederaufbau im eigenen Land und die Reparationszahlungen an die Nachbarländer für die Zerstörungen im Ersten Weltkrieg aufgenommen hatte. Nach dem Börsencrash von 1929 erneuerten die amerikanischen Banken diese Kredite nicht. Die betroffenen Länder litten darunter und konnten ihre Schulden nicht bezahlen, was die weltweite Depression noch verschlimmerte. In Deutschland stieg die Arbeitslosigkeit, und die Produktivität verringerte sich dramatisch. Vor 1929 wurden vierzig Prozent aller weltweit produzierten industriellen Güter in den USA hergestellt, und als die amerikanischen Produzenten den Ankauf von Rohstoffen und anderen Gütern zurückschraubten, hatte dies verheerende Auswirkungen auf die europäischen Länder.

Deutschland war das am stärksten betroffene Land in Europa. 1931 bröckelte das deutsche Bankensystem, und im nächsten Jahr betrug die Arbeitslosenrate annähernd vierzig Prozent. Die Regierung senkte die Gehälter im öffentlichen Dienst, kürzte die Arbeitslosenunterstützung und erhöhte die Steuern. Der Widerstand gegen diese Maßnahmen machte den Weg für extreme politische Parteien frei, darunter auch die Nationalsozialisten. Die politische Instabilität wuchs und bereitete den Weg für Hitlers Machtübernahme. In Armut und Verzweiflung gestürzt, auf der Suche nach Schuldigen und von führenden Politikern angestachelt begannen die Deutschen, die jüdische Bevölkerung für ihr Unglück verantwortlich zu machen. Ruth erinnert sich, dass eine Nachbarsfamilie ihren Hof verloren hatte, weil sie nicht in der Lage war, die Raten an die »jüdischen Bankiers« zu zahlen. Die

Juden wurden zum Sündenbock – ihnen wurden der wirtschaftliche Niedergang und alle sozialen Probleme angelastet.

Hitler versprach den deutschen Arbeitern eine Lösung: Beschäftigung, Wohnraum und sogar bezahlte Urlaubsaufenthalte. Nachdem er 1933 an die Macht kam, baute er die Autobahn, die alle Gegenden Deutschlands miteinander verband. Er ordnete die Produktion des Volkswagens an – ein Auto für die einfachen Leute. Während Hitler und die Nationalsozialistische Partei solcherlei Versprechen machten, schickten sie ihre Kritiker ins Gefängnis oder brachten sie um, um die eigene Vorherrschaft zu sichern.

Als ich über das Dritte Reich las, wurde mir klar, dass alles, was ich zuvor über diese Zeit erfahren hatte, von amerikanischen Historikern, Journalisten oder von jüdischen Schriftstellern oder Filmemachern produziert worden war, die verständlicherweise den Holocaust in den Mittelpunkt stellten. Was ich nun suchte, waren von Deutschen geschriebene Geschichten, die eine Innensicht der Nazizeit wiedergaben, denn dies waren die Erfahrungen von Ruths Familie.

Sie waren einfache Deutsche »arischer« Abstammung, die sich in der Öffentlichkeit nicht kritisch gegenüber der Regierung äußerten. Bemüht, gute Staatsbürger zu sein, arbeiteten sie, zogen ihre Kinder groß und lebten ihr Leben, genau wie es der Großteil der Bevölkerung in jedem beliebigen Land normalerweise tut. Diesen Alltag wollte ich kennen lernen, denn ich konnte mir vorstellen, dass zu Beginn der Nazizeit das Leben im Großen und Ganzen für die meisten so weiterging wie zuvor – besonders für diejenigen, die nicht in den großen Städten lebten, wo sich der Widerstand gegen Hitler hauptsächlich formierte.

Ich stellte fest, dass die große Mehrheit der deutschen Bevölkerung der Politik der Nationalsozialistischen Partei zustimmte. Ruths Vater, der miterlebte, dass es den Arbeitern wieder besser ging, wurde Parteimitglied. (Eines der wenigen Fotos, das Ruth noch aus ihrer Jugend hat, zeigt Hermann Schäfer mit einem Schnäuzer, wie Hitler ihn trug.) Die Stadt Wittenwalde, in der sie lebten, unterstützte das Dritte Reich. Ruth erzählt, dass ihre Lehrerin zur 150-prozentigen Nazianhängerin wurde. In der Schule wurde das Fach Religion durch Unterricht über das Leben und die Ideen des »Führers« ersetzt.

Der Zeitraum vom Aufstieg Hitlers bis zum Beginn des Krieges dauerte von Ruths elftem bis zu ihrem siebzehnten Lebensjahr. Während dieser Zeit verlief Ruths Leben in den meisten Bereichen wie zuvor. Sie half ihrer Mutter, Blumengestecke für Hochzeiten, Beerdigungen und Feierlichkeiten im Dorf und in der Umgebung zu arrangieren. Im Herbst begingen die Menschen den Totensonntag, für den die Schäfers an die tausend Kränze produzierten. Ruth erinnert sich: »Während ich arbeitete, fühlte ich mich mit den Toten verbunden, also mit denjenigen, die diese Kränze erhalten würden. Ich sah die Friedhöfe, die Gräber und die Grabsteine vor mir.«

Als eine ihrer Klassenkameradinnen starb, wurde bei den Schäfers ein Kranz bestellt. »Ich half Mutti, diesen Kranz zu machen, und ich sah im Geist meine verstorbene Mitschülerin. Dann ging ich mit meinem Bruder zu ihrem Haus, um den Kranz zu liefern. Ich bat darum, sie zu sehen. Ich hatte keine Angst vor dem Tod. Ich konnte dort sein, die kühle Luft einatmen und den Geruch des Todes.«

Vielleicht konnte Ruth wegen ihrer Nähe zur Welt der Tiere und der Pflanzen so gelassen mit dieser Realität umgehen. Dort erlebte sie die andauernde Veränderung von Geburt, Wachstum und Tod. Als junges Mädchen fühlte sich Ruth außerdem zu Geschichten über Heilige hingezogen und las gern Gedichte der deutschen Romantik, in denen oftmals der Tod verherrlicht und die Natur verehrt wird. Sie schöpfen aus den germanischen Mythen, die auch die Nationalsozialisten für ihre Zwecke nutzten.

In der Grundschule wurden Ruth und die anderen Kinder mit Geschichten über Naziführer, die für ihre Sache gestorben waren, indoktriniert. Im Unterricht hörten sie die Propaganda über die Kindheit und Jugend von Adolf Hitler: wie hart er gelernt und gearbeitet hätte, wie ihn Mitleid mit der Arbeiterklasse ergriffen hätte. Und sie nahmen den grauenvollen Antisemitismus in sich auf, der Juden als böse, geldgierige Blutsauger darstellte, die die deutschen Bauern in die Sklaverei trieben und sich verschworen hatten, um die Welt zu erobern. Die Nazilehrerin ging mit ihren Schützlingen an den Sonntagen vor die Kirche. Dort sangen sie lauthals Nazilieder und übertönten den Gesang der Kirchgänger. Ruths Mutter – nicht annähernd so überzeugt von den Vorzügen der Nazis wie ihr Mann – missbilligte diese Respektlosigkeit gegenüber der Religion.

Ruth selbst schloss sich begeistert dem *Bund Deutscher Mädel* an. Dies zu wissen hatte mich seit Beginn meines Unterrichts bei ihr irritiert. Jetzt wollte ich herausfinden, was Ruth als Mädchen in dieser Massenbewegung gefunden haben mochte und was ihre Gründe dafür waren, sich an etwas zu beteiligen, das von außen betrachtet so offenkundig schlecht war.

Ich hörte genau zu, als Ruth mir erzählte, dass sie die Kameradschaft und die gesunde sportliche Betätigung liebte. »Wir hatten keine religiösen Gottesdienste mehr; stattdessen wanderten wir und gingen Schwimmen, trieben Sport und tanzten.« Und sie liebte die Rituale. »Wir erweckten uralte Bräuche zu neuem Leben, wir gingen hinaus und spielten sie nach. Einmal nahmen wir große Holzscheiben und gingen nachts auf einen Hügel. Wahrscheinlich waren sie mit Hakenkreuzen bemalt worden. Wir zündeten sie an und ließen sie den Hügel hinabrollen, dabei sangen wir. Das war sehr mystisch für uns.«

Ruths frühere religiöse Überzeugung wurde von den Ritualen der Nazis abgelöst.

»Das, was ich im Christentum gefunden hatte, fand ich nun in der BDM-Gruppe *Glaube und Schönheit*. Die Ideologie des Dritten Reiches war von da an meine Religion. Diese Gruppe war für die Fünfzehn- bis Sechzehnjährigen. Es war schön, ein wunderbares Erlebnis. ›In einem schönen Körper kann ein schöner Geist entstehen.‹ Aber der schöne Geist wurde angeleitet, an das Dritte Reich zu glauben, an seine guten Eigenschaften. Na, und sie haben sich um die Armen gekümmert. Die Adligen mussten

Land abgeben, auf dem hübsche kleine Häuser mit Badezimmern gebaut wurden. Die ersetzten die Hütten mit Außentoilette. Das war nötig, auch für die anderen Arbeiter.«

Die Zugehörigkeit ihres Vaters zur Partei schien ihr vernünftig. »Er half diesen kleinen Gruppen, sich Hitler anzuschließen, denn das erschien richtig. Deutschland litt unter der wirtschaftlichen Depression, es war am Boden. Das Land gehörte nicht den Bauern, sondern den Banken und den Finanzmagnaten. Und die Menschen waren Sklaven des feudalen Systems. Mein Vater suchte per Anzeige einen Gärtnerlehrling und erhielt achtzig bis hundert Bewerbungen.

Vergiss nicht, dass es eine Arbeiterpartei war, die *Nationalsozialistische Arbeiterpartei*. Es ging nicht nur um die Regierungsmacht. Hitler versprach den Arbeitern neue Häuser. Sie lebten mit zwölf, sechzehn Kindern in einem Raum wie Sklaven. Er holte sie da heraus. Schöne Häuser und Wohnblocks wurden für diese Menschen gebaut. Es war revolutionär, den Arbeitern, also der Basis des Volkes, Platz zu verschaffen und ihnen ein anständiges Leben und Freude zu ermöglichen. So hat er natürlich gewonnen. Das war die große Front. Ich glaube nicht, dass er von Anfang an so verrückt war. Er gab uns die körperliche Ertüchtigung und die Rituale zur Sommer- und Wintersonnenwende, und er erklärte uns, was unsere Vorfahren getan hatten. Jetzt hatten wir am Samstag frei und durften in der Schule spielen. Wir machten Übungen, damit sich in einem gesunden Körper ein gesunder Geist entwickeln konnte. Das war berührend und sehr schön. Kannst du verstehen, dass uns das gefiel? Vorher waren wir ein Nichts.«

Aus all den Berichten über die Jahre vor dem Krieg lässt sich schließen, dass dieses Gefühl in Deutschland weit verbreitet war, und fast jeder junge nichtjüdische Mensch gehörte der Hitlerjugend an. Der Reiz der Gemeinschaft und die großen Spektakel zogen die jungen Leute an und gaben ihrem Leben eine Bedeutung – die Wettkämpfe und Sportveranstaltungen der Nazis waren voller Energie und Dramatik. Auf der anderen Seite wurden Jugendliche oftmals dazu gedrängt, der Hitlerjugend beizutreten. Wenn sie es nicht taten, wurden sie als Abweichler angesehen und geächtet. Manchmal wurde einem Vater gesagt, dass er seine Arbeit verlieren würde, wenn sein Kind nicht Mitglied der Hitlerjugend würde.

Aber denjenigen, die freiwillig kamen, bot die Teilnahme an dieser Bewegung viele Vorteile. Immer wieder berichten Frauen aus Ruths Generation, wie packend und anregend die Hitlerjugend für sie war.[3]

Ruth beschreibt ein Sportfest in einer großen Stadthalle. Jede Stadt schickte eine Mannschaft, und Ruth – das Mädchen, das als kleines Kind wegen der Kinderlähmung nicht laufen konnte – gewann den dritten Preis im Wettlauf. Der Platz war mit Blumen geschmückt, und die jungen Leute tanzten alte Tänze in Reihen und im Kreis. Sie sangen die düsteren, aufwühlenden Lieder der SS-Elitetruppen: »Morgensonne / Morgensonne / schenke uns dein Licht / leuchte mir den Weg / in den frühen Tod.« Ruth kann dieses Lied noch heute singen. Sie sagt, dass sie einen »heiligen Ort schufen, denn alle waren aus dem gleichen Grund dort. Man spürte die Heiligkeit der eigenen Kultur, spürte die eigenen Fähigkeiten. Es war genau das Richtige. Es war so überzeugend.«

Wenn ich dies höre, kann ich mir Ruths jugendlichen Überschwang vorstellen, selbst wenn diese Jugendbewegung ein Teil der Agenda dieses Verrückten war, der die Deutschen in einen katastrophalen Krieg und den Horror des Völkermords führte. Als Kind hatte Ruth nicht gelernt, Autorität zu hinterfragen oder sich den Dingen mit einer fragenden, vernunftgeleiteten Haltung zu nähern. Ebenso wie sie die Autorität von Eltern und Lehrern akzeptierte, akzeptierte sie auch die »Richtigkeit« der Naziphilosophie.

Neben der Hitlerjugend hatte Ruth noch andere, eher literarische und spirituelle Interessen. Im Alter von sechzehn oder siebzehn las sie mit Begeisterung die Biografien katholischer Nonnen. Die Geschichte der spanischen Karmeliterin Teresa von Avila aus dem sechzehnten Jahrhundert fesselte sie. »Es beeindruckte mich, dass sie als adlige Dame ein Leben mit so viel Härte und ständigen Opfern auf sich nahm. Niemals war sie selbst der Mittelpunkt ihrer Sorge; es war immer etwas außerhalb ihrer selbst.« Ruth las darüber, wie Teresa mit einem Handwagen, auf dem ihr ganzer Besitz war, von Kloster zu Kloster zog, ohne jemals Hilfe anzunehmen. Dann fand Ruth ihre berühmten *Bekenntnisse*. »Hier zeigten sich tatsächlich ihre Bemühungen, Gott näher zu kommen oder eins mit ihm zu werden – so habe ich es verstanden. Das hat mich fasziniert.«

Und sie liebte die romantischen Werke von Hölderlin, dem Dichter aus dem achtzehnten Jahrhundert, der, ehe er im Alter von sechsunddreißig Jahren dem Wahnsinn verfiel, jene Art symbolträchtiger Poesie voller Sentimentalität verfasst hatte, die eine junge Frau mit spirituellen Neigungen ansprach. Hölderlin öffnete ihr Bewusstsein für das, was sie »Numina« nennt. »Ja, ich nahm das Buch mit den Gedichten mit auf meine Spaziergänge und las. Und dann weitete sich mein Blick, wenn ich aufblickte. Dann sah ich das *Göttliche* – das ist das, was in der *äußeren* Welt nicht sichtbar ist. Numina ist das, was du hinter der Erscheinung sehen kannst. Ich wusste das nicht, aber ich spürte es. – Ich wollte auch sterben, wenn ich Streit in der Familie hatte, was sehr selten vorkam. Ich ging auf die Felder zu einer kleinen Mulde, wo mich niemand sehen konnte, und manchmal betete ich. Ich wollte entweder ins Kloster oder sterben.« Ruth lacht über das romantische Mädchen, das sie einmal war. »Siehst du, man erschafft sich eine eigene Welt.«

Ein Mitglied aus Ruths Familie war vom Enthusiasmus über die Nazionalsozialisten nicht mitgerissen worden. Ruths Mutter blieb distanziert, und mindestens einmal riskierte sie ihre Sicherheit, als sie ihr Missfallen laut und deutlich zum Ausdruck brachte. Mit einer Ausnahme gehörten alle Läden im Ort jüdischen Familien, und Frau Schäfer war mit den Besitzern gut bekannt. »Frau Kellermann war ihr Ideal«, berichtet Ruth. »Und Frau Hirschfeld. Sie hatten sehr schöne Geschäfte. Und Mutti hatte vier Kinder, die jedes Jahr neu eingekleidet wurden. Wir kauften keine fertigen Kleider, sondern Stoff und alles, was zum Nähen gebraucht wurde, in ihren Läden. Wenn wir den Laden der Hirschfelds betraten, kam er persönlich nach vorne und fragte: ›Frau Schäfer, was kann ich für Sie tun?‹ Wir waren gute Kunden.«

Auf dem Wochenmarkt gegenüber der Läden hatte Ruths Mutter einen großen Stand, an dem sie Gemüse, Blumen und Kränze verkaufte. Jeden Tag nach der Schule kam Ruth mit dem Fahrrad, um ihrer Mutter zu helfen und sich ein bisschen Taschengeld zu verdienen. Einmal wies die Mutter sie an, auf die Kasse aufzupassen. »Ich gehe rüber zu Frau Kellermann.« Frau Kellermann war die Inhaberin des großen Stoffgeschäfts.

Ruth beobachtete, wie die Mutter den Marktplatz überquerte und zum Laden ging, dann aber auf dem Gehweg vor der Ladentür stehen blieb. Ein Mann fuchtelte mit einem Plakat mit der Aufschrift »KAUFT NICHT BEI JUDEN« herum und versperrte ihr den Weg. Ruth sah, wie die Mutter dem Blick des Mannes standhielt. Sie hob die Arme und sagte so deutlich, dass Ruth jedes Wort verstehen konnte: »Juden sind auch Menschen!« Dann ging sie an dem Mann vorbei und betrat den Laden. Als sie nach einiger Zeit mit ihren Einkäufen herauskam, fotografierte der Mann mit dem Plakat sie. »Sie haben sie fotografiert«, erklärt Ruth, »denn sie zeigten auf großen Wänden Fotos von denjenigen, die etwas taten, was von den Nazis nicht gutgeheißen wurde. Aber zum damaligen Zeitpunkt taten sie meiner Mutter nichts. Das war vor dem Krieg, da war es noch nicht so schlimm.

Ich diskutierte mit ihr. Ich sagte: ›Mutti, du verstehst das nicht, die Juden haben dies und jenes getan, sie haben alles an sich gerissen‹ – all das, was wir in der Schule gelernt hatten. Aber sie glaubte mir nicht. Sie glaubte nicht, dass das stimmte.«

Frau Schäfers Handeln hatte soziale Konsequenzen. Kurz nach ihrem Besuch in Frau Kellermanns Laden wurde sie zum Austritt aus dem Frauenverein aufgefordert, dem sie auf Einladung der Pastorenfrau beigetreten war. »Die Frau sagte ihr, sie gehöre nicht mehr dazu«, erzählt Ruth.

Eines Morgens nach Frau Schäfers Konfrontation auf dem Marktplatz kam Ruth zu dem Stand und sah, dass alle jüdischen Läden jetzt nichtjüdische Namen trugen. Als sie nachschaute, entdeckte sie, dass die jüdischen Ladenbesitzer und ihre Familien verschwunden waren. Sie konnte nicht herausfinden, was es mit dem Verschwinden auf sich hatte, und vermutete schließlich, dass die Kellermanns und die Hirschfelds sich entschlossen hatten, ihre Läden zu verkaufen und den Ort zu verlassen, um den Schikanen zu entkommen. Sie hat nie erfahren, was aus ihnen geworden ist.

DRITTES KAPITEL

Der Krieg beginnt

Als Hitlers Truppen 1939 in Polen einfielen, war Ruth siebzehn Jahre alt. Selbst an den Wochenenden arbeitete sie hart auf dem Bauernhof und half ihrer Mutter, Kränze und Girlanden zu binden, und so beschloss sie, ein neues Leben zu beginnen. Sie wusste, dass die Lehrer eingezogen wurden, um nach dem Einmarsch von Hitlers Truppen in Polen und Russland und der Besetzung der westeuropäischen Länder an den vielen Fronten zu kämpfen. Und sie fand heraus, dass spezielle Kurse und Seminare eingerichtet worden waren, um junge Mädchen darauf vorzubereiten, die abwesenden Lehrer zu ersetzen. Sie bewarb sich für eine Ausbildung als Lehrerin. »Ich wollte raus«, sagt Ruth, »und *Mutti* erlaubte es.«

Bis zum Ende des Krieges führte Ruth ein Leben, das einerseits von Feindseligkeiten geprägt war, auf der anderen Seite jedoch abgeschirmt blieb von dem Leid der Opfer des Naziregimes, sowohl im eigenen Land als auch in den anderen Ländern. Voller Energie und Enthusiasmus ergriff sie die Möglichkeit, die sich ihr bot. Sie nahm die Schwierigkeiten und Herausforderungen des Lehrerinnenlebens an, arbeitete hart und lebte in ihrer eigenen Welt: Außer den offiziellen Darstellungen über das Agieren der Regierung in der Welt kannte sie keine Berichte. Ihren Pflichten und Vergnügungen begegnete sie mit dem begrenzten Horizont und der Selbstbezogenheit der Jugend. Mangelndes Interesse an Politik und am Weltgeschehen, der ausschließliche Blick auf das eigene alltägliche Leben kennzeichneten Ruths Verhalten während der meisten Zeit ihres Lebens.

Mit ihrem Auszug von zu Hause begann die Auflösung der Familie. Während der folgenden sechs Jahre sollten die Eltern und alle vier Geschwister, bedingt durch den Krieg, freiwillige oder erzwungene Reisen unternehmen und getrennt ihrem Schicksal entgegengehen.

Im ersten Jahr fort von zu Hause, eröffnete sich für Ruth eine Welt, die größer und kultivierter war als das Leben auf dem Bauernhof. In den Schulferien durfte sie ihren Onkel Robert besuchen, einen Städter, der zum Urlaub in die Alpen fuhr und mit »feinen Damen tanzte«.

»Das war es, was ich wollte«, sagt Ruth. »Er war mein Vorbild.«

Zu Beginn der vierziger Jahre nutzte Hitler Truppen und Ressourcen für weitere Eroberungen; Polen wurde zerstört, die Bevölkerung unterworfen, die Juden ermordet. Dann schickte er seine Truppen nach Russland, um den russischen Staat zu zerstören und das Volk zu unterwerfen, was mit großen Verlusten für die deutschen Truppen verbunden war. Angesichts seiner erbarmungslosen Kriegstreiberei und der furchtbaren Verluste an der russischen Front vergingen den deutschen Bürgern allmählich Rassenstolz und Kameradschaft. Viele Menschen, Ruths Vater eingeschlossen, änderten ihre Haltung gegenüber den Nazis und begannen, sich passiv oder aktiv den Anordnungen der Nazis zu widersetzen.

Der fortschreitende Krieg ließ Ruths Vater verbittern. Er wusste, was die deutschen Soldaten in Polen taten – sie brachten Bauern und Adlige gleichermaßen um, stahlen den Menschen das Land, und das fand er unerträglich. Weil ihr Hof so nah an der polnischen Grenze lag, sahen die Schäfers die erobernden Truppen vorbeimarschieren, und auch Ruth sah sie manchmal bei ihren Besuchen. »Wenn diese riesigen Formationen vorbeimarschierten wie Cäsars Legionäre – es dauerte Tage und Nächte, als sie nach Polen zogen –, saß er da und sagte: ›Dafür habe ich nicht gekämpft.‹«

Inzwischen hatte Ruth ein Jahr Ausbildung in Danzig absolviert und wurde für ein Praktikum nach Grünfelde, ein Dorf in Ostpreußen, geschickt. Dort wohnte sie im Schulhaus und unterrichtete fünfunddreißig bis vierzig Schülerinnen und Schüler von der ersten bis zur vierten Klasse. Sie unterrichtete gern und stellte fest, dass sie es gut konnte. Die Unbekümmertheit der Kinder faszinierte sie, und ihr Vertrauen rührte sie. Sie sah, dass sie sie leiten und eine gute Atmosphäre für sie schaffen konnte. 1942 besuchte sie ein weiteres Seminar und kehrte dann an die gleiche Schule zurück. Wegen des Russlandfeldzugs wurden mehr und mehr männliche Kollegen eingezogen, so dass Ruth allein in der Schule zurückblieb und alle Klassen unterrichten musste. Einige der Jungen waren größer als sie selbst.

Sie nahm die Herausforderung an, und nach der anstrengenden Arbeit im Klassenzimmer traf sie sich manchmal mit den jungen Offizieren, die zur Ausbildung in das Dorf gekommen waren. Sie hatte einen Soldaten zum Freund und genoss das Leben.

Ihre Geschwister waren ebenfalls von zu Hause fortgegangen. Dita, die jüngste Schwester, war Zahnarzthelferin in Königsberg. Christel hatte geheiratet und war nach Berlin gezogen, um dort ihr erstes Kind zu bekommen. Das schien ihr sicherer. Heinz war mit siebzehn eingezogen worden und wurde als SS-Soldat an die Front geschickt. Ruth sah ihn erst wieder, als der Krieg vorbei war. Sie bedauerte, dass sie keinen Kontakt zu diesem jüngeren Bruder hatte. »Dahling, ich ging weg, um die Lehrerausbildung zu machen, weit weg von zu Hause. Es war schon Krieg, das darfst du nicht vergessen. Mein Bruder war fast noch ein Junge, als er eingezogen wurde. Ich habe ihn aber nie in Uniform gesehen. Er war so weit weg. Ich war an der Schule, und wir beide kamen nie gleichzeitig zu Besuch.«

Zu Hause in Wittenwalde wurde Herrn Schäfer ein Ultimatum gesetzt. In Polen hatten die deutschen Truppen alle Grundbesitzer von ihrem Land vertrieben. Jetzt sollten sie durch Deutsche ersetzt werden, die die Höfe bewirtschaften und das Dritte Reich versorgen sollten. Der Vater von einer von Ruths Freundinnen hatte dieses Angebot angenommen und war mit seiner Familie nach Polen gezogen. Bei einem Besuch erhielt Ruth eine Vorstellung davon, was den deutschen Bauern da angeboten wurde. »Es war ein Anwesen in der Nähe von Warschau und fünfzigmal so groß wie der kleine Hof ihres Vaters in Ostpreußen. Ich besuchte sie, weil sie einen der hohen Offiziere heiratete. Das war 1943. Ja, in Russland kämpften sie, und wir waren in Polen auf diesem fantastischen, vornehmen Anwesen mit einer vierspännigen Kutsche, und wir fuhren zu dieser Hochzeit. Und um uns herum waren alle, die zu diesem Land gehörten, vertrieben oder umgebracht worden. Wir haben uns einfach vergnügt, aber es dämmerte mir, das all dies tatsächlich einmal den Polen gehört hatte.«

Das Landwirtschaftsministerium forderte Ruths Vater auf, ein ähnliches Anwesen in Polen zu übernehmen. Entrüstet über die deutsche Besetzung Polens weigerte er sich jedoch. Er kam auf die schwarze Liste, und kurze Zeit später wurde Herr Schäfer fünfundfünfzigjährig eingezogen und an die russische Front geschickt. Angesichts des Fiaskos des Russlandfeldzugs kam diese Nachricht praktisch einem Todesurteil gleich.

Bald schon zeigten sich Vorboten der Katastrophe. Die ersten Jahre des Krieges, so drückt Ruth es aus, »sangen und siegten wir«. Als Lehrerin gab sie all ihre Kraft den Schülerinnen und Schülern, sie veranstaltete Sonnenwendfeiern und tanzte mit ihnen, sie ging mit ihnen in den Wald, um die »Vogelhochzeit« aufzuführen. »Ich war Lehrerin und lebte von Lebensmittelkarten, das war bescheiden, und, ja, ich hatte meine Ideologie. Ich hatte meine schöne kleine Wohnung über dem Klassenzimmer, und manchmal fuhr ich zu einer Fortbildung in der Nähe von Danzig an die Ostsee. Es war eine schöne Zeit. Während des Krieges war ich nie in den großen Städten, die bombardiert wurden.«

So konnte sie die Schrecken der nahen Zukunft nicht erahnen. Während der Krieg weiter wütete – man müsste eigentlich von Kriegen sprechen, denn die deutsche Armee kämpfte an mehreren Fronten –, schöpfte sie schließlich Verdacht, dass die Wirklichkeit anders sein könnte als die offizielle Version der Nazis. Die Frage, die unvermeidlich im Falle von Deutschen aus Ruths Generation aufkommt, ist die, ob und was sie von der systematischen Ermordung der jüdischen Bevölkerung wussten. Ehe ich Ruth diese Frage stellte, las ich viele Antworten ihrer Zeitgenossinnen und Zeitgenossen, die dieser Frage zum Teil voller Unbehagen ausweichen, sich selbst widersprechen, Erklärungen suchen und sogar ärgerlich ihre Ignoranz und Unwissenheit verteidigen.[4]

Als ich Ruth diese Frage stellte, tat sie nichts dergleichen, sondern erzählte mir eine Geschichte aus ihrer Zeit als Dorfschullehrerin. Sie hatte sich mit dem Vizebürgermeister angefreundet, der auch für Teile von Polen verantwortlich war. Einmal nahm er Ruth zu einem Ausflug nach Polen mit, in eine Stadt in der Nähe von Warschau. Er hatte dort zu tun, erzählte ihr aber nichts Genaues. Er schien distanziert und besorgt. Sie machten einen Spaziergang außerhalb der Stadt, zwischen hohen Bäumen. Der Mann führte sie durch den Wald zu einem Zaun, und sie gingen daran entlang. Ruth beschreibt »einen hohen Zaun, so hoch wie die Bäume, eine feste Bretterwand und darüber Stacheldraht.«

Als das Dämmerlicht durch die Bäume drang, fragte Ruths Freund: »Sieh mal Ruth, weißt du, was das ist?« Dann sagte er: »Sprich mit niemandem darüber, es ist ein Konzentrationslager.« Zunächst verstand Ruth nicht, »also erklärte er ein bisschen. Aber er konnte nicht geradeheraus erzählen und sagte nicht wirklich viel. Dennoch wusste ich, dass dort etwas Schlimmes vor sich ging, dass hinter der Bretterwand Juden waren.« Sie kannte auch die Konsequenzen, die drohten, wenn man darüber redete. »Wenn er als Bürgermeister zu deutlich werden würde, wäre er tot oder auf der anderen Seite des Zauns.«

Nach dieser Begebenheit begann sie sich mehr für das Weltgeschehen zu interessieren und die offizielle Sichtweise der Nazis vom Krieg infrage zu stellen. Sie hörte von einem Radiosender, »Freistimme«. In ihrer Wohnung im Schulhaus nahm sie ihr Radio mit ins Bett und kroch unter die Bettdecke, denn sie wusste, dass es strengstens verboten war, so genannte feindliche Sender zu hören. Die Radiosprecher berichteten, dass die deutschen Truppen in Russland und überall sonst nicht voranschritten, wie die Nazipropaganda berichtete, sondern zurückgedrängt wurden, und dass eine Niederlage unvermeidlich war.

Ich hatte Berichte von jungen Menschen in den Großstädten gelesen, die Widerstand gegen die Nazis leisteten, und fragte mich, ob es für Ruth möglich gewesen wäre, sich gegen das Regime zu wenden, und warum sie nicht auf diese Idee gekommen war. Aber während ich darüber nachdachte, wurde mir klar, dass die jungen Leute im Widerstand unter ganz anderen Bedingungen lebten. Es waren Studenten, die die großen Universitäten besuchten, sozial und wirtschaftlich privilegierte Intellektuelle mit den Zielen und Mitteln einer höheren Bildung. Und oftmals waren es Kinder von Eltern, die die nationalsozialistische Ideologie von Anfang an abgelehnt hatten. Diese Bedingungen eröffneten ihnen Möglichkeiten, die Ruth gänzlich unbekannt waren. Sie war eine Bauerntochter in einem kleinen Ort in Ostpreußen, ihr Vater und die meisten anderen Männer im Ort waren überzeugte Nazis. Ihr höchster Ehrgeiz war es gewesen, Grundschullehrerin zu werden, und dazu brauchte es nur ein paar Jahre an einer Ausbildungsanstalt und ein Praktikum.

Dennoch tat sie selbst in ihrer Situation beinahe instinktiv und von Freundlichkeit motiviert Dinge, die sie in Konflikt mit der Obrigkeit und der Ideologie der Nazis brachten.

Im Jahr '43 oder '44 wurden viele russische Kriegsgefangene in deutschen Dörfern in Lagern festgehalten. Sie arbeiteten für die Landwirtschaft und in den Städten, um die Deutschen zu ersetzen, die in Russland kämpften. So ein Lager gab es auch in Grünfelde. Wenn Ruth diese Männer anschaute, sah sie keine Feinde, sondern leidende Menschen, und ihr Impuls war, etwas zu tun, damit es ihnen besser ging.

»Es war Winter, es hatte geschneit, und dieser Mann – seine Hände waren kalt, er hackte Holz für meine Wohnung über dem Klassenraum, und als er das Holz nach oben brachte, bot ich ihm eine Tasse heißen Tee und ein Stück Kuchen an. Aber der Bewacher hat mich offenbar dabei beobachtet, denn ich musste danach beim Vorsteher erscheinen. Der erklärte, *dass ich so etwas nicht tun durfte!* Er sagte, es sei nicht angebracht, nett zu den Gefangenen zu sein.«

Das ist typisch für die Ruth, die ich kenne. Sie reagiert selten auf Unrecht, das einer Gruppe von Menschen zuteil wird, interessiert sich vielleicht nicht dafür, die abstrakte politische Wirklichkeit zu gestalten und menschlicher zu machen, reagiert aber sofort mit Liebe und Wärme auf das Leid jedes Menschen, der ihr direkt gegenübersteht.

Schon bald begannen die deutschen Truppen, sich von der russischen Front hinter die Grenze zurückzuziehen. In den Orten nahe der Grenze wurden alle Zivilisten angewiesen, Gräben auszuheben, um die russischen Panzer aufzuhalten, die bald auftauchen würden – und Zivilisten waren jetzt ausschließlich Frauen, denn die Männer waren fort. Die russischen Streitkräfte drängten die deutschen Truppen zurück, und es war nur eine Frage der Zeit, bis sie über die Grenze kommen würden.

Ruth wurde in dem kleinen Dorf, wo sie unterrichtete, aufgefordert, sich mit den anderen Frauen zu versammeln. Spaten wurden ausgehändigt, und man befahl ihnen zu graben. Sie fand jedoch die Vorstellung, ein Graben könne einen Panzer stoppen, idiotisch. »Ich dachte, was wir hier tun, ist dumm, es dient nur dazu, uns den falschen Eindruck zu vermitteln, dass wir uns erfolgreich verteidigen könnten.« Und so hat sie sich aus dieser Verpflichtung herausgestohlen. »Ich lief fort und tat so, als hätte ich meinen Anteil geschaufelt. Mein inneres Gefühl sagte: Es ist dumm – wir werden nicht gewinnen!«

Dies ist ein Beispiel dafür, wie »mehr zu wissen« als die anderen und sich den Anordnungen zu widersetzen sie in ernsthafte Schwierigkeiten hätte bringen können. Aber ihre Position als Lehrerin und die Wertschätzung der Frauen, von denen viele Mütter waren, mag ihr diesen Ungehorsam ermöglicht haben.

Im Jahr '44 war sie schließlich davon überzeugt, dass Deutschland den Krieg verlieren würde. Überall gab es Anzeichen der furchtbaren Unterdrückung der deutschen Bevölkerung, für die die Weigerung, den Krieg zu unterstützen, den Tod bedeutete. »Einmal sah ich einen Mann aufgehängt an einem Baum; auf der Brust hatte er ein Schild mit der Aufschrift: ›Ich habe mich geweigert, das Vaterland zu verteidigen.‹ Und als ich sah, wie sie selbst die alten Männer und die Jungen einzogen, wusste ich, dass wir erledigt waren.«

Zu diesem Zeitpunkt wurde Ruths begrenzte persönliche Welt erschüttert. Schon bald sollte sie Flüchtling werden und um ihr Leben laufen, und in diesem neuen, erschreckenden Dasein sollte sie ihre enorme Ausdauer und den Wunsch entdecken, egal um welchen Preis zu überleben. Sie lernte, nach Abfällen zu suchen und sogar zu stehlen, um etwas zu essen zu haben, sie musste lernen, ohne alles, was sie bislang umgeben und geschützt hatte, auszukommen, und sie lernte, selbst angesichts unvorstellbarer Brutalität und Gewalt nicht aufzugeben, auch wenn alles bereits verloren schien. Dieser Wille zu überleben, das unerschütterliche Bestehen auf ihrer Präsenz in diesem Leben und der hohe Preis, den sie dafür zahlte – das ist etwas, was wir in Ruth als Lehrerin wahrnahmen. Es inspirierte und bestärkte uns.

* * *

Das Ende kam bald, nachdem Ruth den Mann am Baum hatte hängen sehen. Die deutsche Armee wurde im Februar 1943 in Stalingrad besiegt, über zweihunderttausend deutsche Soldaten wurden getötet. Im gleichen Jahr wurden die Nazis in Nordafrika besiegt. Italien fiel. Widerstandsgruppen in den besetzten Ländern untergruben die Kräfte der Deutschen. Zu Beginn des Jahres 1945 zogen sich deutsche Soldaten in großer Zahl auf der Flucht vor den russischen Truppen über die Grenze bei Grünfelde zurück. Die Zivilbevölkerung floh ebenfalls, angetrieben von den Soldaten und voller Furcht vor der Vergeltung der Polen und Russen. Im Januar 1945 verließ Ruth mit dem Strom der Flüchtlinge Grünfelde und zog Richtung Westen. Auf der Flucht wurde sie mit dem Leid um sie herum konfrontiert. »Ich sprang auf einen offenen Militärlaster, und selbst dort erfroren die Menschen.«

Ruth befand sich mitten auf dem großen Exodus nach Berlin. »Die erste Etappe dauerte eine ganze Nacht. Die Temperaturen waren unter null, aber ich biss mir auf die Lippen und tat alles Mögliche, um wach zu bleiben. Wir kamen nach Elbing, wo meine Tante Margarete lebte. Mein Onkel und meine Tante hatten dort ein Speditionsgeschäft, und so kletterte ich zusammen mit ihnen auf einen großen Futtertransportwagen. Zwei französische Kriegsgefangene aus dem Geschäft meines Onkels waren bei uns, die haben wir mitgenommen.«

Sie hatten zwei Schweine geschlachtet, um unterwegs zu essen zu haben. Jetzt schlossen sie sich der Menge der Flüchtlinge an, die zu Tausenden durch die Straßen strömten und versuchten, westwärts zu gelangen. »Wir warteten ungefähr drei Nächte an einem der Flüsse, um ihn zu überqueren. Es gab lange Schlangen, und das Militär hatte Vorfahrt. Dann waren wir an der Reihe, ich glaube, wir sollten den Fluss mit einer Fähre überqueren. Es war sehr kalt, wir hatten Frost, und wenn man über den Schnee ging, knirschte es. Trockener, verharschter Schnee. Sehr romantisch, wenn man eine warme Stube hat und nach draußen schaut, wo Schneeflocken wie kleine Sterne in der Sonne glitzern, hmm?

Ich stieg nicht auf den Wagen, als wir über den Fluss gebracht wurden, sondern ging zu Fuß. Es gab einen Fußweg für die Leute. Als ich auf den Laster mit meinem Onkel und meiner Tante wartete – die beiden französischen Gefangenen waren von Soldaten geholt worden, um für die deutsche Armee zu arbeiten –, da sah ich meinen Hund Rolli tot am Ende des Wagens hängen. Sie hatten ihn angebunden, und er wollte offenbar herunterspringen, obwohl er an der Leine war. Alle schliefen, weißt du, und so war er nun tot.«

In der bitteren Kälte dauerte es Wochen, den polnischen Korridor zu durchqueren. Aber schließlich schaffte Ruth es bis nach Berlin zum Haus von Tante Frida, der jüngsten Schwester ihrer Mutter, die eine Bäckerei in Falkensee hatte. Ruths Schwester Christel war schon in Berlin, aber Dita, noch ein junges Mädchen, war verschwunden. »Wir hatten sie verloren«, sagt Ruth. »Sie blieb zwei Jahre lang irgendwo in den Lagern verschollen.« (Die russische Armee hatte in Deutschland Arbeitslager für Deutsche eingerichtet.) Ihr Bruder Heinz, so fand sie später heraus, hatte sich auf einem Milchhof versteckt und wurde von den Alliierten nicht gefunden. Herr Schäfer, der an der russischen Front gekämpft hatte, war gefangen genommen und in ein Lager in Sibirien geschafft worden. Ruths Mutter war in Ostpreußen verschwunden.

Ruth blieb bei Tante Frida in einem Dachzimmer. Zusammengepfercht mit vielen anderen lebte sie von den Brotresten aus der Bäckerei. Die Alliierten hatten Berlin und die anderen Städte bombardiert, und die Deutschen setzten russische Gefangene ein, die die ausgebombten Häuser freiräumen sollten. Ruth hat eine unauslöschliche prophetische Erinnerung aus dieser Zeit: »Wir wohnten immer noch in der Bäckerei, wir waren schon Flüchtlinge. Als wir eines Tages mit der Straßenbahn fuhren, blickten wir aus dem Fenster auf diesen riesigen Trümmerhaufen, wo die russischen Gefangenen waren. Sie sortierten und räumten die Trümmer auf. Ich sagte: ›Tante Luzie, sieh dir das an!‹ Sie war sehr sarkastisch, eine Dame, die ins Casino ging und viel Geld gewonnen hatte. Sie trug einen schwarzen Pelzmantel. Und ich war so neidisch auf diesen Robbenpelz! Heute würde ich nicht in die Nähe von einem Pelzmantel gehen. Siehst du, wie Werte sich verändern? Also, Tante Luzie schaute hinunter zu den russischen Gefangenen und sagte sarkastisch: ›Weißt du, Ruth, da werden *wir* bald stehen.‹ Und ich stimmte ihr zu. ›Ja‹, sagte ich, ›da stehen wir bald. Kannst du dir das vorstellen? Was werden wir dann tun? Wie sollen wir das schaffen?‹ Und sie erwiderte: ›Halt jetzt besser den Mund.‹ Weißt du, die Menschen wussten, dass die Russen kamen. Oh ja, zu dem Zeitpunkt wussten sie es, aber du durftest es nicht laut sagen.«

Dem Anrücken der russischen Truppen nach Berlin gingen massive Bombardements durch die alliierten Truppen voraus. Die Bombardierung Berlins und anderer Großstädte durch amerikanische und britische Bombenflugzeuge beschreibt ein deutscher Historiker als nächtlichen Massenmord an Zivilisten.«[5] In Dresden wurden vierhunderttausend Menschen getötet, die meisten darunter Frauen und Kinder.[6] In Berlin waren die Bomben- und Granateneinschläge so verheerend, dass Ruth ein zweites Mal um ihr Leben laufen musste.

»In den letzten drei Monaten wurde es eng. Die russischen Truppen marschierten in den polnischen Korridor ein und waren nur noch wenige hundert Kilometer von Berlin entfernt. Schließlich erreichten sie die Ausläufer von Berlin, und da mussten wir wieder davonlaufen. Aber wo sollten wir hin? Wir hatten noch zwei Pferde aus Ostpreußen und nahmen alles mit, was sich in der Bäckerei schnell einpacken ließ. Ich wurde bei den andauernden Angriffen der Tiefflieger und dem ständigen Schießen von meiner Familie getrennt. Die Flugzeuge flogen direkt über die Straßen.« Überall wimmelte es von Flüchtlingen, tausende waren in Autos, mit Pferden oder zu Fuß mit Handwagen unterwegs und versuchten, nach Nordwesten Richtung Hamburg zu gelangen.

»Ich glaube, britische Flieger beschossen uns von oben und russische Truppen schossen uns in den Rücken. Sie besetzten alles. Hier war also die Straße, und wir rannten in alle Richtungen – wir verteilten uns überall, denn die Bomber flogen tief, *dat, dat, dat, dat* – und sie schossen mit Maschinengewehren, die machten *dat, dat, dat,* und dann flogen sie hin und her über die Straßen und schossen, immer und immer wieder. Wir sahen sie kommen – es gab keinen Alarm, nichts – wir ließen alles, was wir dabei hatten, fallen, einfach so, und rannten ins Kartoffelfeld oder in ein anderes Feld oder ein kleines Wäldchen, was da gerade war, und warfen uns zu Boden. Und die Hälfte von uns oder ein Viertel oder Drittel stand nicht mehr auf. Und einmal, da liege ich so da, und sie fliegen über mich hinweg, ganz tief, und dann ist es still, sie sind weg, und ich versuche aufzustehen und überlege: Bin ich noch am Leben? Verstehst du? Ich berührte mich, um festzustellen, ob ich noch lebte. Wo bin ich? Das war das Trauma, das ich erlebt habe. Und dann blickte ich auf, und die anderen taten das Gleiche. Wir grüßten einander. Alle kamen hervorgekrochen. Manche waren verwundet, manche waren tot. Die Verwundeten blieben zurück. Vielleicht starben sie, ich weiß nicht, was mit ihnen geschah. Ich war hier, ich konnte aufstehen, aber meine Familie – ich wusste nicht, wo sie war. Ich fand ein Fahrrad auf der Straße. Also nahm ich dieses Fahrrad und fuhr los, ich wusste, wohin ich wollte. Ich wollte nur weg. Nach Norden! Nicht zurück zu den Russen.«

Die Flüchtlinge suchten auf ihrem Weg nach Essbarem. Wenn ein Pferd gestorben war, schnitten Ruth und die anderen sich ein Stück Fleisch heraus und brieten es über dem offenen Feuer. Hunde holten sich ein paar Bissen und nagten an den Knochen. Andere Flüchtlinge erzählten Ruth, dass sie ihre Haustiere erschossen hatten, bevor sie flohen, und sie dachte, wie schwer ihnen das gefallen sein musste. Schließlich landete sie in Lübeck und traf dort ihre Cousine Lydia.

»Diese Stadt war die ganze Zeit bombardiert worden. Ich glaube, dort habe ich erfahren, dass es vorbei war. Ich sehe vor mir, wie ich auf die Knie fiel, mich verneigte und sagte: ›Oh, danke, dass es vorbei ist, jetzt werden wir Frieden haben.‹ Hah!«

Lübeck, die Stadt nördlich von Hamburg nahe der Ostsee, war ebenfalls ein gefährlicher Ort. »Um zu feiern, dass der Krieg vorbei war, öffneten sie die Gefängnisse«, erklärt Ruth. Die Gefangenen – einfache Kriminelle oder Widerstandskämpfer, die von den Nazis verurteilt worden waren – strömten aus ihren Zellen und waren auf Rache aus. Und so begann ein weiterer Krieg in den Straßen von Lübeck. »Sie legten Feuer in den Warenhäusern und plünderten sie. Sie klauten. Deutsche gegen Deutsche! Ohne Unterschied. Sie öffneten die Silos, wo Butter und Wein gelagert wurden. Die waren unterirdisch, in der Stadt. Und Läden brannten, Nazifahnen wurden heruntergerissen und verbrannt.«

Russische und britische Besatzer kamen, um Ordnung in Lübeck zu schaffen. Um der Gewalt der Deutschen untereinander und der Zerstörung von Eigentum Einhalt zu gebieten, führten sie eine strikte Sperrstunde ein. »Meine Cousine Lydia und ich, wir konnten nach acht Uhr abends das Haus nicht mehr verlassen, du konntest nicht mehr auf die Straße gehen. Weil geplündert wurde, weißt du, sie durchsuchten alles nach etwas Brauchbarem, Leute drangen in die brennenden Häuser ein, und es geschahen wieder schlimme Dinge. Im Stadtzentrum war der Marktplatz. Dort gab es unterirdische Räume, die wurden alle geöffnet, und man sah Leute herauskommen, die dort wunderbare Dinge gefunden hatten. Zehnpfundpakete Butter, Bratwürste und Brot ... Sie beluden sich damit, hamsterten. Ein englischer Soldat hielt sie auf: ›Stop and drop!‹ – ›Anhalten und fallen lassen!‹, und so verloren sie alles sofort wieder. Aber Lydia und ich, wir kamen mit fünfzehn Pfund Butter davon, glaube ich. Irgendwie konnten wir verschwinden, und niemand hielt uns auf. Und so haben wir mit anderen Leuten geteilt und tauschten die Butter gegen anderes Essen ein. Wir konnten unser Zimmer behalten, diesen sicheren Ort, der heil geblieben war.

Oh, und die Soldaten waren betrunken! Wenn sie dich schnappten, durchsuchten sie auch deinen Körper. Vor meinen Augen wurde Lydia von einem britischen Soldaten geschnappt. Natürlich hat sie sofort alles fallen lassen, aber er nahm sie und vergewaltigte sie. Ich rannte weg und entkam. Später konnte sie deswegen nie Kinder bekommen.«

Ruth ging aufs Land und fand eine kleine Kammer mit einem Strohdach. Die teilte sie mit Lydia und einem alten Mann. »Das war schon nach dem Krieg. Ja, aber alles war so knapp. Wir stahlen Äpfel von Leuten mit großen Gärten, die uns keine verkaufen wollten. Ich hatte ein bisschen Geld und bat um ein Pfund Äpfel, und sie sagten, dass sie nichts verkaufen dürften. ›Alles wird kontrolliert.‹ Wir wussten, dass das nicht die Wahrheit war, sondern dass sie sie auf dem Schwarzmarkt verkauften, wo sie viel mehr dafür bekamen. Die Bauern wurden jetzt reich, hmm? Und so nahmen wir uns nachts einen Stuhl, wenn wir sicher waren, dass sie schliefen, und kletterten über den Zaun. Ich schüttelte den Baum, sammelte eine Schürze voll und warf sie über den Zaun zu Lydia. Wir wussten, dass es gefährlich war.

Wir arbeiteten im Moor, formten Ziegel aus der schwarzen Erde und brannten sie. So verdienten wir unser Geld. Und wir räumten die Trümmer auf. Manchmal gingen wir nach Hamburg, um dort zu helfen, die Stadt aufzuräumen, arbeiteten immer weiter, manchmal auch auf dem Feld.«

Im Sommer 1945, als Ruth zweiundzwanzig war, beschloss sie, zurück nach Berlin zu gehen. Sie zog allein los, bis die Grenze zwischen britischer und russischer Zone, die Demarkationslinie zwischen West und Ost, sie stoppte. »Die russischen Soldaten standen entlang der Grenze und warteten auf uns Zivilisten, damit sie uns alles stehlen konnten, was wir noch hatten. Uhren und Schmuck oder Geld. Ich hatte Geld in die Männerjacke eingenäht, die ich trug, und sie durchsuchten sie. Ich glaube, es waren tausend Mark. Sie nahmen das Geld – alles. So war es immer. Du konntest nichts behalten. Dann kam ich zurück nach Berlin, zurück zur Bäckerei.«

Auf der Flucht lernte Ruth, mit Gefahr und Entbehrung zurechtzukommen, lernte weiterzumachen, egal was passierte. Sie war Zeugin von Vergewaltigung, Verletzung und Tod geworden und fand irgendwie Wege, sich und andere zu versorgen. All diese Fähigkeiten sollten ihr in der kommenden Zeit von Nutzen sein, in einer Zeit entsetzlichen Durcheinanders und zahlloser Misshandlungen.

VIERTES KAPITEL

Dunkle Reise

Ich erinnere mich, dass ich zum ersten Mal vor zwanzig Jahren in einem Meditations-Retreat in Dhamma Dena von Ruths chaotischem Leben in der Nachkriegszeit hörte. Es war ein Frauen-Retreat, und ich glaube, die Sprache kam auf Männer. Vielleicht hat eine Frau etwas gegen Männer im Allgemeinen gesagt, woraufhin Ruth lautstark konterte. »Sieh mich an«, sagte sie, » ich könnte die Männer hassen. Ich wurde nach dem Krieg von Männern vergewaltigt und misshandelt. Aber ich zahle es ihnen nicht mit gleicher Münze heim, Dahling.«

Es waren Russen, so hörten wir, die dies getan hatten. Diese Information fügte sich in das Bild der Person, die wir vor uns sahen, wurde ein Teil des allgemeinen Wissens über Ruth: Sie war nach dem Krieg vergewaltigt worden. Ein andermal erzählte Ruth, dass sie in einem Käfig auf einem Eisenbahnwaggon festgehalten und von Polen und Russen als Nazi beschimpft und bespuckt worden war – ein weiteres beunruhigendes Mosaiksteinchen, das sich zur Legende dieser unerschrockenen Frau hinzufügte. Ruth faszinierte uns mit ihrem langen, fließenden Rock, mit ihrem deutschen Akzent, ihrer preußischen Strenge und ihrer überschäumenden *joie de vivre*. Sie war mehrere Jahrzehnte älter als die meisten ihrer Schülerinnen. Ihre Erlebnisse in den grausigen Nachbeben des Zweiten Weltkriegs waren die Erklärung dafür, warum sie jeden Cent so widerwillig ausgab und jedes bisschen Essen rettete. Von diesen Stationen ihres Lebens zu hören half uns, ihre überraschende Reaktion auf das Thema sexuelle Gewalt zu verstehen. Im Grunde empfahl sie denjenigen, die mit solchen Erlebnissen zu ihr kamen, zu vergessen, die Sache hinter sich zu lassen. Wir vermuteten, dass sie selbst dies hatte tun müssen. Außerdem schrieben wir die außerordentliche Tiefe ihres spirituellen Verständnisses zu einem Teil dem schwierigen Übungsfeld des Krieges zu. (Die Zen-Meisterin Gesshin Prabhasa Dharma Roshi, eine deutsche Zeitgenossin Ruths, erzählte mir einmal, dass der Krieg ihr spirituelles Übungsfeld gewesen sei. Die extreme Strenge und Härte der Zen-Schule seien dagegen ein Kinderspiel gewesen.)

Als Ruths Schülerinnen haben wir ihre Kriegserlebnisse in das Bild der reifen Dharma-Lehrerein integriert. Wir, die nie etwas Vergleichbares erlebt hatten, waren so in der Lage, ihre schrecklichen Kriegserfahrungen auf Distanz zu halten, sie in die Vergangenheit zu verbannen. Als ich dann aber Ruth für dieses Buch interviewte, sprengte die abgeschlossene Geschichte ihre Grenzen, entfaltete sich und zeigte sich in grauenvoller Unmittelbarkeit. Zunächst fand ich heraus, dass die Zeit, in der Ruth im Niemandsland verschwunden war, nicht etwa einen Tag oder einen Monat angedauert hatte, sondern anderthalb Jahre, eine unendliche Zeit unvorstellbarer Grausamkeit. Und während sie erzählte, konnte ich in meinem Innern die junge Frau spüren, die eine Katastrophe nach der nächsten erlebte. Nicht die erfahrene spirituelle Lehrerin, nicht die reife Ehefrau aus Hollywood oder die gebildete Weltreisende, sondern ein junges Mädchen vom Bauernhof, deren größtes Abenteuer bisher darin bestanden hatten, die Lehrerinnenausbildung in einer mittleren Kleinstadt zu absolvieren und ihren Onkel Robert zu besuchen.

Als Ruth mir diese Zeiten beschrieb, fehlten ihr manchmal die Worte, sie brach mitten im Satz ab und schlug eine andere Spur ein. Sie gab zu, sich an vieles nicht mehr zu erinnern, die Abfolge der Ereignisse war ihr oftmals entfallen. Und sie erklärte mir, warum: »Ich habe hinterher niemals darüber gesprochen. Ich wollte es nicht wieder hervorholen.« Das Überleben im Nachkriegsdurcheinander von Berlin war ein ständiger Kampf und erforderte andauernde Wachsamkeit. Um zu funktionieren, verbannte Ruth ihre schmerzlichen Erinnerungen. Sie war von Menschen umgeben, die vom Hass gegen die Russen zerfressen waren, die verrückt wurden, weil sie an den Gräueltaten festhielten, die sie erlebt hatten. Ruth wollte leben, sie vergrub ihre schlimmsten Erinnerungen, verbannte sie aus ihrem Denken und stellte sich der Aufgabe, ein neues Leben aufzubauen.

Und nun, fast sechzig Jahre später, ist Ruth bereit, diese Epoche wieder hervorzuholen, wie ein Ding, das auf den Grund des Meeres gesunken war. Sie ist bereit, es durch trübe Wasser an die Oberfläche zu hieven und mit mir zu teilen. Einzelne Ereignisse treten aus der Dämmerung hervor, kleine Ausschnitte im grellen Licht, so dass jedes noch so kleine Detail sichtbar ist.

Das, was nicht gesagt wird, hat manchmal mehr Gewicht als das gesprochene Wort. Wenn Ruth die Stimme versagt und sie sich in die Beschreibung der Umgebung flüchtet – des Kellerraums, des Moors – oder wenn sie erzählt, was die russischen Soldaten zum Frühstück aßen. Manchmal lacht sie an den schrecklichsten Stellen, kichert angesichts dessen, was vor so langer Zeit geschah und schafft so einen Abstand zu den Gefühlen, die sie damals durchlitt.

Die Umrisse dieser Geschichte haben die Tendenz, sich in Zeit und Raum zu verlieren. So sehr wir uns auch bemühen, können Ruth und ich die Ereignisse nicht immer zeitlich einordnen, können sie nicht in eine ordentliche Reihenfolge bringen. Einige Ereignisse bleiben unbestimmt. Zusammengefasst lässt sich sagen, dass es alltägliches Leben, so wie Ruth es früher kannte, nicht mehr gab. Es gab keine Kontinuität von Orten und Menschen, die es ihr möglich gemacht hätte, sich zu erinnern, was zuerst kam und was darauf folgte. Dennoch wurde diese Periode von bestimmten Ereignissen eingeklammert: Gegen Ende des Jahres 1945 verließ sie das einigermaßen sichere Berlin, um nach Osten in den polnischen Korridor zu gehen und zu versuchen, in ihr Dorf in Ostpreußen zu gelangen. Anderthalb Jahre später gelang es ihr, nach Berlin zurückzukehren.

* * *

Aus Mitgefühl und voller Naivität begab Ruth sich auf diese Odyssee. Eine Tante war vor Ende des Krieges aus Ostpreußen angereist und hatte ihre Familie zurückgelassen. Ruth erzählt: »Im Sommer 1944 kam Tante Lenchen nach Berlin in die Bäckerei. Sie hatten in Ostpreußen einen Milchhof, und sie versorgte die anderen mit ein bisschen Butter, die sie im Koffer mitgebracht hatte, zwei Pfund oder so. Dann war der Krieg vorbei, und sie konnte nicht zurück. Jetzt war sie allein und weinte.« Tante Lenchen hatte ein Baby zurückgelassen, das kaum älter als ein Jahr war, ein zehnjähriges Kind, ihren Mann und die Großmutter der Kinder. Und obwohl sie täglich den Flüchtlingsstrom, der aus dem Osten nach Berlin kam, nach ihrer Familie absuchte, fand sie sie nicht. Was mochte ihnen zugestoßen sein?

Ruth reagierte auf den Kummer und die Sorge der Tante mit dem Entschluss, dahin zurückzugehen, wo einmal Ostpreußen war, und die Familienmitglieder aufzuspüren oder zumindest herauszufinden, was mit ihnen geschehen war. Sie war dreiundzwanzig Jahre alt, und selbst nach den grauenvollen Erlebnissen des Krieges war sie voller jugendlicher Zuversicht. Sie hatte keine Vorstellung, was sie erwartete, sobald sie die Grenze zum polnischen Korridor überquerte. »Tante Lenchen«, verkündete sie, »ich werde sie finden.«

Ruth machte sich mit einem kleinen Rucksack auf den Weg. Als sie die Grenze überquerte, fand sie sich in gesetzlosem Niemandsland wieder, das von russischen Soldaten und polnischer Miliz beherrscht wurde – ein Land, in dem Züge fuhren, aber niemand Fahrkarten verkaufte, die Menschenmassen strömten einfach in die Waggons – und wo Grausamkeiten gegenüber der gequälten und demoralisierten Bevölkerung zum Alltag gehörten. Schon bald wurde sie verhaftet. Sie war Deutsche, und ihr Pass wies sie als Lehrerin aus, das reichte, um den Verdacht zu wecken, dass sie Kinder mit der Ideologie der Nazis indoktriniert hatte. Die Russen wollten herausfinden, was sie unterrichtet hatte.

Russische Soldaten brachten sie zum Verhör in ihr Hauptquartier in einem Herrenhaus. Dann schafften sie sie in den Keller.

Ein Haufen Stroh auf dem feuchten Boden diente als Bett, ein Blechnapf mit Suppe durchs Fenster geschoben war ihr Essen. In derselben Nacht kamen sieben Russen und nahmen sie mit. Sie brachten sie in die nahen Sümpfe, und einer nach dem anderen vergewaltigte sie. Ruth zitterte in der Kälte. Sie betete. »Dahling, du kannst nichts anderes tun, wenn du sieben Kerle vor dir hast...« – und ihre Stimme versagt.

Sie setzt noch einmal an. »Ich erinnerte mich an meinen Gott. Und an mich selbst. Und an die Kraft, die ich immer hinter dem Universum sah, die die Geschicke der Welt lenkt und alles sieht. Er ist der Schöpfer, und so glaubte ich, dass er die Macht habe, mir zu helfen.«

Ich frage: »Aber warst du nicht desillusioniert, als er dir *nicht* half?«

»Nein, ich stellte den Zusammenhang, dass er der Allmächtige war und dies geschehen ließ, nicht her. Dafür hatte ich keine Zeit. Ich stand unter solchem Stress. Und dann verschließt du dich, du siehst die Zusammenhänge nicht mehr.« Und sie fügt hinzu: »In so großen Notsituationen verlässt dich die Vernunft, und eine universelle Energie breitet sich aus. Das hat mich gehalten.«

Selbst mit dieser Erklärung kann ich kaum begreifen, dass diese Attacke sie nicht zerstört hat. Ich kenne keine Frau, die so beschützt gelebt hat, dass sie nicht zumindest einmal beinahe vergewaltigt worden wäre, und viele, die ich kenne, wurden Opfer dieses Verbrechens. Ich habe ihre seelischen Verletzungen gesehen und erkannt, wie viel Zeit und Fürsorge es bedarf, um diese zu heilen. Im College musste ich mir mehr als einmal bei einer Verabredung den Weg vom Rücksitz eines Autos, aus einem Motelzimmer oder dem Hinterzimmer einer Party freikämpfen. Ich war kräftig, und ich hatte Glück. Aber als Ruth mir ihre Erlebnisse beschrieb, spürte ich oft körperlich die Hilflosigkeit, den Zorn, die fürchterliche Erkenntnis, dass es kein Entkommen gab, und die Schmerzen, die ihr zugefügt worden waren. Ich werde niemals wirklich wissen, was sie fühlte, schon allein deshalb nicht, weil ihr häufig die Stimme versagte, wenn sie versuchte, mir davon zu erzählen, und die Geschichten ins Leere liefen. Nach einer Pause nahm sie mit benommenem Blick den Faden an einem weniger traumatischen Punkt wieder auf.

Ruth denkt über ihre Geschichte nach und ergänzt sie um eine entscheidende Dimension. Sie versichert mir, dass sie selbst in dieser finstern Zeit die Ursachen der Gewalt verstanden hat. »Wenn sie mich vergewaltigten, wusste ich, dass sie irgendwie von ihrer politischen Überzeugung angestiftet waren – sie glaubten, dass wir Deutschen alle Monster waren. So haben sie uns behandelt. Ja, wir haben schreckliche Dinge in ihrem Land getan, und daraus entstand dieser Zorn. Das war mein Grundgefühl – und dann nahm ich den Schmerz hin.«

Sie erinnert sich nicht an das Ende dieser Nacht, weiß nicht, ob die russischen Soldaten sie wieder mitnahmen oder in den Sümpfen zurückließen. »Nehmen wir einmal an, dass sie mich liegen ließen ...«, spekuliert sie, »und dass ich in gewisser Weise froh war, zurückgelassen zu werden. Aber wohin gehst du dann? Wenn du auf die Straße gehst, warten schon die Nächsten auf dich. Trotzdem sagte ich nicht: ›Wie schrecklich! Ich möchte sterben!‹« – Sie lacht leise in sich hinein. »Das habe ich nie gesagt. *Ich wollte immer leben!*«

Ruth machte sich auf, den Bahnhof zu finden. Aber ehe sie ihre Reise nach Osten wiederaufnehmen konnte, wurde sie von polnischen Milizen festgenommen.

»Sie verhörten mich, sie sagten: ›*Du* bist jetzt das Dritte Reich‹, hmm? Manchmal machten sie es, manchmal war es anders, sehr menschlich. Dann war ich fertig, und sie sagten: ›Du kannst gehen.‹ Sie fragten mich, wohin ich wollte, und gaben mir einen Bewacher, um das Gebiet zu verlassen, oder sie schickten mich zum Ort des nächsten Verhörs. Und an noch etwas von dieser Reise erinnere ich mich. Wir waren in einer kleinen Stadt, die nur noch aus Ruinen bestand, nur Reste von eingestürzten Wänden und Schornsteine standen noch, und vier oder fünf Soldaten nahmen mich mit, sie vergewaltigten mich dort in Regen und Kälte zwischen den Trümmern.« Sie lacht. »Nette Erlebnisse.«

Ich frage: »Bist du hinterher daran nicht verzweifelt?«

»Nein – das heißt, was half es denn? Es hat mich schwach gemacht. Ich weinte. Ich weinte und dachte: ›Warum müssen wir so leiden?‹, verstehst du, und ich hatte Fragen. Aber dann war mir klar: ›Ich kann nicht. Wenn ich das tue, verliere ich meine letzten Kräfte!‹ Dann hat es mich nicht mehr berührt. Ich hatte eine große Lebenskraft, ich hatte immer Hoffnung und war immer mit meinem Gott verbunden. In gewisser Weise war ich eine gläubige Christin. Es gibt ein Sprichwort: *Wen Gott liebt, den straft er.* Und so sah ich es immer als eine Herausforderung. Daran hielt ich mich. Ich sah, dass mir nichts helfen würde. Wohin sollte ich mich wenden?«

Als sie weiterzog, lebte Ruth meist von trockenem Brot, das ihr von Deutschen, die sie dann und wann traf, gegeben wurde. Einmal wurde sie an den Pranger gestellt, um den Hals ein Schild mit der Aufschrift »DEUTSCH«. Polen, die vorbeikamen, bespuckten und beschimpften sie.

Dann wurde Ruth in ein russisches Arbeitslager gebracht. Die deutschen Frauen im Lager mussten Eisenbahnschwellen abbauen, die nach Russland geschickt wurden. Im Lager lebten zweitausend Frauen unter schlimmen Bedingungen. Ruth erinnert sich nur an wenige Einzelheiten. »Das war eher im Sommer, gegen Herbst. Und es war offen – ich erinnere mich nicht mehr … Wir schliefen draußen … ja. Wir hatten Stroh. Wir konnten uns hinlegen. Aber die Leute wurden krank. Und der Regen! Sie gaben uns immer Suppe, Kohl und Kartoffeln aus einem großen, großen … Aber ich war nicht lange dort. Jemand holte mich heraus.«

Ich frage, »Ein Mann hat dich dort herausgeholt?«

»Ja, aber nicht aus diesem Grund.«

Ein russischer Offizier nahm sie zu sich nach Hause, damit sie seiner Frau half. Zu diesem Zeitpunkt hatte Ruth bereits erkannt, dass sie nicht zugeben durfte, Lehrerin zu sein, denn das brachte sie mit den Nazis in Verbindung. Also erzählte sie allen, sie sei Friseurin gewesen. Sie machte also der Frau des Offiziers die

Haare und half im Haushalt. Das Haus des Offiziers wurde ein sicherer Hafen für Ruth.

»Weißt du, manchmal traf man Menschen mit Herz, solche, die auf die menschliche Ebene gehen konnten, anstatt auf der politisch konditionierten Ebene zu bleiben. Ich glaube, die Frau hat mich gut behandelt; sie war zufrieden mit meiner Arbeit. Und der Mann kam abends nach Hause, sie schliefen, und ich hatte keine Schwierigkeiten.«

Inmitten ihrer hoffnungslosen Situation war Ruth für jede noch so kleine Zuwendung dankbar. »Für jeden Bissen, den ich bekam, jedes kleine Geschenk, war ich dankbar. Und ich war so glücklich, dass ich eine warme Stube im Haus des Offiziers hatte und dass ich nicht vergewaltigt wurde. Es gab immer noch Momente, in denen du dankbar für Gottes Güte sein konntest.«

Aber sie konnte dort nicht bleiben. Sie musste ihren Weg in das Dorf in Ostpreußen fortsetzen, um Tante Lenchens Familie zu finden. Eines Tages verließ sie dann die Sicherheit des russischen Offiziershauses und zog weiter gen Osten. Auf den Straßen war sie ständig in Gefahr, und doch bemerkte sie die Schönheit um sie herum. »In all dieser Zeit, wenn ich mit meinem Rucksack weiterwanderte, nicht ahnend, ob mich im nächsten Augenblick jemand schnappen und vergewaltigen oder mir mein letztes Stückchen Brot nehmen würde, blickte ich dennoch immer wieder auf und sah eine Blume, sah ihre Schönheit.«

Schließlich erreichte sie das Dorf, in dem Tante Lenchens Familie ihren Milchhof gehabt hatte. Die meisten deutschen Bewohner waren geflohen. Die wenigen, die geblieben waren, lebten zusammengepfercht in einem kleinen Strohdachhäuschen. Ruth blieb bei ihnen. »Abends hatten wir ein bisschen Kerzenlicht, und wir sangen zusammen. Soweit ich mich erinnere, zeigte niemand offen Hass oder Wut. Alle waren eher ruhig, sie beteten oft. Der Zusammenhalt von Menschen in der Krise hat mich sehr berührt. Wir waren eine Familie. Wir sangen gemeinsam, ja, Kirchenlieder – ein Lied geht so: ›So nimm denn meine Hände, und führe mich‹, es ist wunderschön. Ich sang mit ihnen.

Und ich habe geweint, aber ich war niemals am Boden. Zu weinen war vielmehr wunderbarer Frieden.

Es lässt sich leichter ertragen, wenn man mit so vielen gemeinsam leidet. So wie die Freude stärker wird, wenn man sie mit anderen teilt, genauso ist das Leid leichter zu ertragen, wenn es geteilt wird. Manche weinten um ein Kind, das verloren gegangen war, andere hatten große Verletzungen erlitten, waren verwundet, geschlagen, vergewaltigt worden. Ich war von *ihrem* Leid berührt, nicht nur von meinem eigenen. Ich sah, dass mein Körper immer noch heil war, dass ich noch denken konnte, dass ich an Gott glaubte und dass ich viel Kraft hatte.«

Eines Nachts, als sie durch die Haustür der überfüllten Hütte die weit entfernten Sterne sah, gab Ruth ein Versprechen. »Ich wurde ruhig und hatte einen Fokus. In diesem großen weiten Raum des Gebets, verbunden mit meinem Atem und meiner Liebe, betete ich, dass ich gerettet werden möge, doch darunter zog sich ein Gedanke durch den Raum – ich erkannte, wie viel Ungerechtigkeit verübt wurde und an wie vielen schlimmen Dingen auch ich mich beteiligt hatte … Ich wusste, wenn ich da herauskomme, werde ich Gutes tun und das Leben berühren. Das war nicht wirklich ein Gedanke, aber ein weites, sehr greifbares *Gefühl* – mein Entschluss, anderen Menschen zu helfen.«

In dem Dorf konnte sie die Familie der Tante nicht finden, und von den verbliebenen Deutschen wusste niemand etwas über sie. Ruth brach nach Grünfelde auf, wo sie unterrichtet hatte. Aber an der Stelle, wo die Schule gestanden hatte, fand sie nur noch Trümmer. Das Leben, das sie früher gelebt hatte, war zerstört. Die glückliche Kindheit in der Natur, die Jahre mit Sport und Tanz, die Feste, die Herausforderung des Unterrichtens – die Spuren all dessen waren verschwunden, ebenso wie die Menschen. Nichts anderes konnte sie in diesen Dörfern erfahren.

Ruth machte sich auf den langen Rückweg nach Berlin. Aber sie wurde bald krank, und zu dem Zeitpunkt, als sie Ostpreußen durchquert und den polnischen Korridor erreicht hatte, war sie schwach und litt an blutiger Diarrhöe. In Posen, der größten

Stadt im Korridor, hatte sie wieder einmal wahnsinnige Schmerzen. »Posen war eine Art Scheideweg zwischen dem Hauptteil Deutschlands und den Ostgebieten. Die Züge fuhren hin und her, und die Russen hatten dort ein Hauptquartier. Das wusste ich nicht, ich fand es heraus. Nachts wartete ich auf irgendeinen Zug oder Güterzug. Ich wartete hinter den großen Haufen mit Bahnschwellen, weißt du, solche wie sie die deutschen Frauen im Arbeitslager abgebaut hatten, hmm? Ich wartete dort.

Die Soldaten an diesem Ort gingen nachts in die Warteräume und nahmen Frauen, nahmen die jungen Frauen und benutzten sie, und dann konnte man gehen, oder … ich weiß nicht, was sie noch gemacht haben. Und danach musste man eine richtige Durchsuchung über sich ergehen lassen, eine körperliche Durchsuchung. Ja, sie suchten. Sie fuhren einem sogar mit den Fingern in die Ohren, da versteckten die Frauen ihre Diamanten, ja, und in die Vagina. Ich hatte keine Diamanten, aber ich hatte vielleicht eine Flasche Wodka, oder jemand hatte mir irgendwo ein bisschen Brot gegeben.

Wie auch immer, ich wurde von einem russischen Arzt gerettet, der mich für seine Zwecke aussuchte. Da war er also, sah mich nackt bei den jungen Soldaten, und sie brachten mich zu ihm. Ich hatte Diarrhöe, ich war erschöpft. Und ich hatte Angst. Zunächst brachten sie mich in seine Praxis, die Praxis war ein halber Eisenbahnwaggon. Die eine Hälfte war seine Arztpraxis und eine kleine Ecke vielleicht sein persönlicher Bereich. Er kommt raus, und ich stehe da, und er sagte zu mir auf Deutsch: ›Du bist dreckig, schwarz wie ein Schornstein.‹ Alle sprachen Deutsch. Schwarz, ja, ich war dreckig. Also sagte er zu mir: ›Komm rein, und wasch dich erst mal.‹ Als Arzt sah er, dass ich Hilfe brauchte, also behandelte er mich mit Kohle oder was weiß ich. Ich musste so etwas Ähnliches wie Kohle essen. Ja, Kohle, und so blieb ich erst mal, ich weiß nicht wie lange, in diesem kleinen Abteil. Er half mir mit Medizin, er gab mir seinen Arztkittel, weißt du, wir sagen ›Kittel‹ dazu. Ich hatte nichts anderes. Er sagte: ›Wirf deine Kleider weg.‹ Aber er tat mir nichts an, nicht zu dem Zeitpunkt.«

Ruth hält inne, denkt nach und beginnt aufs Neue: »Jetzt fällt es mir wieder ein. Ich weiß nicht mehr, wie ich da hingekommen bin, aber in dieser Fünf-Zimmer-Wohnung, da wohnten zwei Soldaten, und ich sorgte für die Wohnung. Und ich konnte dort baden. Einmal habe ich es nicht aus der Wanne geschafft. Ich hatte diesen blutigen Durchfall, und so lag ich sozusagen in meinem eigenen Blut. In der Badewanne.«

Ich frage: »Was war mit diesen Soldaten, denen die Wohnung gehörte? Haben sie ...?«

»Nein, der Doktor versicherte mir, dass die Soldaten sich ordentlich benehmen würden, und so war es auch. Sie waren seine Bediensteten. Es war sein Haus, sein Wohnquartier. Ich schlief in einem riesigen Zimmer, und weißt du, ich habe die ganze Geschichte verdrängt, glaube ich. Ich erinnere mich, dass ich nachts schlief und er dann kam und betrunken war. Und dann nahm er mich, ich war sehr dünn, und er hatte seinen Spaß. Der Raum hatte Parkettfußboden. Wenn man etwas herunterwirft, kullert es darüber, und das machte er mit mir.«

Ich sage: »Das klingt sehr sadistisch.«

»Ja, sehr.« Sie antwortet sachlich und wendet sich der Beschreibung des Arztes zu. »Er war groß und sprach Deutsch. Ich weiß nicht, vielleicht war er fünfundvierzig oder fünfzig Jahre alt. Wenn er betrunken war, nahm er mich in sein Bett, und ich war seine Blume. Aber wenn nicht, dann hatte es auch seine guten Seiten. Ich war in Sicherheit, ich war sauber. Aber ich hatte Angst, dass er mich mit nach Russland nehmen würde, denn er sagte manchmal: ›Du, ich habe dir gesagt, du wirst in Petersburg meine zweite Frau.‹ Das war meine Zukunft. Er hatte eine Ehefrau, die war alt und hatte Kinder, und ich war jung, weißt du, aus seiner Sicht war es also vernünftig, das ich seine zweite Frau sein würde und so. Wie auch immer, ich wurde krank. Ich weiß nicht, ob es beginnender Typhus war – nein, dass kann nicht sein, Typhus kann man nicht stoppen. Und außerdem, bei dem Essen dort ... Ich musste auch Alkohol trinken. Er sagte: ›Trink das!‹ Um sechs Uhr oder fünf Uhr in der Früh aßen sie Kohlsuppe mit fettem

Fleisch. Und Kartoffeln. Warm, so wie wir abends essen würden. Draußen war es kalt, hmm?

Ich wurde also krank, und er schickte mich mit einem Wagen, gezogen von einem Pferdegespann, ins Krankenhaus. Weißt du, das alles – Tiere, Materialien – haben sie überall gestohlen. Ich hatte einen Fahrer, der die beiden Pferde lenkte. Immer nachmittags musste ich zur Behandlung ins Krankenhaus. Ich kann dir nicht sagen, womit sie mich behandelt haben. Ich war immer weniger geworden, war dauernd in gewisser Weise *in mir*, betete oft, und das bewahrte mich davor, von Angst überwältigt zu werden.«

Ruth zog sich in sich selbst und in das Gefühl der ständigen Präsenz Gottes zurück. Sie kultivierte einen inneren spirituellen Geisteszustand, der ihr wichtigster Wesenszug werden sollte. Ich erinnere mich wieder einmal an Gesshin Prabhasa Dharma Roshi, die das Nachkriegsdeutschland als Jugendliche erlebte. Sie sagt, wenn man miterleben musste, dass Menschen und Gebäude an einem Tag noch da waren und am nächsten zerstört oder verschwunden, wenn man in dieser grauen, deprimierenden, leblosen Umgebung lebte, dann musste man weit ins eigene Innere vordringen und dort etwas Tiefes berühren, um zu überleben.

Während ihrer Sklavenzeit bei dem russischen Arzt schaute Ruth nach innen und hielt Zwiesprache mit Gott. »Ich musste mit meinem Gott sein, hmm? Und ich versprach immer, wenn Er mich rettete, würde ich ein braves Mädchen sein. Vielleicht sank das so tief in mich hinein, dass es einen Einfluss auf das hatte, was ich später tat, dass ich mir so rasch die Meditationspraxis aneignen konnte. Ich war immer *bei mir*, und als ich dann in die Buddha-Lehre eingeführt wurde, ging ich weiter in die Tiefe und verband ich mich tiefer.

Aber wir waren beim Krankenhaus stehen geblieben. Ja, ich wurde mit dem Pferdewagen abgeholt. Dies war mein letztes Mal im Krankenhaus – es *sollte* zwar nicht das letzte Mal sein, aber ich hatte es so entschieden. Denn ich verschwand an diesem regnerischen, nebligen Spätnachmittag. Es muss ungefähr sechs Uhr gewesen sein. Ich sagte dem Fahrer, er solle anhalten, und verschwand in der Dunkelheit irgendwo zwischen den zerstörten Häusern und den Ruinen. Ich nahm in Kauf, dass man nach mir suchen würde, aber irgendwie fand ich den Weg zurück zum Bahnhof. Ich wusste, wo der Bahnhof lag. Und ich glaube, ich saß dort nur eine Nacht, irgendwo auf einem kleinen Platz in diesem Haufen von Bahnschwellen. Die Schwellen nahmen sie und verwendeten sie in Moskau wieder.«

Ich wollte wissen, warum der Arzt ihr nicht gefolgt war, um sie wieder mitzunehmen. »Er konnte sich doch denken, dass du zum Bahnhof gegangen warst.«

Sie überlegt, schließt die Augen, um sich zu erinnern. »Also, ich weiß es nicht. Ich weiß nicht, was passiert ist. Es regnete immerzu und war eklig kalt, und ich saß in meiner Nische in dem Haufen. Ich wusste, in welche Richtung ich wollte.«

In jener Nacht kam ein Güterzug. Er wurde langsamer, und Ruth schaffte es, auf einen der offenen Waggons zu klettern. Sie war allein in dem Waggon, und als der Zug schneller wurde, begann sie furchtbar zu frieren, denn es war Winter und der Güterwaggon hatte kein Verdeck. Zwischen den Waggons gab es eine kleine Kabine. Ruth schaffte es bis zu der Kabine und konnte sich dort vor dem Wind schützen. Der Zug fuhr Richtung Oder.

In der Morgendämmerung näherte sich der Zug dem Fluss, und ein Soldat sprang von Waggon zu Waggon, um nach Grenzgängern zu suchen. In der Kabine fand er Ruth, die sich vor der Kälte schützte.

»Ja, dieser Soldat fand mich und vergewaltigte mich. Dann wurde der Zug immer langsamer, und irgendwie muss ich ihm zu verstehen gegeben haben, dass ich nach Berlin wollte. Wir näherten uns dieser notdürftigen Brücke über die Oder, die deutsche Armee hatte alle Brücken bei ihrem Rückzug zerstört. So zuckelte der Zug sehr langsam darüber, du konntest nebenher gehen, ja, so überquerte der Zug den Fluss. Aber dieser Zug fuhr nach Süden Richtung Schlesien, und ich musste direkt nach Berlin! Der Zug fuhr sehr langsam, und der Soldat half mir, in Frankfurt/Oder abzuspringen.

Dann musste ich warten, ich glaube, ich wartete anderthalb Tage, bis ein planmäßiger Zug nach Berlin fuhr. Ich hatte kein Geld, ich hatte nichts zu essen. Meine Schuhe waren weg; ich hatte Sackleinen um die Füße gewickelt. Im Zug stand ich die ganze Zeit, denn ich war jung, und nur die Älteren saßen. Wir waren in einem Abteil – hier eine Reihe mit Sitzplätzen und eine gegenüber. In der Mitte war Platz, und da standen wir wie die Heringe. Es waren alles Deutsche, und alle waren unglücklich, es wurde geflucht. Ich glaube, sie gaben mir einen kleinen Kanten Brot, jemand brach ihn für mich ab, als er sah, dass ich nichts hatte.

Ich sage dir, was ich in dieser Zeit erlebte: Wenn es möglich war und sie nicht von politischen Ideen verblendet oder verwirrt waren, dann konnten sie unterscheiden: ›Dies sind die bösen Deutschen, dies sind die guten.‹ So wie zum Beispiel in diesem Zug, so wie der Soldat, er benutzte mich, aber er half mir auch, vom Zug zu springen. Weißt du, manche waren hilfsbereit, hmm?«

Zuvor hatte Ruth in einem Warteraum in der Nähe von Warschau ein Erlebnis von ungleich größerer Freundlichkeit gehabt, das ihr half, ihr Vertrauen in die Möglichkeit menschlicher Güte zu bewahren. Sie saß die ganze Nacht zwischen polnischen Frauen mit langen schwarzen Kleidern und wartete. Weil sie wusste, wie furchtbar die polnische Bevölkerung von ihren deutschen Landsleuten behandelt worden war, konnte sie sich nur zu gut vorstellen, was diese Frauen ihr gegenüber empfinden mussten.

Im Bahnhof patrouillierte die polnische Miliz, alle Deutschen, die sie aufspürten, wurden nach Wertsachen durchsucht. Die Menschen hatten ihre Ringe und Uhren in der Vagina oder im Anus versteckt. Die Polen wussten das, und sie durchsuchten jede Körperöffnung der deutschen Reisenden. Ruth hatte keine Wertsachen, aber sie fürchtete um das Stück Brot im Rucksack, das sie ihr abnehmen würden. Sie fürchtete außerdem, dass die Milizsoldaten die Gelegenheit nutzen würden, sie mit nach draußen zu nehmen und sexuell zu missbrauchen. Sie saß zwischen den polnischen Frauen im dunklen Warteraum und wagte nicht, an das Auftauchen der Wachmänner zu denken.

»Die Milizsoldaten kamen. Die polnischen Frauen wussten, dass ich Deutsche war, sie wussten, was das für mich bedeutete. Die Frau neben mir legte ihre Hand auf meine und hielt sie – zum Trost. Keine sagte ein Wort. Als der Milizsoldat an die Tür kam, schubste sie mich plötzlich zu Boden und bedeckte mich mit ihrem langen, schwarzen Rock, so dass ich verschwand. Und so wurde ich gerettet.

Als die Männer weg waren, warteten wir weiter. Ich saß da und drückte zum Dank ihre Hand. Mir wurde klar, dass die anderen alles gesehen hatten, sie hätten die Frau verraten können, und sie wäre dafür bestraft worden. Aber sie hat es einfach getan. – Du kannst nicht nur deine eigene Perspektive betrachten, du musst immer auch die Auswirkungen deines Seins auf die Außenwelt sehen.« Offensichtlich hatte Ruth den Kokon ihrer früheren jugendlichen Engstirnigkeit abgeworfen. Von nun an war sie immer Teil der größeren Welt, war sich ihrer Beteiligung und Wirkung bewusst.

Der Zug von Frankfurt/Oder brachte Ruth zurück nach Berlin, zur Bäckerei ihrer Tante Frida, und die schlimmsten Qualen waren vorbei. Aber sie musste Tante Lenchen sagen, dass ihre Mission erfolglos war und sie in dem ostpreußischen Dorf nichts über die Familie hatte herausfinden können. Genau wie für viele andere Menschen aus Ostpreußen sollte noch viel Zeit vergehen, ehe Ruth und ihre Familie erfuhren, was aus dem zurückgelassenen Ehemann, den Kindern und der Großmutter geworden war.

Tante Fridas Haus in Falkensee war das Ziel aller Verwandten geworden, die aus Ostpreußen flüchten mussten. Ruth zog wieder in das Dachzimmer, wo jetzt sechzehn Menschen zusammenlebten. Schon bald spürte sie unbekannte Symptome und sie war so jung und naiv, dass sie nicht wusste, dass sie schwanger war.

»Ich wusste nicht, was mit mir los war, also ging ich zum Arzt, und der sagte es mir, und sie – ich weiß nicht, was, aber sie haben es gemacht. Abtreibung.«

* * *

Ich hole erst einmal Luft, denke nach und versuche, Ruths Reaktion auf ihre Erlebnisse zu verstehen. Sie war schwer traumatisiert, und doch war es ihr gelungen, ihre Stärke und ihr Gefühl für sich selbst zu bewahren. Sie hatte es geschafft, nicht in Mutlosigkeit oder Bitterkeit zu verfallen oder gar verrückt zu werden. Es ist wahr, sie kam aus einer stabilen (wenn auch strengen) Familie, und sie war ein Mensch, der sich anderen zuwenden konnte, sich mit anderen verbinden konnte. Sie vermochte ihre Einsamkeit durchbrechen – alles Fähigkeiten und Umstände, die einem helfen, ein Trauma mit weniger Schaden zu überleben. In ihrer Familie hatte sie als Verhaltensmuster Verleugnung und Anpassung erlernt, nützliche Werkzeuge, um Missbrauch zu überstehen. Sie beschreibt ihren starken Lebenswillen, ihre Fähigkeit, sich mit einer höheren Kraft zu verbinden, und die Art und Weise, wie sie ihren Geist kontrollierte und sich nicht gestattete, sich als Opfer zu fühlen. Und dennoch scheinen manche ihrer Erlebnisse schier unerträglich zu sein.

Ruth sagt von sich, dass ihr Verstand sie davor bewahrte, die Vergewaltigungen und brutalen Behandlungen persönlich zu nehmen. Ich bin mir nicht im Klaren, ob sie diese weitere Perspektive schon damals hatte, als diese finstere Zeit über sie hereinbrach, oder ob sie sie sich erst später aneignete, um die Erinnerungen zu erklären und sich davon zu distanzieren. Aber in diesem Augenblick in der Straßenbahn, als Tante Luzie ihr sagte, dass *sie* die Gefangenen sein würden, die Zwangsarbeiter, dass sie die Plätze mit den Russen tauschen würden, die die Trümmer von den Straßen räumten – vielleicht öffneten sich Ruth in diesem Moment die Augen für die weitere Perspektive, die sie später einnehmen würde und die ihr erlaubte, den eigenen Opferstatus in einen historischen und moralischen Zusammenhang zu stellen und daraus Trost zu schöpfen.

»Ich weinte nie, und ich sagte nicht: ›Warum passiert ausgerechnet mir das? Ich habe doch nichts getan!‹ Die Menschen, die das taten, wurden krank oder verrückt. Nein, ich sah, dass das, was mir zugestoßen war, die gerechte Strafe für die Taten der Deutschen waren. Ich gehörte zu dieser Nation, und wir waren im Unrecht, hatten schlimme Dinge getan. Konzentrationslager und all das. Ich sah zwar auch, dass die Russen nicht viel besser waren, aber das ging mich nichts an. Mich ging meine Situation an und warum ich leiden musste, ja. Ich sah mich selbst als Teil einer Gesellschaft, die der Welt großen Schaden zugefügt hatte. Den jüdischen Menschen, den Polen, den Franzosen und so weiter. Ich wusste, dass wir jetzt deswegen litten, weil wir so Schlimmes verübt hatten. Ich zahlte dafür.« Und mit preußischer Zähigkeit fügt sie hinzu: »Das ist mein Grundsatz. Im Leben kriegst du nichts geschenkt. Du zahlst für alles.«

Und dennoch scheint es mir, dass die junge Ruth Schäfer einen besonders hohen Preis zahlen musste, und ich fühle mit ihr, was ihr angetan wurde, ungeachtet der festen religiösen Überzeugung und der philosophischen Perspektive, die sie vertritt. Ich weiß, dass Frauen, die vergewaltigt wurden, eigentlich mit mitfühlenden Menschen über ihre Erfahrungen sprechen müssen, um sich zu heilen, und ich frage mich, ob in dieser überfüllten Kammer über der Bäckerei irgendeine Person gewesen war, die Ruth zuhören und sie trösten konnte.

Ich gebe ihr ein Stichwort: »Du musst wirklich traumatisiert gewesen sein, als du schließlich in Berlin ankamst.« Und Ruths Antwort kommt abgehackt und bruchstückhaft:

»Ja – nein, das war ich nicht, nein, ja. Nein, ich habe das eben einfach durchgemacht. Es war nie ... da war immer das Gefühl, eher so ... nicht mal Selbstmitleid, sondern ich *trage* das, was wir getan haben. Eine Art Verstehen, dass wir Schlimmes getan hatten, denn zu der Zeit wussten wir ja, was die Deutschen alles getan hatten.«

Ich frage: »Hast du nicht unter posttraumatischem Stress gelitten?«

»Also, das haben wahrscheinlich alle, ja, bestimmt.«

»Alpträume, Flashbacks und Ähnliches?«

»Ja, ich glaube, die hatte ich.«

Die Deutschen im Berlin der Nachkriegszeit waren gewiss alle traumatisiert, alle hatten Verluste, Verwundungen oder Gräueltaten ertragen müssen. Die Vergewaltigungen, die eine junge Frau erlitten hatte, waren vielleicht nicht von besonderem Interesse für Menschen, die selbst zutiefst erschüttert waren. Es wird geschätzt, dass zwei Millionen deutsche Frauen von Soldaten der Roten Armee vergewaltigt worden sind.[7] Wahrscheinlich hat niemand darüber gesprochen, fragte niemand Ruth danach, was sie während ihrer Reise erlitten hatte. Während jener Zeit, die Ruth zusammen mit den anderen Deutschen in der Hütte in Ostpreußen verbrachte, hatte sie Gelegenheit, ihre Wunden zu beweinen.

Wieder zurück in Berlin, bedeutete es eine solche Herausforderung, in der Nachkriegszeit zu überleben, dass Ruth ihre Erlebnisse verdrängen musste, um in der Lage zu sein, jeden Morgen aufzustehen und nach etwas Essbarem zu suchen. Sie musste ihre Erfahrungen verbannen, die Tür dahinter abschließen und den Schlüssel fortwerfen.

Verdrängung fordert ihren Preis. Als Volk konnten oder wollten die Deutschen ihre vielen Verluste nicht betrauern – und erst recht nicht den Verlust ihres Glaubens an einen Führer, der anscheinend nur Gutes zu bieten hatte. Die deutschen Psychiater Alexander und Margarete Mitscherlich schreiben in ihrem Buch *Die Unfähigkeit zu trauern*: »Obwohl es vernünftig betrachtet ihr brennendes Problem gewesen sein müsste, zeigten die Deutschen minimales Interesse daran herauszufinden, warum sie einem Mann gefolgt waren, der sie in die größte materielle und moralische Katastrophe in ihrer Geschichte geführt hatte.«

Stattdessen versuchten sie, ihre Erfahrungen vor und während des Krieges zu vergessen, und stürzten sich in den wirtschaftlichen Wiederaufbau. Ruth berichtet, dass sie ihre schrecklichen

Erlebnisse nach dem Krieg »weggepackt« hat, und sie erwähnt nie, dass sie sich ihnen später noch einmal gewidmet habe, sie gar noch einmal durchlebt habe, um die Wunden zu heilen, die diese Erlebnisse hinterlassen haben. Soweit ich weiß, hat sie niemals psychologische Unterstützung in Anspruch genommen. Bestimmt hat ihre buddhistische Praxis ihr zu Heilung verholfen, aber die buddhistische Praxis arbeitet weder direkt mit verschütteten Erinnerungen oder Traumata aus der Vergangenheit, noch ermutigt sie die Menschen, mit psychologischen Mitteln zu arbeiten. Und selbst *wenn* Ruth psychologische Unterstützung gesucht hätte, so wäre dies sehr ungewöhnlich gewesen, waren es doch erst die feministischen Psychologinnen, die seit Beginn der Frauenbewegung in den Sechzigern und Siebzigern das Thema Vergewaltigung und deren Folgen untersucht und Methoden der Heilung nach sexuellem Missbrauch entwickelt haben. In den späten Vierzigern und den Fünfzigern war nur wenig Bewusstsein über die Notwendigkeit vorhanden, sich den sexuellen Wunden der Vergangenheit zuzuwenden und sie zu heilen.

Ich frage mich, welchen Preis Ruth für diese Verdrängung zahlen musste. Hätte sie, als sie spirituelle Lehrerin wurde, die Erlaubnis gehabt, über die schrecklichen Qualen der Vergewaltigungen zu trauern und sich so davon zu heilen, vielleicht hätte sie dann milder und mitfühlender gegenüber den Opfern von Inzest und Vergewaltigung unter ihren Schülerinnen sein können. Wäre sie in der Lage gewesen, das ganze Ausmaß von erlittenem Hunger, Krankheit und Missbrauch zu fühlen, dann hätte sie vielleicht mehr Sanftheit sich selbst gegenüber entwickelt und hätte nicht so unermüdlich und streng eine Antwort auf Schwierigkeiten in sich selbst und anderen gefordert.

Wenn wir verdrängen, kreieren wir einen weißen Fleck, eine Art Zäsur in unserer Persönlichkeit, und aus diesem Raum heraus kann überraschendes und unangemessenes Verhalten entstehen.

Bestimmt war die überwältigende Auswirkung des Krieges auf Ruth, dass sie ihr bereits vorhandenes Mitgefühl für alle leidenden Wesen noch vertiefte und in sich selbst Wege fand, ihnen von Nutzen zu sein. Aber es gibt merkwürdige Brüche in Ruths Intention, eine gelegentliche Härte, die schmerzhaft ist und manchmal sogar Menschen vertreibt. Vielleicht sind dies verdrängte Aspekte, die aufsteigen – nicht zu vergessen die verschütteten Reaktionen des kleinen Mädchens Ruth auf die Bestrafungen der Mutter noch lange vor dem Krieg.

All dies ging mir durch den Kopf, als ich Ruth zuhörte und Material über die Auswirkungen extremer Traumata auf die Persönlichkeit der Opfer sichtete. Unbeantwortete und vielleicht gar nicht zu beantwortende Fragen entstanden bei meinem Versuch, die Komplexität von Ruths Charakter zu verstehen.

Oft habe ich mich gefragt, ob ich so ein Trauma überlebt oder ob ich an irgendeinem Punkt aufgegeben hätte, mein Gesicht einfach zur Wand gedreht und den Tod herbeigewünscht hätte. Ruths Stärke scheint manchmal übernatürlich. Als weiße Amerikanerin wurde ich nicht auf ähnliche Weise von Krieg und den Nachwirkungen eines Krieges im eigenen Land gefordert. Im Gegensatz zu anderen Bevölkerungsgruppen in unserem Land, den Ureinwohnerinnen und Ureinwohnern Amerikas zum Beispiel, wurden meine Familie, meine Freundinnen und ich nicht von einer siegreichen Armee erobert, bombardiert, beschossen, vergewaltigt, ermordet. Ich kann mir höchstens vorstellen, wie das sein mag.

Aber wenn ich Ruths Geschichte höre, wird mir klar, dass sie überlebte, weil sie ihren Lebenswillen nicht aufgab. Sie war bereit zu tun, was zu tun war, um etwas zu essen zu finden, den nächsten Tag zu überstehen und sich, wenn möglich, zu schützen. Und sie hatte Glück, sich nicht mit Typhus zu infizieren oder einem mordenden Vergewaltiger zu begegnen, gegen den kein mutiger Geist geholfen hätte. Ihr starker Lebenswille half ihr nach jeder Begegnung wieder auf und ließ sie weitermachen, ließ sie bei gelegentlichen Annehmlichkeiten entspannen, selbst in der alles beherrschenden Trostlosigkeit. Die Wärme eines Bettes, die Sicherheit eines Raumes in der Nacht, der Geschmack einer richtigen Mahlzeit nach Tagen des Hungers.

Ebenso wie ihre Zähigkeit leiteten ihre spirituellen Ressourcen sie weg von Verzweiflung und Bitterkeit und vertieften während des Krieges ihre Absicht, zum Wohle anderer zu arbeiten, sollte sie überleben.

* * *

Im verwüsteten Nachkriegsdeutschland lebten Ruth und die übrig gebliebenen Mitglieder ihrer Familie in den ersten Jahren von der Hand in den Mund. Nahrungsmittel waren knapp. (Es wird geschätzt, dass im Jahr 1946 fünfundsiebzig Prozent der Schulkinder in Berlin unterernährt waren.)[8] Ruths Familie war weit verstreut, ihr geliebter Vater wurde immer noch vermisst, ihre Mutter war irgendwo in Ostpreußen verschollen. Ihr Bruder Heinz, der SS-Offizier, kam aus seinem Versteck bei einer deutschen Bauernfamilie, die ihn beschützt hatte. Die überfüllten Ruinen Berlins wurden noch weiter übervölkert, als zwölf Millionen deutschsprachige Menschen aus Polen, Böhmen, Ungarn und Rumänien vertrieben und nach Westen geschickt wurden.

Die Bäckerei, in einer Gegend nahe der russischen Zone, war von der russischen Armee für deren Versorgung beschlagnahmt worden. Ruth und ihre Verwandten rückten in dem Dachzimmer zusammen und überlebten, so gut es ging. Und dann kam ihre Mutter aus dem Osten. Ein Fremder führte sie vom Bahnhof zur Bäckerei. Elisabeth Schäfer war kaum wiederzuerkennen, ausgezehrt, schwach und tödlich an Typhus erkrankt. Ruths Tante Frida pflegte sie, steckte sich an und starb, während die Mutter wie durch ein Wunder überlebte. Ruths jüngste Schwester Dita kehrte aus den russischen Arbeitslagern zurück. Christel lebte mit ihrem Kind in der Nähe.

Ruth bewarb sich, um an der Grundschule zu unterrichten. Dafür musste sie das Entnazifizierungsprogramm der britischen Behörden durchlaufen, um die nationalsozialistische Philosophie hinter sich zu lassen und an eine demokratische Denkweise und entsprechende Unterrichtsmethoden herangeführt zu werden. Als sie das Programm absolviert hatte, zog sie aus dem Haus der Tante aus und ging nach Spandau, einen britisch kontrollierten Sektor Berlins. Dort fand sie bald Arbeit als Lehrerin. Ein großer Vorteil dieser Arbeit bestand darin, dass sie mehr Nahrungsmittel erhielt. Die Briten kamen jeden Mittag mit einem großen Wagen, um Essen an die Kinder zu verteilen, und gaben auch Ruth einen Teller Suppe.

Dann, 1949 oder 1950, kehrte Hermann Schäfer aus einem Arbeitslager in Sibirien zurück. Er hatte sich dort mit Tuberkulose infiziert und blieb bis zu seinem Tode sehr krank. Als Invalide lebte er mit Ruths Mutter zusammen.

Ruth war ständig damit beschäftigt, Nahrungsmittel für sich und andere zu beschaffen, und legte dafür endlose Wege zurück. Sie freundete sich mit einem britischen Captain an und überredete ihn, ihr Wollsocken aus dem Armeelager zu besorgen. Die ribbelte sie auf und strickte mit Fahrradspeichen als Nadeln einen Norwegerpullover. Sie tauschte den Pullover bei der Frau eines russischen Offiziers gegen eine Flasche Wodka ein. »Anschließend konnte ich mit der Flasche Wodka und einem kleinen Handwagen aufs Land gehen, vielleicht zwanzig Kilometer zu Fuß, um den Wodka zu tauschen, und bekam vielleicht fünfzig Pfund Getreide dafür. Es gab dort eine Mühle, wo es gemahlen wurde. Und dann hatten wir etwas zu essen.«

Zu Hause in ihrem kleinen Zimmer las Ruth die Philosophie von Martin Buber und Emil Harasztis Biografie von Franz Liszt. Sie befasste sich erneut mit dem Leben und der Spiritualität der Teresa von Avila. Klassische Musik – Beethoven, Bach und Händel – stärkten und beruhigten sie.

Ruth und ihre Familie erhielten Care-Pakete aus den USA. Eines dieser Pakete kam von einer Lehrerin aus Kalifornien, und als Ruth ihr schrieb, um sich zu bedanken, war dies der Beginn einer Brieffreundschaft. Sie sprachen vage darüber, dass Ruth eines Tages in die Vereinigten Staaten emigrieren könnte.

Nach dem Krieg verpflichtete sich Westdeutschland zu Reparationszahlungen an Israel und an andere Gruppen von Opfern des Nazi-Regimes. Verschiedene Organisationen und Bewegungen wurden gegründet, um an einer Versöhnung mit den Juden zu arbeiten. Ich fragte Ruth, ob sie von diesen Organisationen gehört oder sich an ähnlichen Aktivitäten beteiligt hatte. Das war jedoch nicht der Fall. Offensichtlich hat sie sich nach dem Krieg ausschließlich auf ihre Arbeit konzentriert und auf den Versuch, ein neues Leben aufzubauen.

Hierin unterschied sie sich nicht von der Mehrzahl der Deutschen. Während die Regierung und einige Organisationen versuchten, sich der deutschen Schuld und den vielen katastrophalen Verbrechen und Verlusten des Krieges zu stellen, nahm die Bevölkerung sich im Allgemeinen nicht die Zeit, Dinge einzugestehen, zu trauern und sich um Wiedergutmachung zu bemühen. Und während ich insgeheim vielleicht doch gehofft hatte, dass Ruth irgendetwas davon getan hätte, schob sie stattdessen – wie die deutsche Nation als Ganzes – die Vergangenheit beiseite und stürzte sich in die enorme Aufgabe, das Land wiederaufzubauen.

Die amerikanische Lehrerin, die die Care-Pakete geschickt hatte, bot Ruth an, ihr dabei behilflich zu sein, nach Amerika zu reisen. Immigranten brauchten einen Sponsor, der ihnen eine Unterkunft zur Verfügung stellte und einen Arbeitsplatz beschaffte. Ruths Brieffreundin schrieb, dass der unverheiratete Bruder einer Freundin in Los Angeles eine Haushälterin suchte und bereit sei, ihr Sponsor zu sein. Begeistert von diesen Aussichten schloss Ruth das vorgeschriebene dreijährige Entnazifizierungsprogramm ab, und es wurden Pläne geschmiedet.

Aber sie konnte Deutschland nicht verlassen, solange ihr Vater noch am Leben festhielt. Sie lebte zu jener Zeit in Westfalen, reiste jedoch regelmäßig nach Berlin, um ihn zu besuchen, bis Hermann Schäfer schließlich 1956 starb. Das Ende des Krieges lag etwas über zehn Jahre zurück. Die Ereignisse jener Zeit verblassten langsam in Ruths Erinnerung, und eine eher ereignisarme Zeit brach für sie an. Sie war damit beschäftigt, für sich selbst und andere zu sorgen, besonders für ihren Vater. Zunächst hatte sie wieder als Lehrerin Fuß gefasst, anschließend arbeitete sie in Westfalen in einer Offizierskantine. Als sie ihr Leben wieder aufbaute, gelang es ihr allmählich, ein Gefühl von Normalität zu erlangen. Nun stand es ihr endlich offen, Deutschland zu verlassen und in eine unbekannte Zukunft aufzubrechen. Sie besorgte die letzten Papiere, kaufte eine Fahrkarte, und als das Jahr um war, brach sie in die Vereinigten Staaten auf.

II. Teil

*Die »kleine Immigrantin«:
Spirituelle Lehrjahre in
Hollywood und Asien*

FÜNFTES KAPITEL

Ein Traum erfüllt sich

Im Januar 1957 überquerte Ruth den Atlantik und reiste von Deutschland nach New York City. Zwölf Tage verbrachte sie auf See und flog anschließend von New York nach Los Angeles. Dort wurde sie am Flughafen von dem Mann abgeholt, der ihr Sponsor war und in dessen Haushalt sie wohnen würde. Als sie aus dem Flugzeug stieg, waren dies die ersten Schritte in ein neues Leben, das sie in unerwartete Richtungen führen würde, ihr ungeahnte Möglichkeiten eröffnete und ihr einen nie gekannten Lebensstandard bot. Sie war vierunddreißig Jahre alt, eine junge, tief religiöse Frau, die die Natur liebte, über enorme Energie und guten Willen verfügte und die Welt mit nüchternem Blick betrachtete. Nach dem Krieg hatte Ruth ein Talent darin entwickelt, Nützliches aufzutreiben und das, was benötigt wurde, aus Resten, Sperrmüll und ungewöhnlichen Materialien herzustellen. Diese Fähigkeiten sollten ihr in der neuen Umgebung zugute kommen. Nach den enormen Schwierigkeiten, die sie im Krieg zu überwinden hatte, war ihr keine Aufgabe zu schwer, ließ sie sich von keiner Herausforderung entmutigen. Genau wie damals machte sie sich nun einfach an die Arbeit, akzeptierte Hilfe von allen, die sie anboten, und nahm Unbequemlichkeiten und Rückschläge hin. Sie wusste, wie man weitermachte, und sie verstand es, ihre Chancen zu nutzen.

In den Vereinigten Staaten sollte ihr Schicksal durch die Freundschaft mit einem einflussreichen Mann eine entscheidende Wendung nehmen. Mit ihm würde sie die nächsten vierzig Jahre verbringen. Und zu ihrem großen Glück kam sie im richtigen historischen Augenblick nach Kaliforniern, nämlich zu dem Zeitpunkt, als das große soziologische, psychologische und spirituelle Experimentieren der Sechziger gerade seinen Anfang nahm. Ruth wurde von dieser Bewegung mitgerissen. Sie erweiterte ihren Horizont, vertiefte ihr Verständnis von der Wirklichkeit und widmete sich umfangreichen spirituellen Studien, aus denen sie als buddhistische Lehrerin hervorging.

Doch die ersten Monate in dieser neuen Welt boten eine eher düstere Perspektive. Mr. Norton, ihr Sponsor, so stellte sich heraus, war Jäger, Trinker und ein widersprüchlicher Zeitgenosse. Er hatte für die Baubehörde in Los Angeles gearbeitet und bereitete sich jetzt mit über sechzig auf den Ruhestand vor. Er brachte sie in sein Haus in South Central Los Angeles.

Als Lohn fürs Putzen durfte Ruth in seiner Garage wohnen, die »ein bisschen hergerichtet worden war, denn die Räume waren klein. Er musste durch mein Zimmer gehen, um ins Bad zu gelangen. Ja, alles war verdreckt, so verwohnt. Er war ein grantiger Kerl. Er hasste die Schwarzen und besaß Gewehre, hmm? Aber trotzdem waren all seine Freunde Schwarze. Das verwirrte mich. Ich fragte ihn also: ›Aber was ist denn mit dem und dem, der ist doch schwarz!‹ Er antwortete: ›Ach, der ist eine Ausnahme.‹«

In typischer Ruth-Manier gelang es ihr, auch Positives an der Zeit bei Mr. Newton zu entdecken. Er mochte sie und nannte sie seine »kleine fliegende Holländerin«. Durch seine schwarzen Freunde lernte sie, sich in Gegenwart von Afroamerikanern wohl zu fühlen, und sie liebte seine Kinder. Eine seiner Töchter war Lehrerin.

Im Nachbarhaus wohnte eine Dozentin vom Pepperdine College. Ruth freundete sich mit ihr an und half ihr im Haushalt. »Ich wollte kein Geld, ich wollte nur helfen.« Die Frau bestand darauf, ihr fünfzig Cent die Stunde zu bezahlen, als sie sah, dass Ruth eine gute Haushälterin war. Sie empfahl sie ihren Freundinnen, und schon bald putzte Ruth in anderen Häusern. Ruth fand unzählige Wege, sich einzubringen. Sie betreute die Kinder eines deutsch-jüdischen emigrierten Industriellen und seiner Frau, einer Schauspielerin. Als deren Gouvernante reiste sie mehrmals mit ihnen nach Europa. Sie arbeitete in der Nachtschicht in einem Büro in Downtown Los Angeles und tippte Versicherungspolicen.

Dann machte sie eine schicksalsträchtige Bekanntschaft. Eine ihrer Cousinen aus Deutschland bat sie, sich im Fachbereich Soziologie an der University of Southern California für sie zu erkundigen. Dort wurde sie einem deutschen Gastprofessor der Philosophie vorgestellt, der Hilfe in Englisch brauchte. Offensichtlich waren Ruths Sprachkenntnisse besser als seine, oder er nahm es zumindest an, denn als sie einwilligte, ihm zu helfen, trug er ihr auf, seine Skripte zu tippen und ihm auch auf andere Weise zu assistieren. »Ich war die Begleiterin des Professors«, sagt sie. »Ich half ihm. Wenn er seine Seminare abhielt, ließ er die Studenten Fragen stellen. Er notierte Fragen für mich, damit ich die Erste war, die sich traute zu fragen. Ich habe nicht alles verstanden, aber es war auf jeden Fall interessant, und er war von meinem Interesse an diesen Dingen fasziniert.« Ruth verbrachte auch die Freizeit mit dem Professor, sie ging mit ihm schwimmen und begleitete ihn auf einer Reise zum Grand Canyon. Schließlich bat er sie, ihn zu heiraten, aber auch wenn sie diesen viel älteren Mann gern zum Freund hatte, so wollte sie doch keine Liebesbeziehung mit ihm eingehen. Durch den Professor lernte sie dann den Mann kennen, der ihr Leben radikal verändern sollte.

Das bestimmende Ereignis in Ruths ersten Jahren in Los Angeles war ihre Begegnung mit Henry Denison. Sie sah ihn zum ersten Mal 1959 auf der Abschiedsparty für ihren Professor, der nach Deutschland zurückkehrte. Dreißig seiner Philosophiestudenten kamen zur Party. Unter ihnen war ein großer, aristokratisch aussehender Mann in den Vierzigern, der Ruth sofort gefiel. Sie unterhielten sich, und Henry erzählte ihr, dass er geschieden war und allein lebte. Im Verlauf der Unterhaltung kam das Gespräch darauf, dass Ruth ein Auto aus Deutschland bestellt hatte und am nächsten Tag zum Hafen musste, um es abzuholen. Henry bot ihr an, sie zum Schiff zu fahren, um ihr Auto in Empfang zu nehmen, und lud sie ein, vorher in seinem Haus in Hollywood zu frühstücken.

Am nächsten Morgen machte sie sich auf den Weg zu den Hollywood Hills, zum Creston Drive Nummer 2796. Als sie durch die hölzerne Pforte trat, sah sie Henry, der im Garten arbeitete. Sein Haus lag auf einem Hügel oberhalb des Wasserreservoirs von Hollywood. Glastüren führten zu mit Holz ausgelegten Terrassen, von denen man einen friedvollen Blick auf die bewaldeten Hügel und das blaue Wasser des Reservoirs hatte. Mit dem großen, ruhigen Wohnzimmer hatte das Haus die kontemplative Atmosphäre eines japanischen Hauses in den Bergen.

Ruth verliebte sich auf der Stelle in Henry, in seine Ausstrahlung, sein Haus und seinen Garten. Sie nahm einen Gartenschlauch und wässerte Blumen und Büsche, Seite an Seite arbeitete sie mit Henry in der strahlenden Morgensonne. Bereits an diesem ersten Tag mit ihm, so sagt sie, wusste sie, dass er *der Eine* war. »Mein Traum hatte sich erfüllt, und ich bin nie mehr fortgegangen.«

Im Haus sah sie den großen, polierten hölzernen Esstisch, den Henry, ein begabter Tischler, gebaut hatte. Sie erfuhr, dass er Erde vom Straßenbau hatte anfahren lassen, um seinen terrassierten Garten anzulegen, und dass er sich sogar um die Büsche und Bäume entlang des Bürgersteigs kümmerte. Das Bauernmädchen in ihr, die Waldfrau, wusste, dass sie eine verwandte Seele gefunden hatte. »Er war ein Naturmensch«, sagt sie.

Er war außerdem ein spiritueller Mensch, hatte sieben Jahre als Mönch in der Advaita-Vedanta-Gemeinschaft gelebt. Henry Denison war in den spirituellen Kreisen von Los Angeles gut bekannt. Er war nicht nur Vedanta-Anhänger, sondern hatte auch Psychologie studiert, eine Psychoanalyse gemacht und mit dem radikalen Psychologen Wilhelm Reich gearbeitet. Die wichtigsten Figuren der aufkeimenden Bewusstseinsbewegung der Sechziger waren schon bei ihm zu Gast gewesen. Mystiker, Lamas, Priester und Dichter sowie Psychiater und Professoren, die anfingen, mit Drogen zu experimentieren – sie alle kamen an seinem Kamin zusammen, aßen an seinem handgearbeiteten Tisch, entspannten sich auf den Sonnenterrassen.

Henrys Familie hatte die *Santa Fe*-Eisenbahn gebaut und verdiente ein Vermögen mit Versicherungen, aber Henry hatte dem

Unternehmen der Familie den Rücken gekehrt. 1946 verließ er seine Ranch in New Mexico, seine Frau und seinen kleinen Sohn, um nach Hollywood zur Vedanta-Gemeinschaft zu pilgern und »Gott zu finden«. Advaita Vedanta ist eine hinduistische Richtung der religiösen Betrachtung, deren wichtigster Vertreter, Sari, im achten Jahrhundert lebte. Er lehrte, dass »auf der höchsten Ebene der Wahrheit die gesamte äußere Welt einschließlich der Götter unwirklich [ist] – die Welt ist *Maya*, Illusion, ein Traum, eine Fata Morgana, ein Hirngespinst. Letztendlich [ist] die einzige Wirklichkeit *Brahman*, die unpersönliche Welt-Seele … mit der die individuelle Seele identisch [ist].«[9] In Vedanta wird jeder Mann oder jede Frau als göttlich angesehen und kann diese göttliche Natur zum Ausdruck bringen.

Vedanta erkennt außerdem alle großen Weltreligionen und deren Propheten an, denn die grundsätzliche Annahme ist, dass alle Wege zu Gott führen. Die Vedanta-Gemeinschaft von Südkalifornien wurde 1930 mit einem Tempel, einem Nonnen- und einem Mönchskloster in Hollywood gegründet. Sie hatte weitere Zentren in Santa Barbara, Trabuco Canyon und San Diego. Zu ihren Anhängern gehörten auch Berühmtheiten wie der Schriftsteller Christopher Isherwood.[10]

Sarada, eine ehemalige Vedanta-Nonne, die eine enge Freundin von Ruth wurde, erinnert sich an Henrys Ankunft in der Vedanta-Gemeinschaft im Jahre 1946:

> Ich bin in der Vorhalle des Vedanta-Tempels, und ein Mann kommt herein. Ich meinte, Verzweiflung in seinen Augen zu sehen. Er schaute zum Schrein am Ende des Tempels. Als er über Bücher sprach, bemerkte ich, dass seine Sprache und seine Manieren ausgesprochen kultiviert waren. Sehr attraktiv, so ein Gregory-Peck-Typ, groß, dunkel, gut aussehend.
> Schließlich schloss er sich der Vedanta-Gemeinschaft an, und ich hörte, wie er Swami Prabhavananda fragte, ob er als Novize dort einziehen dürfe. Henry versprach, jeden

Monat zweihundertfünfzig Dollar zu spenden, wenn er dort leben durfte – damals war das eine Menge Geld –, und so hat der Swami schließlich eingewilligt, und Henry zog ein. Swami Prabhavananda war wahrscheinlich nicht besonders begeistert von Henry; irgendetwas an ihm beunruhigte ihn. Henry diente als Teilzeit-Hausangestellter und er war großartig im Bettenmachen und Kissen aufschütteln.

Christopher Isherwood erwähnt Henry 1949 in seinem Tagebuch als einen der »neuen Mönche« und schreibt, dass »Henry [Denison] über eigenes Geld verfügt und dafür bezahlt, dass eine Holzwerkstatt im Garten gebaut wird.«[11]

Henry war ein spirituell Suchender, äußerst interessiert an allen Bereichen der Philosophie und der Religion. Die »Verzweiflung«, die Sarada in seinen Augen gesehen hatte, spiegelte seinen Hunger nach »Erleuchtung«, »Befreiung«, »Transzendenz« wider – ein Appetit, der ihn (und Ruth) mehrmals um die Welt reisen ließ und bis zu seinem Tod ungestillt blieb. Nachdem er das Kloster verlassen hatte, wurde es seine wichtigste Rolle, mit seinem Geld, seiner Intelligenz und seiner Offenheit für neue Ideen, mit seinem wunderschönen Haus und seiner Begabung als Gastgeber die spirituelle Arbeit von anderen zu unterstützen und zu ermöglichen.

Als Ruth ihn kennen lernte, lebte er seit einigen Jahren in seinem Haus in Hollywood und beendete gerade die Ehe mit seiner zweiten Frau Virginia, einer schönen Yogalehrerin und Fernsehmoderatorin. Ruth schlüpfte direkt in sein Leben und machte sich nützlich. Sie brachte sein Haus »in Ordnung«, sortierte seinen Kleiderschrank und räumte sein Schlafzimmer auf. »Ich putzte seine Schuhe. Früher hatte er sie zum Schuhputzer gebracht. Ich hörte, wie er seinen Freunden erzählte: ›Stellt euch vor, *sie hat meine Schuhe geputzt!*‹« Sie kochte für seine Freunde großartige Festessen mit Brathühnchen, Tomaten- und Kartoffelsalat und selbst gebackenem Brot. »Ich konnte gut kochen und auch den Haushalt machen. Am meisten schätzte er die ganz normalen Dinge, die ich tat – kochen, nähen, mit ihm im Garten arbeiten, zusammen klassische Musik hören. Und ich mochte seine Freunde.«

Henry nannte sie seine »kleine Immigrantin« und sonnte sich in ihrer Liebe. Ihre Bekannten bewunderten Ruths Fähigkeit, viele Gäste für wenig Geld zu bewirten, und sie beschreiben sie als bodenständig und direkt, immer energiegeladen und lebendig.

Ruth lebte immer noch bei ihrem Sponsor, ging putzen und betreute Kinder, aber sie verbrachte mehr und mehr Zeit mit Henry. Wenngleich sie offiziell erst nach ihrer Hochzeit im Jahr 1963 bei Henry einzog, so nahm sie doch schon viel früher einen zentralen Platz in seinem Leben und in seinem Haus ein. Nach und nach gab Henry sich der Liebe von Ruth hin. Sie wurde die Gastgeberin seiner Partys. Dort traf sie Menschen, die sie faszinierten. Alan Watts, der Mann, für den sie im Shiva-Tempel tanzte, hielt seine ersten Vorträge in Kalifornien im Wohnzimmer der beiden.[12] Ruth genoss Watts Gesellschaft nicht nur wegen des Tanzens, sondern weil er so wunderbar klar und einnehmend war, er faszinierte seine Zuhörerinnen und Zuhörer. »Er war ein großartiger Unterhalter«, erzählt sie. »Er war einfach. Immer persönlich.«

Watts liebte Henrys und Ruths Haus, er erinnert sich an Nächte auf der Terrasse »unter einem Eukalyptusbaum, wo ich so manches Mal tief und fest schlief ... In diesem Haus habe ich einige meiner wichtigsten Freundschaften geschlossen.«[13]

Er schätzte Ruth genauso sehr wie sie ihn und amüsierte sich gleichzeitig über sie. »Rutchen«, so schrieb er, »zeigt uns den großartigsten Gebrauch von unvollkommenem Englisch – *die schönste langwitch* – ein verdeutschtes Englisch, so unglaublich komisch, dass niemand sie korrigieren mag.«[14]

Als Henrys Partnerin trat Ruth in das Zentrum einer Bewegung, die später als »Gegenkultur« bekannt werden sollte. Viele von uns, die in den trockenen, konventionellen Fünfzigern aufwuchsen, begaben sich in den sechziger Jahren auf Sinnsuche, stellten die gängigen Vorstellungen von Arbeit, Beziehungen, Gesellschaft und Religion infrage und suchten nach Wegen aus der Einsamkeit, hin zur Verbundenheit mit allem Leben. Östliche Religionen, insbesondere Buddhismus und Hinduismus, boten einen spirituellen Weg zur Befreiung. Poesie, Jazz und Folkmusik sprachen von einer universellen Sehnsucht, psychedelische Drogen wie Marihuana, Peyote, Meskalin und LSD erweiterten das Bewusstsein. Gestalttherapie und Selbsthilfegruppen gaben uns Möglichkeiten, mit Körper und Geist zu arbeiten. Und wir tauchten in politische Bewegungen ein. Wir demonstrierten für Bürgerrechte und gegen den Krieg in Vietnam. Viele von uns sahen die Notwendigkeit weit reichender Veränderungen in der Gesellschaft und glaubten, dass die Erforschung veränderter Bewusstseinszustände uns auf dem Weg zu einer friedlichen Welt für alle helfen könnte.

Während die Blumenkinder und die jungen politischen Aktivisten zu Tausenden aufrührerisch auf den Straßen und in den Parks rebellierten und demonstrierten, widmete sich eine andere Gruppe von Entdeckern – gesetzter und entschieden elitärer – an Universitäten, in den Praxen von Analytikern und in eleganten Wohnzimmern der Erforschung des Bewusstseins. Ältere distinguierte Gelehrte wie der englische Schriftsteller Aldous Huxley wurden Sprecher und Vordenker der Bewegung. 1949, mitten in einer großartigen Karriere als Romanautor, Essayist und Satiriker, ließ sich Huxley in Los Angeles nieder und nahm an den Studien und der spirituellen Praxis in der Vedanta-Gemeinschaft teil. Er nahm außerdem Meskalin und beschrieb seine psychischen Entdeckungen unter dem Einfluss der Droge begeistert in seinem Buch *Die Pforten der Wahrnehmung*.[15]

Huxley starb 1963, aber seine Frau Laura Archera Huxley, selbst Schriftstellerin, blieb Nachbarin und Freundin von Ruth und Henry.

Ein anderer Gefährte von Henry und Ruth war Timothy Leary, der »Hohepriester« des LSD, dessen Ausspruch »tune in, turn on and drop out« (stimm dich ein, turn dich an und steig aus) von der Hippie-Generation übernommen wurde. John Lilly, der häufig im Creston Drive zu Gast war, versuchte das Bewusstsein durch Studien der Delphinintelligenz und der Kommunikation zwischen den Arten zu erweitern. Seine Arbeit mit Delphinen mündete in Experimenten mit LSD und seiner Erfindung der »Samadhi-Tanks«, in denen man, im warmen Salzwasser liegend, einen fast vollständigen Reizentzug erlebt, damit subtile Schichten des Bewusstseins aufsteigen können. Anthropologen und Psychologen untersuchten die Auswirkungen von Halluzinogenen, oft in Selbstversuchen. Viele, die sich mit Meskalin oder LSD beinahe um den Verstand gebracht hatten, wandten sich östlichen Religionen wie Buddhismus, Taoismus und Hinduismus zu, um die Einsichten, die sie unter Drogen gewonnen hatten, in einen Kontext zu stellen und einen Weg zu finden, höhere Bewusstseinsebenen ohne Drogen zu erlangen.

All dies wurde mit viel Energie verfolgt und von einem Glauben an die menschlichen Fähigkeiten zur Transformation getragen, der uns aus heutiger Sicht naiv erscheinen mag. Und die Forscher hatten Spaß. Diejenigen, die in Henrys und Ruths Haus kamen, um zu unterrichten und zu lernen, wurden von Ruth gut versorgt. Sie kochte das Essen, kreierte schöne Blumenarrangements, brachte Getränke, Snacks und Kissen und sorgte dafür, dass es allen gut ging. Manchmal tat sie dies zusammen mit Henrys Ex-Frau Virginia, zu der er noch eine Weile nach der Trennung eine freundschaftliche Beziehung hatte.

»Wann immer wir nach Los Angeles kamen«, erinnert sich Allan Watts,

> ... gaben Ruth oder Virginia oder beide zusammen Bis-spät-in-die-Nacht-Partys, auf denen Aldous und Laura Huxley, Marlon Brando, John Saxon, Lew Ayres, Anais Nin, Zen-Meister Joshu Sasaki und eine faszinierende Besetzung – wir sind in Hollywood – von Psychoanalytikern, Physikern, Künstlern, Schriftstellern, Tänzern

und Hippies zu Gast waren, die es in dieser Zusammensetzung irgendwie schafften, einander nicht zu langweilen. Die meisten von uns schliefen auf Kissen am Boden und setzten die Party beim Frühstück fort.[16]

Offensichtlich hatte Ruth ihre Rolle unter diesen verkopften Intellektuellen gefunden. Sie lebte intensiv in ihrem Körper, widmete ihre Aufmerksamkeit dem Essen und der Behaglichkeit, der Bewegung und der Berührung. Sie war die Erdmutter, die kochte und versorgte, die diese Berühmtheiten in Kontakt mit der alltäglichen Realität der materiellen Welt brachte. Intuitiv wusste sie, was sie ihnen zu bieten hatte und dass sie es wertschätzen würden.

Ruth liebte dieses neue Leben. Sie hatte materielle Sicherheit gefunden, ein schönes Zuhause, einen Partner, der »elegant« war und ein spirituell Suchender, der die besten Köpfe Mitte des zwanzigsten Jahrhunderts inspirierte. Aber in all dem Licht gab es dunkle Flecken. Ruth entdeckte, dass Henry einige schwierige Züge hatte: Er konnte freundlich, liebenswürdig und liebevoll sein und sich im nächsten Augenblick in eisige, rücksichtslose Distanziertheit zurückziehen. Wenn er provoziert wurde, reagierte er zornig und sarkastisch. Sie musste sich außerdem mit seinen ungeklärten Beziehungen zu Frauen wie Virginia und Sarada abfinden.

Das alles war schmerzhaft für sie, aber sie hat es nie an Henry ausgelassen oder von ihm verlangt, sein Verhalten zu ändern. Genau wie in ihrer Familie und in ihrem Dorf nahm sie sich selbst zurück. Sie bereitete sogar das Essen für Henry und die Frau, die ihn besuchte. Dann verließ sie das Haus, damit die beiden das Essen und den Abend zu zweit genießen konnten. Sie begriff, dass sie ihn nicht festhalten konnte, denn sie waren nicht verheiratet. »Ich habe die Dinge irgendwie gesehen, wie sie waren«, sagt sie. »Wenn du gleich losmeckerst, verlierst du sofort das, was du hast. Und du gibst dem anderen eine Menge Stoff, schlecht über dich zu denken. So war ich frei und fand es schön, freundlich zu sein, selbst wenn ich keine Freundlichkeit oder das, was ich wollte, zurück erhielt. Ich denke, das hat mit meiner Zeit in Ostpreußen unter der Sowjetherrschaft zu tun – ich hatte geschworen, dass ich ein braves Mädchen sein würde. Und ein braves Mädchen ist nicht eifersüchtig und macht keine Szene. Ich habe lieber im Stillen allein meinen Schmerz beweint, aber ich habe ihn nicht nach außen dringen lassen.«

Das Vermächtnis der Nazis kam dann und wann unvermittelt und mit erschreckender Bitterkeit zutage und verfolgte Ruth. Sie beschreibt die Begegnung mit einem Mann auf einer Party. »Ich war schon mit Henry zusammen, es war eine kleine Party bei irgendwem, und ein Mann war so wütend. Er kommt auf die Party mit einem Bild von Anne Frank und sagt: ›Du hast sie umgebracht!‹ – Was sollte ich dazu sagen? Vielleicht habe ich etwas gesagt, ich weiß es nicht, ich war in keiner Weise provozierend. Was er gesagt hat, das ist Rache, das ist Hass, der Hass produziert. Das habe ich nie gemacht. Ich habe es immer beendet.«

Sie hatte körperliche Probleme, ähnlich wie damals ihre junge Cousine Lydia, die vergewaltigt worden war und keine Kinder bekommen konnte. Ruth litt seit dem Krieg an Eierstockentzündungen, wahrscheinlich als Folge der wiederholten Vergewaltigungen. In Los Angeles suchte sie ärztlichen Rat und ging ins Krankenhaus, um sich operieren zu lassen, in dem Glauben, dass die Ärzte ihre Eierstöcke entfernen würden. Als sie wieder aufwachte, erfuhr sie, dass sie eine Totaloperation vorgenommen hatten. »Sie hatten mich nicht gefragt, und ich hatte dafür nicht unterschrieben, aber offensichtlich – ich war unter Narkose, sie konnten mich nicht fragen – offensichtlich war es notwendig, und so haben sie es gemacht.«

Ruth führt die Bedeutung dieser Operation für sich nicht weiter aus und erzählt auch nicht, ob sie jemals eigene Kinder haben wollte. Vielleicht hat sie diesen Verlust genauso akzeptiert wie die vielen anderen. Offensichtlich hat der Verlust ihrer Fruchtbarkeit ihre Beziehung nicht belastet, denn Henry, der ein Kind in New Mexiko zurückgelassen hatte, hatte kein Interesse, ein weiteres in die Welt zu setzen und aufzuziehen. Er konzentrierte sich auf seinen spirituellen Weg, suchte beständig nach Lehrern und Referenten. Dann und wann nahm er Ruth mit ins Tal zum Vedanta-Tempel, um an einer Zeremonie teilzunehmen. Der Tempel war ein schönes kleines Gebäude, eingerahmt von hohen Bäumen, die weiße Kuppel mit den goldenen Ornamenten leuchtete im Sonnenlicht. Drinnen saßen Ruth und Henry in der ruhigen Atmosphäre der zartgrünen Wände auf einer Bank und nahmen an einer Zeremonie teil. Über dem Altar und an den Wänden hingen Fotos von Ramakrishna, dem großen indischen Weisen, und seiner Frau Sarada Devi (nach der ihre Freundin Sarada benannt worden war).

Zwei Fotografien von Vivekananda, einem Lehrer, der Vedanta in den Westen gebracht hatte, starrten von den Wänden. Im vorderen Teil des Raumes spielte ein Mann auf der Orgel. Ruth erzählt, dass sie die Philosophie nicht verstand, aber dass sie »die Atmosphäre spürte, ein inneres Gefühl ... von Hingabe ... und Treu-ergeben-Sein.« Sie liebte die Orgelmusik, die sie an die christliche Kirche erinnerte.

Wieder einmal hatte sich Ruths ganze Welt verändert. Beim ersten Mal hatte der Krieg in Deutschland ihr das Zuhause genommen, ihre Familie in alle Winde zerstreut und zerstört, hatte sie in extreme Schwierigkeiten und großes Leid gestürzt. Sie hatte überlebt, weil sie sich mit ganzem Herzen dem Überlebenskampf gestellt und niemals zurückgeblickt hatte, um die verlorene Jugend zu beweinen. Jetzt fand sie sich in einem neuen Land wieder, in einer unbekannten Welt voller Privilegien und intellektueller Anregungen. Eine weniger unverwüstliche Person hätte sich vielleicht einschüchtern lassen, aber Ruth besann sich auf ihre Lebenskraft und ihre Überlebenskünste. Sie wusste, wie man diente, zufrieden stellte und nährte. Sie war mehr als bereit, dies zu tun, um für sich einen dauerhaften Platz in dieser neuen Welt zu finden.

SECHSTES KAPITEL

Die erste Lehrerin

Die entscheidenden Protagonisten der Gegenkultur waren Männer, die die Zerstörung und Grausamkeiten des Zweiten Weltkriegs miterlebt hatten. Sie hatten die schrecklichsten Seiten der menschlichen Natur gesehen und hofften, das kollektive Bewusstsein zu transformieren, damit nie wieder derartige Gräueltaten, die zur Verwüstung der westlichen Welt geführt hatten, verübt würden. Erich Fromm, ein deutsch-jüdischer Psychoanalytiker, der Henry und Ruth manchmal besuchte, war ein typischer Vertreter dieser Gruppe. In seinem Buch *Die Furcht vor der Freiheit* definiert er Freiheit als die Realisierung des individuellen Selbst: »Sie ist der Ausdruck des eigenen intellektuellen, emotionalen und sinnlichen Potenzials.« Dies zu erreichen war das Ziel der Suchenden der Gegenkultur.

Ihre Forschungen drehten sich alle darum, Wege zu finden, sich einer erweiterten, authentischeren Menschlichkeit zu öffnen. Manche mochte das zu »Gott« oder zur Transzendenz führen, sie versuchten, mit Drogen oder Meditationspraxis Zugang zu einer tieferen psychisch-spirituellen Wahrheit zu gelangen. Der Advaita-Vedanta-Meister Swami Vivekananda sagt: »Der Mensch ist wie eine unendliche Quelle, die in einer kleinen Schachtel eingesperrt ist, und diese Quelle versucht sich auszudehnen.«[17] Henry und seine Freunde suchten nach Wegen, sich auszudehnen und sich ihren anscheinend unendlichen Fähigkeiten zu öffnen.

Unter all den männlichen Befürwortern der Transformation fand eine Frau Anerkennung für ihre Arbeit, in der es darum ging, die Achtsamkeit zu schulen. Es war Charlotte Selver, die Begründerin von Sensory Awareness, die Ruths erste Lehrerin wurde. Es liegt auf der Hand, dass Selver Ruth mit ihrer Arbeit berührte, denn Ruth hatte ein sensibles und feines Verhältnis zu ihrem Körper. Seit sie als Kind über die Wiesen rannte, Wäsche zum Trocknen in der Sonne ausbreitete, Schweine und Gänse hütete und die Gerüche, die Beschaffenheit und den Anblick der Natur genoss, war sie auf das materielle Universum eingestimmt – angefangen bei ihrem eigenen Körper bis hin zu der Welt um sie herum. Missbrauch und Verletzungen dieses Körpers hatten sie nicht davon entfremdet, sie war weiterhin offen für die Weisheit des Körpers, die Gewalt widersteht und vor Verletzungen zurückschreckt.

Wenn die Männer in Henrys Haus über den Zustand des Geistes sprachen, berührte dies nichts in ihr. Aber als Charlotte Selver auftauchte und die komplexen Zusammenhänge der im Körper aufsteigenden Gefühle erforschte, da erwachte Ruth. Charlotte sprach direkt an, was Ruth bereits wusste. Ruth erkannte, dass sie mit Hilfe von Charlottes Anweisungen tiefer in die Erfahrungen ihres Lebens eindringen konnte, dass sie intensiver im jeweiligen Moment leben konnte.

Als ich Ruth 1980 begegnete, wusste ich nicht, dass die Grundlagen ihrer Arbeit von Charlotte Selver stammten. Das Spüren des Körpers, das Ruth uns lehrte, ihre beständigen Anweisungen, das Gefühl, das genau in diesem Moment aufstieg, wahrzunehmen – das war eine Revolution für mich und eine großartige Öffnung und Vertiefung. Es war das allererste Mal, das mich jemand aufgefordert hatte, meine Haltung beim Stehen wahrzunehmen – zum Beispiel zu spüren, wie meine Füße den Boden berührten, die Aufmerksamkeit auf all die feinen Anpassungen zu lenken, die der Körper vornimmt, um sich aufrecht zu halten. Wieder und wieder brachte Ruth uns von unseren Gedanken, Plänen, Fantasien zurück auf verlässlichen Boden: zu unserem Körper. Dies hatte die tief greifende Wirkung auf mich, mich der Realität, die ich im gegenwärtigen Moment erlebte, zu öffnen, der Verflechtung, wo das Leben tatsächlich stattfindet. Das war der Anfang meines Verständnisses und meiner Praxis des Buddhismus.

Der Buddha erkannte den Körper als erste Grundlage der Achtsamkeit. Als Ruth sich später mit diesem Prinzip beschäftigte, hatte sie eine brillante Einsicht. Sie wollte die Techniken der Sensory Awareness im Prozess der Entwicklung von Achtsamkeit anwenden. Als sie sich zur buddhistischen Lehrerin entwickelte, hat sie Sensory Awareness immer weiter praktiziert und auch unterrichtet, und einige Aspekte ihrer Herangehensweise habe Eingang in den Unterricht zahlreicher eher traditioneller *Vipassana*-Lehrerinnen und Lehrer gefunden. Aber ehe Ruth mit dem Buddhismus in Berührung kam, traf sie in ihrem Wohnzimmer ihre erste Lehrerin für bewusstes Spüren der Körperempfindungen, Charlotte Selver.

Selver kam indirekt durch Erich Fromm nach Hollywood. Fromm hatte in den Vierzigern in New York City das Seminar einer deutschen Jüdin, Charlotte Selver, besucht, die Übungen lehrte, die sie »Sensory Awareness« nannte. Selver, zehn Jahre älter als Ruth, folgte in ihrer Arbeit den Entdeckungen einer Sportlehrerin namens Elsa Gindler. Sie hatte bei Gindler gelernt und deren Methode später in Deutschland unterrichtet, ehe sie diese Arbeit in den Vereinigten Staaten einführte, wo sie 1938 ihr erstes Studio in New York eröffnete.

Fromm glaubte, dass diese Methode zu einer entspannten und aufmerksameren Haltung im Alltag verhalf, und war so beeindruckt, dass er erklärte, sie sei »von größter Bedeutung für die vollständige Entfaltung der Persönlichkeit«[18]. Er machte Werbung für Selver, verschaffte ihr die Möglichkeit, an der New York School for Social Research zu unterrichten, und lud sie später ein, auf der Konferenz über Zen-Buddhismus und Psychoanalyse in Mexiko zu sprechen, wo sie den großen Zen-Gelehrten D. T. Suzuki kennen lernte. Die Parallelen zwischen Sensory Awareness und Zen wurden schnell deutlich. Selver las Alan Watts *Vom Geist des Zen* und beschloss »erstaunt und fasziniert«, Watts in Kalifornien zu besuchen. Nachdem er sie kennen gelernt hatte, besuchte Watts eines ihrer Seminare in New York, und ihre Arbeit gefiel ihm sofort. Er sagte, dass Selver *tat,* wovon er sprach. Von da an leitete er in New York gemeinsame Workshops mit ihr.

»Sie kann einfach irgendetwas nehmen«, sagte er, »den Boden, einen Ball, einen Stein, einen Bambusstab, ein Glas Wasser oder ein Stück Brot – und dich dazu bringen, damit auf eine Art und Weise in Beziehung zu treten, dass die strenge Dualität dessen, was du tust und was mit dir geschieht, transzendiert wird. Sie löst in dir die Liebe zu der schlichten Tatsache der körperlichen Existenz aus.«[19] Er erzählte Henry Denison von dieser aufregenden Lehrerin, und Henry erwog, Selver zu sponsern, damit sie in Los Angeles unterrichten konnte. Selver willigte ein zu kommen und Henry in seinem Haus zu treffen.

Ruth traf sie dort an einem Abend im Jahr 1959. »Sie kam zunächst, um sich vorzustellen, mit Henry zu sprechen und die Situation zu erörtern. Ich sah ihre deutsche Eleganz, die Seidenbluse mit Rüschenmanschetten und Manschettenknöpfen. Und einen schönen Faltenrock. Sie sprach sehr langsam und voller Wertschätzung. Sie wusste alles zu schätzen, besonders die Art und Weise, wie ich die Blumen arrangiert hatte. Sie hatte mit Henry gesprochen und aß mit ihm zu Abend. Ich war eingeladen – ich lebte zu der Zeit noch nicht mit ihm zusammen. Also kam ich dorthin. Sie saßen angeregt zusammen. Sie liebte Männer und war sehr von Henry angetan, und Henry ist so ein liebenswürdiger Gastgeber, wenn er will. Sie saßen da an diesem großen Tisch für vierzehn Personen vor dem Fenster mit dem wunderschönen Ausblick.

Ich kam mit den beiden Dackeln herein. Die waren wild, weißt du, sie bellten, und Henry streichelte sie. Charlotte war begeistert von unserer Vorstellung. Ich musste die Dackel fangen und hinter ihnen herrennen. Sie stand auf und sagte: ›Wie schön, wie aufregend, was für ein Sturm!‹ und solche Sachen. Wir verbrachten den Abend gemeinsam und brachten sie zum Zehn-Uhr-Zug nach San Francisco. Das war meine erste Begegnung mit Charlotte Selver. Sie war angeregt und schön. Sie machte Bemerkungen über die Ausstrahlung in unserem Haus – nicht abwertend – sie *bemerkte* sie.«

Nach diesem ersten Zusammentreffen »war Henry bereit für

mehr, er wollte eine engere Verbindung, war Feuer und Flamme.«
Er traf Vorbereitungen, Charlotte nach Kalifornien zu holen, und bot sein Haus für ihre Seminare an. Das Wohnzimmer, das auf die äußeren Terrassen hinausging, war ein passender Rahmen für ihre Arbeit. Charlotte wohnte mit im Haus, in einem Gästezimmer mit eigenem Eingang und Küche, das Henry gebaut hatte.

In der unteren Etage gab es eine weitere Terrasse und einen Balkon. Charlotte und ihr Assistent (und späterer Ehemann) Charles Brooks kochten dort oft für sich. Oder sie kochten gemeinsam mit Ruth und Henry.

* * *

Da ich selbst einige Zeit in Ruths Haus in Hollywood verbracht habe, kann ich mir das Szenario der Seminare gut vorstellen. Ein ruhiger Samstag im geräumigen Wohnzimmer, die Glastüren zur Terrasse sind geöffnet. Kühle Luft strömt herein, Vögel rufen und antworten. Die versammelten Schülerinnen und Schüler stehen auf dem Teppich vor dem gelb geklinkerten Kamin. Charlotte Selver, mit wachem Blick, die braunen Haare bis zur Schulter herabfallend, spricht über unser Potenzial als Menschen und wie viel davon unserer Aufmerksamkeit entgeht. Dieses Potenzial »kann zum Leben erweckt werden«, sagt sie, »und sich immer mehr entfalten.« Sie spricht darüber, wie wir unser Potenzial oft falsch einsetzen und unsere Energie nicht wirklich nutzen. Sie stellt fest, dass es »keine unbegabten Menschen gibt. Wenn wir glauben, dass wir unbegabt sind, dann werden wir bei näherer Betrachtung feststellen, dass wir nur behindert sind, und Behinderungen können nach und nach abgelegt werden, wenn wir begreifen, was uns zurückgehalten hat, und uns selbst eine neue Chance geben.«[20]

Sie sagt, dass wir durch Haltung und Bewegung auf unsere Umwelt reagieren. Diese nennt sie die »vier Würden des Menschen.« Es sind: Stehen, Gehen, Sitzen und Liegen. Ruth, Henry und die anderen Schülerinnen und Schüler haben ihre Schuhe ausgezogen und stehen. Sie warten auf Anweisungen. Selver fordert sie auf, sich auf den Teppich zu legen. Dann stellt sie ihnen eine Frage: »Habt ihr genug Platz, um bequem zu liegen?«

Diese scheinbar simple Frage führt zu subtilen Erkundungen. Manche spüren, dass sie die Beine zusammenpressen, dass sie Kopf oder Rücken auf den Fußboden drücken. Charlotte bittet sie vorsichtig, den Unterschied zwischen drücken und nicht drücken zu erspüren, und in diesem Prozess finden sie vielleicht die mentale oder emotionale Ursache für ihre Spannung.

Die Anwesenden werden aufgefordert, ihre Beine behutsam zu öffnen, die Arme vom Körper zu spreizen und zu beobachten, ob sie das Fließen neuer Energie oder neuer Gefühle spüren können.

»Jetzt hebt einen Arm vom Boden«, lautet die Aufforderung. »Haltet ihn, spürt sein Gewicht, und lasst ihn sinken. Wie fühlt sich der Teppich unter dem Arm an? Sind wir ganz dort angekommen?«

Dann wird das Bein gehoben, gehalten und zum Boden zurückgeführt.

»Können wir dem Körper erlauben, auf dem Boden zu ruhen?«

Worauf Charlotte und ihre Schülerinnen und Schüler aus sind, ist »nicht das, was man über den Körper *weiß* oder was man darüber *denkt* oder glaubt, dass *jemand anders erwartet, dass man es fühlt*, sondern was man *tatsächlich spürt*, egal was in den Vordergrund tritt. Dieser körperliche Selbstversuch ist für viele Menschen gänzlich neu und oftmals aufwühlend.«[21]

In Ruths Wohnzimmer fordert Charlotte die Gruppe auf zu stehen. Genauer gesagt, fordert sie sie auf, »zum Stehen zu kommen«.

Charles Brooks, ihr Assistent und Ehemann, beschreibt diese Tätigkeit: »Das ist eine Aufforderung zu einer der gewöhnlichsten Tätigkeiten des täglichen Lebens, die den Menschen vielleicht mehr als jede andere vom Tier unterscheidet, die unsere Kultur aber überhaupt nicht als Tätigkeit anerkennt. Wer kommt im Erwachsenenalter bewusst um des Stehens willen zum Stehen, es sei denn, um mal ›die Beine auszustrecken‹? Wer macht sich denn überhaupt die Mühe, außer wenn er krank oder verletzt ist, zu spüren, auf welche Weise er steht?«[22]

Während der ganzen Stunde lenkt Selver die Aufmerksamkeit der Schülerinnen und Schüler, indem sie Fragen stellt. Ruth und Henry erfahren, dass es keine richtigen oder falschen Antworten gibt, keine bevorzugten Erfahrungen oder Haltungen: Das Ziel ist die Entdeckung der eigenen Erfahrung. Ruths Gesicht ist entschlossen, ihr Köper wachsam, mit all ihrer Sensibilität und Konzentration macht sie mit.

Der ganze Vormittag wird zum Beispiel im Liegen zugebracht, oder das Gehen wird erforscht. Am Nachmittag kommen Gegenstände wie Steine oder Stöcke für weitere Erfahrungen ins Spiel. Selver arbeitet daran, die Aufmerksamkeit der Schülerinnen und Schüler für »die sich stets verändernden Beziehungen innerhalb [der Person] und … zwischen der ›inneren‹ und der ›äußeren‹ Welt«[23] zu wecken. Sie schult gleichzeitig die Achtsamkeit des Geistes und des Körpers, »eine reiche, vereinheitlichte Ordnung, die als komplexe Realität funktioniert«.

* * *

Ruth, die so wach in ihrem Körper ist, reagierte sofort auf Charlottes Arbeit. Ihr war klar, dass ihr hier etwas äußerst Bedeutsames angeboten wurde, und sie stimmte Henry begeistert zu, Charlotte wieder einzuladen. Von nun an kamen Charlotte Selver und Charles Brooks jeden Winter nach Hollywood, sie wohnten bei Ruth und Henry und hielten im Wohnzimmer ihre Kurse ab. Sie wurden zu Ruths Familie. »Ich lernte Sensory Awareness, als sie bei uns zu Hause war – vierstündige Sitzungen. Ich konnte nur zweimal eine halbe Stunde teilnehmen, denn ich war damit beschäftigt, Sachen herzurichten. Aber ich habe es trotzdem genossen. Nicht nur, weil ich wegen all der Leute ganz berauscht war, sondern weil ich es *spürte*. Es hat mich erreicht. Wenn ich so dastand, dachte ich, Gott ja, *ich kann es spüren*. Charlotte sagte: ›Du kannst es beim Wäscheaufhängen tun.‹ Und sie hat mich manchmal als Beispiel genannt, weil ich alles so schön machte.«

Ruth war dankbar für dieses Geschenk, das Selver ihr machte. In den folgenden Tagen, Wochen und Jahren griff Ruth oft auf die Übungen der Sensory Awareness zurück. Später entwickelte sie sie weiter, im Reich der Spiritualität, wohin sich Selver niemals vorwagte.

In ihrem Haus in Hollywood nutzte Ruth Charlottes Übungen, um jungen, schwangeren Frauen zu helfen. Henry arbeitete ehrenamtlich als Psychologe in einer Klinik für unverheiratete Mütter, und er brachte die Frauen nach Hause zu Ruth. »Er sagte dann: ›Sie brauchen etwas, um sich zu erden, Dahling, vielleicht könnten sie bügeln oder die Wäsche machen.‹ Also machte ich das mit ihnen. Ich sah, das Sensory Awareness ihnen helfen konnte – wenn der Geist – ohne ihn zu führen, hmm? – auf das langsame Heben des Armes gerichtet wird. Jetzt übertrag das aufs Unkrautjäten: Da hebst du auch den Arm. Das war es, was ich den schwangeren Frauen beim Bügeln beibrachte. ›Du nimmst das Bügeleisen, und anstatt zu denken, spürst du deinen Arm, spürst, wie er sich bewegt. Lässt die Gedanken hinter dir.‹«

Um Henry zu helfen, griff sie auf das zurück, was Selver lehrte, und Sensory Awareness fand Einzug in ihr Privatleben. »Henry schwärmte zwar von Charlotte, er ermöglichte ihre Kurse und sorgte dafür, dass die Leute kamen; er besuchte auch ihren Unterricht. Aber manchmal blieb er auch einfach weg. Wirklich geholfen habe ich ihm, wenn wir allein waren, ganz für uns. Henry konnte ohne Schlaftabletten nicht schlafen. Er wachte nachts auf und nahm noch eine. Ich sagte: ›Dahling, vielleicht sollte ich dich lieber ein bisschen massieren, statt dass du noch eine Schlaftablette nimmst – das ist Körpergefühl –, und du kannst einschlafen, während ich dich massiere.‹ Es gab also bei uns im Schlafzimmerleben eine Zeit, in der wir uns hinlegten und wenn Henry nicht einschlafen konnte, sagte ich: ›Rutsch doch einfach ein bisschen nach unten, und lass die Füße raushängen, ich behandle deine Füße.‹ Das tat ich lange Zeit fast jeden Abend. Massierte seine Füße und sagte auch etwas, was Charlotte immer sagte, wie zum Beispiel: ›Spür den Raum.‹ Aber er bat: ›Nicht sprechen, lass mich einfach spüren‹, und schlief unter meinen Händen ein. Nach und nach ließ er die Mitternachts- und die Vier-Uhr-morgens-Tablette weg. Er schlief entspannter.

Berührung und Umarmungen bekamen durch Charlottes Lehren in unserer sexuellen Beziehung eine größere Bedeutung. Beim sexuellen Akt selbst wurde uns klar, dass dieses Streben nach der Klimax nicht natürlich ist oder nicht so gut. Henry hatte ein Buch, in dem stand, wie man den Höhepunkt zurückhielt und ihn einfach geschehen ließ, wenn man mehr mit dem Körper in Verbindung war. An den Vormittagen waren wir manchmal ganz entspannt für uns. Weißt du, er musste nicht zur Arbeit, und so hatten wir die Vormittage in diesem Haus, es war einfach das Paradies.«

* * *

Schon bald sollte Ruth herausfinden, wie hilfreich das bei Charlotte Erlernte für die spirituelle Praxis war. Hier nahm ihr Lebenswerk seinen Anfang: beim Erforschen der Körperempfindungen, um sich völlig im gegenwärtigen Moment zu verankern – die Basis, von der aus man Zugang zu größeren universellen Wahrheiten erlangt.

Zu dem Zeitpunkt, als ich Ruth Denison begegnete und sie bereits eine erfahrene buddhistische Lehrerin war, hatte sie unzählige Wege gefunden, die Übungen der Sensory Awareness anzuwenden, wenn sie Achtsamkeit unterrichtete. Sie führte uns durch langsame Dehnungsübungen: einen Arm seitlich ausstrecken, innehalten, die Empfindungen von Schwere und Muskelanspannung dieser Bewegung wahrnehmen. Auf dem Boden liegend spürten wir, wie unsere Körper tiefer einsanken, wenn die Wirbelsäule sich entspannte.

Sie ging mit uns in die Wüste und leitete uns an, uns achtsam im Kreis zu bewegen, ein Bein zu heben, den Rumpf zu drehen, den Fuß mit ganzer Aufmerksamkeit auf dem sandigen Boden wieder abzusetzen. Mit viel Humor brachte sie uns dazu, im Tanz unser Knochengerüst zu spüren, unsere Knochen zu schütteln. Für mich und die anderen Schülerinnen war dies eine Einladung, in die komplexe und subtile Realität der gelebten Existenz einzutreten, im gegenwärtigen Moment unserer Erfahrung präsent zu sein.

Ruth hat sich ihre frühen Erfahrungen bei Charlotte Selver so gründlich zu Herzen genommen und sie so in ihr Leben und ihre buddhistische Praxis integriert, dass sie in ihrem Unterricht auf zahllose offensichtliche und manchmal subtile Weisen zutage treten. Es ist unmöglich, ihr Verständnis buddhistischer Prinzipien und Praxis von ihrer Fähigkeit, die körperlichen Empfindungen zu durchdringen, zu trennen. Und Ruths außergewöhnliche körperliche Sensibilität und ihre Fähigkeit, diese in ihren Schülerinnen und Schülern anzuregen, wurden zuallererst von Charlotte Selver geweckt.

SIEBTES KAPITEL

Pilgerreise – Der zweite Lehrer

In den frühen Sechzigern machte Henry, der zuvor niemals die Vereinigten Staaten verlassen hatte, Ruth den Vorschlag, nach Asien zu reisen, um bei spirituellen Lehrern in Japan und Burma zu lernen. Sie flogen zunächst nach Japan, um Alan Watts in Kyoto zu treffen. Watts war vom Zen begeistert und unterrichtete Gruppen von Schülern aus dem Westen in Japan. Ruth wusste bereits ein wenig über Zen; sie und Henry hatten sich in Los Angeles mit dem japanischen Zen-Lehrer Joshu Sasaki befreundet. Ruth hatte in einer Garage an einigen seiner geleiteten Meditationen teilgenommen. Sasaki und seine deutsche Schülerin Gesshin[24] übernachteten manchmal im Haus von Ruth und Henry. Nun war Ruth bereit, sich intensiver mit Zen zu beschäftigen.

Henrys Plan, nach Burma zu reisen, war beim Lesen entstanden. Immer auf der Suche nach spiritueller Befreiung, war Henry das Buch eines pensionierten britischen Marineoffiziers in die Hände gefallen, *An Experiment in Mindfulness*[25], herausgegeben im Jahr 1960. In diesem Buch beschreibt E. H. Shattock, Admiral im Ruhestand, seine Erlebnisse in einem buddhistischen Kloster in Burma. Shattock war nach Rangoon zum Kloster Thathana Yeiktha gereist, um an einem Seminar bei dem bekannten Mönch und Meditationsmeister Mahasi Sayadaw teilzunehmen.

Henrys Interesse an Shattocks Buch offenbart eine Menge über ihn. Die beiden Männer sehen einander sogar ähnlich, wie Shattocks Foto auf dem Umschlag des Buches beweist: die hohe, breite Stirn, die langgezogene Wangenpartie, der schmallippige Mund. Ich könnte wetten, dass Shattock, genau wie Henry, über einsneunzig groß war. Mit klarem, intelligentem Blick schaut er einem auf dem Foto entgegen, ein Mann mit starkem Willen, der sich bestimmt nicht von mystischem Unsinn verschaukeln lässt. Mit dunkler Anzugjacke, Krawatte und ordentlich zurückgebürstetem Haar ist er ganz der ordentliche britische Gentleman – kein Beatnik, Hippie oder Bohemien. Henry vermittelte ebenfalls diesen Eindruck, einerlei wie exotisch seine Bewusstseinserforschungen auch sein mochten. Alan Watts nannte ihn einen Aristokraten, »groß, freundlich, höflich, weltgewandt und belesen, aber ganz und gar entspannt im Umgang mit seinen wunderlichen, verrückten Freunden.«[26]

Man könnte sich Denison und Shattock (die einander in Wirklichkeit nicht kannten) vorstellen, wie sie es sich im Sessel vor Henrys gelb geklinkertem Kamin bequem gemacht haben, die langen Beine ausgestreckt, ein Glas Brandy in der Hand, und die Themen diskutieren, die Shattock in seinem Buch erörtert. Ich blättere gerade in Henrys Ausgabe dieses Buches, und es ist erhellend, seine Unterstreichungen auf den Seiten zu sehen, seine Hervorhebungen bestimmter Passagen am Rand. In den Kapiteln über Karma, die Funktionsweise des Geistes und über das Phänomen von Zeit und Raum versucht Shattock, Parallelen zu wissenschaftlichen Entdeckungen zu ziehen. Er argumentiert praktisch und manchmal psychologisch. Henry war offenbar fasziniert und markierte die bestechendsten Argumente. Shattocks Beschreibung der Meditationspraxis und des Systems, dem er in Burma folgte, klingen nüchtern, er schildert seine Erfahrungen so, dass sie für die Leser nützlich sein könnten.

Henry verkündete Ruth, dass sie nach ihrem Aufenthalt in Japan nach Burma reisen würden, um Mahasi Sayadaw aufzusuchen – und Ruth war entsetzt. Thathana Yeiktha war ein Männerkloster, Mahasi Sayadaw ein Mönch! Nachdem er selbst sieben Jahre als Mönch der Vedanta-Tradition gelebt hatte, zeigte Henry eine Schwäche für das Klosterleben. Was, wenn er sich entschied, die Robe zu nehmen und als Mönch bei Mahasi Sayadaw in Burma zu leben? Sie und Henry waren noch nicht verheiratet. Ruth hatte kein verbindliches Versprechen von ihm. Sie könnte ihn verlieren! Sie setzten ihre Reise fort. Nach ihrem Aufenthalt in

Japan und Besuchen mehrerer asiatischer Länder erreichten Henry und Ruth schließlich Burma – ein Land mit grünen Reisfeldern, Strohhütten und Ochsen, die Menschen braunhäutig und anmutig in bunten Sarongs –, auf der Suche nach Mahasi Sayadaw.

Burma war viele Jahre britische Kolonie gewesen. Im Zweiten Weltkrieg war es von japanischen Eroberern verwüstet worden und wurde seitdem von Chaos und politischen Intrigen gebeutelt. Es ist außerdem ein buddhistisches Land in der Theravada-Tradition.[27] 1960 gab es ungefähr zwei- oder dreihundert Meditationszentren in Burma. Die meisten wurden von Mönchen in braunen Roben mit rasierten Köpfen geleitet.

Ruth und Henry blieben nur ein paar Wochen in Mahasis Kloster; Ruth litt an schlimmen Rückenschmerzen. Die Unterkunft bestand aus einem Holzpodest mit einer dünnen Strohmatte als Bett, einem gebogenen Stück Holz als Kopfkissen und einem Moskitonetz. Nach wenigen Nächten in diesem Bett konnte Ruth morgens nicht mehr aufstehen. Sie hatte entsetzliche Schmerzen. Ihre Rückenprobleme hatten schon vorher in Hollywood begonnen, als sie und Henry etwas am Haus repariert hatten. Sie flickten ein Loch im Dach, schlossen es mit Teer. Dabei bat er sie, ihm zu helfen, ein schweres Gerät zu tragen. Das hatte schreckliche Konsequenzen: »Ich ging in die Knie, und seitdem …« Zuvor war sie außergewöhnlich beweglich gewesen, es fiel ihr leicht, eine vollständige Rückbeuge zu machen. Jetzt war sie steif vor Schmerzen.

Henry war hilfsbereit und nett, er erkundigte sich nach anderen Meditationszentren, die bequemere Unterkünfte boten. Er nahm Kontakt mit dem *International Meditation Center* in einem Vorort von Rangoon auf und beruhigte Ruth: »Darling, wir können umziehen – und sie haben versprochen, dass du ein besonderes Bett bekommst.« Sie fuhren durch das geschäftige Treiben von Rangoon in ein ruhiges Viertel, dort stand auf einer Kuppe ein etwa zehn Meter hohes pagodenähnliches Gebäude. Dieses Meditationszentrum wurde nicht von einem Mönch, sondern von einem Laien geleitet, Thray Sithu Sayagyi U Ba Khin, auch bekannt als

U Ba Khin oder Gurugyi. Hier fand Ruth den Mentor, dessen Unterricht sie für den Rest ihres Lebens leiten sollte und der sie autorisierte, zu unterrichten und ihren Platz in seiner Überlieferungslinie als seine Dharma-Nachfolgerin einzunehmen.

Das Bett im *International Meditation Center* war aus Tauen gefertigt, es gab ein wenig mehr nach als das harte Holz, und Ruths Rückenschmerzen ließen nach. »Henry wohnte in einem anderen Bereich. Wir konnten gemeinsam essen – vor dem Fenster stand ein kleiner Tisch. Er kam zum Lunch, und wir aßen zusammen bei mir. Wir gingen nicht dorthin, wo alle aßen. Ich hatte einen Begleiter, und der brachte uns das Essen.«

U Ba Khin wohnte in der Nähe. »Ich nahm einen kleinen Fußweg, der an seinem Teich vorbeiführte. Da war mein kleines *Kuti* [Hütte] mit Fenster, Zementboden und einem kleinen Wasserspender, man zog an einer Schnur und hatte eine kalte Dusche. In diesem Teil hier stand ein Bett und hier ein Feldbett. Da saß Henry manchmal. Ein kleiner Tisch, ein Fenster, hier ein Stuhl, hier saßen wir, und ich schrieb meine Memoiren. Ich erzählte einfach, was ich erlebte.[28] Hier war noch ein Teich, überall standen Papayabäume, und die großen Papageien auf den Bäumen konnten sprechen. U Ba Khin sprach mit ihnen.«

In den acht winzigen Meditationszellen im Tempel waren Ruth, Henry und ein Mann namens Robert Hover die einzigen Ausländer. Robert Hover war dazu ausersehen, ebenfalls einer von U Ba Khins Dharma-Nachfolgern zu werden. U Ba Khin war ein kräftig gebauter Mann in den Sechzigern, gekleidet in einen karierten Sarong und eine weiße Jacke. Er ließ die drei geloben, die buddhistischen Regeln einzuhalten, gab ihnen eine kurze Unterweisung in *anapana sati* (Achtsamkeit auf dem Atem) und schickte sie dann zur Meditation in ihre Zellen. Die Regeln lauten: nicht töten, nicht stehlen, nicht lügen, keine Drogen konsumieren und kein sexuelles Fehlverhalten. U Ba Khin wies die Schüler an, sich auf den Atem zu konzentrieren und so *samadhi* (Konzentration) aufzubauen. Vom vierten bis zum zehnten Tag unterrichte er sie in *vipassana* und unterwies sie in »sweeping«, einer Reise durch den Körper, bei der das Bewusstsein jeden Bereich des körperlichen und mentalen Daseins untersucht, um *pañña* (Weisheit) zu erwecken.

All das war ein mühsames Unterfangen für Ruth, deren einzige Erfahrung mit Meditation einige Zen-Sitzungen gewesen waren. Aber ihr war schnell klar, dass ihre Arbeit mit Charlotte Selver eine gute Basis für diese Art der Meditation war: Selver hatte ihr beigebracht, sich ihres Körpers und ihres Geistes bewusst zu sein, und das war die Aufgabe, die U Ba Khin ihr nun stellte. Ruth dachte, dass sie bereits konnte, was U Ba Khin unterrichtete.

Außerdem war es nicht ihre Entscheidung gewesen, hierher zu kommen, und sie hatte immer noch Angst, Henry könne ihr genommen werden. Für den größten Teil dieser ersten zehn Tage begegnete sie U Ba Khin mit Widerstand.

Dennoch folgte sie, als ihr Rücken aufhörte, sie zu quälen, dem strengen Stundenplan, der sich von halb fünf in der Frühe bis in den späten Abend erstreckte. »Wir mussten die ganze Zeit in unseren kleinen Verschlägen sitzen. Ich machte Kopfstand, ja, um mich ein bisschen mehr zu entspannen. Das löste meinen ganzen Körper, und ich begriff irgendwie, da ist ein *Körper*, der zu diesem Fokus gehört. Da ging es mir gut, Dahling. Aber dann dachte ich wieder, *das habe ich ja schon alles gemacht* – das sind Charlotte Selvers' Sensory-Awareness-Übungen!«

Ruth erwähnte gegenüber U Ba Khin nichts über ihre geheimen Widerstände. Der burmesische Meister führte Einzelgespräche mit den Übenden und besuchte sie in ihren Zellen. So fiel ihm auf, dass Ruth ernsthaft meditierte und über gute Konzentration verfügte. Er begann, sich besonders für Ruth zu interessieren, obwohl es zunächst nicht Ruth, sondern Henry gewesen war, dem sein besonderes Interesse galt. U Ba Khins »größte Leidenschaft war es, die buddhistische Lehre in den Westen zu bringen«. Aber die politische Lage in Burma machte es ihm unmöglich, das Land zu verlassen, um im Westen zu unterrichten – man hätte ihm die Wiedereinreise verweigert. Er suchte nach Menschen aus dem Westen, die die Lehre als seine Vertreter weitertragen würden, und Henry schien ihm ein hervorragender Kandidat zu sein. »Henry kam zu U Ba Khin wie ein goldener Engel«, erklärt Ruth, »ein Psychologe, in den U Ba Khin große Hoffnung setzte, dass er ein Überbringer des Dharma für den Westen werden könnte. Er dachte, Henry würde sein Vertreter werden.«

Aber Henry hatte Probleme, sich zu konzentrieren. Er verbrachte Stunden damit, sich mit Robert Hover, dem anderen Amerikaner, zu unterhalten. Hover war Wissenschaftler und teilte Henrys intellektuelles Interesse an der Meditation. U Ba Khin, dem die Praxis wichtiger war als die Theorie, gefiel das nicht. Eines Tages, während sie meditierte, hörte sie ihn mit Henry schimpfen. Seine Worte tönten durchs Zentrum: »Du bist in deinen bösen Kräften gefangen!«

Ruth interpretiert: »Wahrscheinlich gefangen von den eigenen Hindernissen, hmm? [Die Hindernisse im Buddhismus sind Gier, Hass, Trägheit, Rastlosigkeit, Furcht und skeptischer Zweifel.] Dass Henry von Vorstellungen oder Wünschen beherrscht wird, nicht loslassen kann, solche Sachen.

U Ba Khin wiederholte mit mir neun Tage lang das Gleiche, aber für mich war es anders, für mich war es der Anfang. Ich hatte etwa eine Woche lang Widerstände – innere Widerstände – am meisten deswegen, weil ich schon mit mir in Kontakt war. Wenn er mich aufforderte, meine Körperempfindungen wahrzunehmen, dachte ich: ›Das habe ich doch schon bei Charlotte Selver gemacht!‹ Also protestierte ich innerlich: ›Deswegen bin ich nicht hergekommen, ich will Erleuchtung!‹ Ich dachte: Was er mir gibt, ist nicht besonders viel. Warum sind wir denn überhaupt hier? Und er spürte das. Das war wahrscheinlich eine Trotzreaktion von mir, hmm? Da kritisierte er mich und sagte: ›Ich spreche jetzt nicht mit *dir*, ich spreche mit deinen bösen Kräften!‹ Er sprach nicht von Widerständen oder Hindernissen, sondern von bösen Kräften. Ich war wahrscheinlich wütend. Ich wollte nicht dort sein. Es war nicht so, wie ich es mir vorgestellt hatte. Ich spürte meinen Körper und die Körperempfindungen, und das war das, was ich schon bei Charlotte in Sensory Awareness praktiziert hatte. Ich sagte zu Henry: ›Sieh mal Dahling, das ist doch nichts Neues. Das kennen wir doch schon!‹ Und dann bekam ich *Henrys* Wut zu spüren.

Aber als mein Lehrer mich mit meinen Widerständen konfrontierte, da bekam ich mich irgendwie in den Griff. Ich kam weg von diesen himmlischen Bildern und davon, mich selbst als Erleuchtete zu sehen. Und ich sah, dass da ein Licht an meiner Nasenspitze hervorkam.[29] Dann hatte ich schöne Visionen, von mir selbst oder jemand anderem, der oder die mit einem langen Umhang aus den Wolken herabstieg, friedvoll. Ich meditierte mit diesen Bildern. Sie waren tatsächlich schon ein Zeichen dafür, dass ich Gedanken und Widerstände hinter mir ließ. Ich lenkte den Geist auf Bilder, und die waren angenehm. Und dann versenkte ich mich immer mehr, ich kam in Kontakt mit all dem, was ich spüren und lernen konnte, und ich vertiefte das, was Charlotte mir beigebracht hatte.

Dann weihte U Ba Khin mich in die nächste Stufe ein. Es war nach dem dritten Tag *anapana sati*. Ich gehe zum Gespräch. U Ba Khin und ich, wir sitzen hier, und er verkündet: ›Jetzt führe ich dich in Vipassana ein.‹ Er sagt: ›Bring deine Aufmerksamkeit *hierher*, und verweile mit deiner Aufmerksamkeit *hier* [dabei führte er sie durch ihren Körper], und spüre *anicca* [die Unbeständigkeit] *hier*.‹ Ich konnte die Energie, die Bewegung spüren. Und ich sage: ›Aber das habe ich schon mal gemacht. Ich kann das schon spüren.‹

Er erwidert: ›Na, das ist kein Wunder, warum solltest du das denn nicht spüren? Es ist immer da. Ich weihe dich jetzt ein, so dass du es tiefer erfassen kannst. Manche Menschen erleben diese Entwicklung nicht, verstehst du? Du gehst jetzt in die Tiefe.‹«

Ruths Widerstände lösten sich allmählich auf, und sie begriff, was sie von U Ba Khin lernen konnte. Und dann fand sie in einem der Räume des Zentrums eine herausgerissene Seite aus einem Buch, auf der Buddhas »edler achtfacher Pfad« beschrieben war, die Landkarte, die er seinen Schülern gegeben hatte, damit sie ein gutes Leben führen und Achtsamkeit kultivieren konnten. Selbst dieser kleine Fetzen der Lehre vermittelte Ruth eine Ahnung vom größeren Ziel dieser Übungen.

Sie ließ sich auf U Ba Khins Unterricht ein, und er wandte ihr seine Aufmerksamkeit zu. Es war der Anfang einer tiefen und lang andauernden Beziehung. »Ich ließ mich durch meinen Körper führen, und er sagte: ›Spüren, spüren‹ – das war manchmal sein Mantra – ›Empfindungen spüren, *anicca*.‹ Jetzt war die Aufgabe, *anicca* zu erkennen.«

U Ba Khin selbst beschreibt diesen Prozess:

> Wenn ein Schüler eine bestimmte Ebene von *samadhi* [Sammlung] erreicht hat ..., wechselt die Ausrichtung der Übung zu *Vipassana* bzw. Einsicht. Das setzt voraus, dass der Einsatz des starken Fokus von *samadhi* bereits ausgebildet wurde. *Vipassana* beinhaltet die Erforschung der inhärenten Tendenzen all dessen, was in uns vorhanden ist. Der Schüler lernt, aufmerksam gegenüber den immerwährenden Prozessen seines Körpers zu werden, mit anderen Worten: gegenüber den atomaren Reaktionen, die ständig in allen lebenden Wesen stattfinden. Wenn der Schüler von solchen Empfindungen gefesselt wird, die alle Produkte der Natur sind, gelangt er körperlich und mental zu der Erkenntnis, dass seine körperliche Existenz letztendlich veränderliche Materie ist. Das ist das grundlegende buddhistische Konzept von *anicca* – von der Natur der Veränderung, die sich immer und überall in allem vollzieht, was im Universum existiert, einerlei, ob belebt oder unbelebt.[30]

Ruth sagt: »Ich nahm auf, was U Ba Khin tat, ich nahm seine Art und Weise der auf den Körper gerichteten Achtsamkeit als Praxis an, als grundlegende Praxis, denn das ist direkt greifbar, es ist logisch, es baut eine Brücke zur Physik, zur modernen Wissenschaft, und es bringt dich auf ganz persönliche Weise mit dir selbst in Verbindung.

Es gab also nichts, was man glauben oder vor dem man sich verneigen musste, man musste nichts anbeten. Diese Praxis brachte mich ins tägliche Leben, in dem, wie ich weiß, alles vergänglich ist.

Von da an machte ich gute Fortschritte. Ich ließ mich wirklich auf alles ein. Ich erzählte ihm beispielsweise, dass ich ein starkes Pulsieren hier in den Wangen oder im Mund spürte. Ich berichtete auch, dass ich es zuließ, wenn ich beim Atmen spürte, dass der Atem tiefer wurde, und ich dann die Beziehung der Atemenergie und der Körperenergie wahrnehmen konnte. Der Atem fließt durch den Körper und verändert die Körperempfindungen, die Lebendigkeit, und der Körper wird durch den Einatem aufgeladen. Und dann verlässt der Atem den Körper und strömt wieder ein. Ich entdeckte auch, dass ich intensiveren Zugang zu den Körperempfindungen hatte, wenn ich zuließ, dass der Atem tiefer wurde. Dann kann ich beobachten oder spüren, dass ich mit meiner Aufmerksamkeit in jedem Bereich meines Körpers bin, als wären sie durch den Atem zum Leben erweckt. Das ist immer so, aber nun konnte ich es durch meine Aufmerksamkeit unmittelbar erleben. Also war es nichts mehr, was ich verehren musste oder bei dem ich nachfragen musste, um es zu verstehen. Ich dachte einfach: ›Aha, das ist es!‹

Und dann konnte ich auch in tiefe Versenkung gelangen. Ich erinnere mich, dass U Ba Khin einmal mit Henry in meine Zelle kam. Ich hörte sie im Hintergrund, aber ich reagierte nicht auf sie. Ich glaube, er hatte zu mir gesagt: ›Wenn ich dich manchmal in deiner Zelle besuche, dann dreh dich nicht um, ich möchte nur sehen, ob du sitzt.‹ Es machte mir große Freude, mich in meine Konzentration und meine Aufmerksamkeit für die Körperempfindungen zu vertiefen, und das veränderte mein Bewusstsein, so dass ich keine Angst mehr hatte, Henry zu verlieren. Zu einem bestimmten Zeitpunkt wollte ich sogar Nonne werden. Und ich erkannte, dass vieles, was wir im Leben tun, wie zum Beispiel Intimität, auf einer Ebene ein bisschen so etwas wie eine Kompensation für dieses tiefere Erleben ist.

U Ba Khin kam also mit Henry in meine Zelle, und ich rührte mich nicht. U Ba Khin sagte: ›Sie sitzt in tiefer Versenkung. Ich möchte nur, das du das siehst.‹ Ich glaube, er wollte Henry zeigen, ›sie sitzt, und du redest‹. Er wusste, dass Mr. Hover und Henry viel miteinander redeten. Mr. Hover hatte eine gute Auffassungsgabe, aber Henry war selbst Mönch gewesen, weißt du, und er sprach mit U Ba Khin wahrscheinlich über seine Vedanta-Praxis, und er hatte viele Fragen.

Dann erzählte U Ba Khin Henry, wie gut ich vorankam. Und wenn ich U Ba Khin von meinen Erfahrungen in der Meditation berichtete, sagte er, gut, schön, und machte eine kleine Anmerkung. Er nickte immer und lächelte. Er war sehr fröhlich.

Von da an übte ich immer mit den Körperempfindungen als Meditationsobjekte, mit dem Fokus auf den Körperempfindungen. Gelegentlich unterstützte U Ba Khin uns wieder mit geführten Meditationen, manchmal nur mich allein. Andere Leute kamen und gingen, wir blieben länger. Wir blieben zwei Monate dort.«

Durch ihre eigene ausdauernde Praxis und die Anweisungen von U Ba Khin erreichte Ruth eine Bewusstseinsstufe, »in der der Geist – das hat etwas mit Versenkung zu tun – sich selbst in der Konzentration hält. Man konzentriert sich nicht mehr, sondern diese wissende Instanz kommt hinzu, so dass der Geist selbst weiß, worauf er sich konzentriert, worauf er fokussiert ist, und selbst das verliert sich, es ist eher ein weiter Raum, in dem du aber weißt, dass du ein Kanal bist, und da verweilst du. Eine Zeit lang, zwanzig Minuten vielleicht, führte U Ba Khin mich dorthin. Dann erkannte er eine große Befähigung in mir. Ich musste ihm erzählen, wie es mir mit meinen Erfahrungen ging und in welchem Zusammenhang sie mit dem standen, was er mich gelehrt hatte – mit den Elementen und der Unbeständigkeit.«

Ich frage: »Würdest du das eine Erleuchtungserfahrung nennen?«

Die Frage gefällt ihr nicht. »Also, ich weiß nicht. Ich benutze diesen Ausdruck nicht. Was ist Erleuchtung? Verstehst du? Ich machte tiefe Erfahrungen, in denen ich *anicca* sehen konnte, ich war die Verbindung, das ist revolutionär. Jetzt ist es so selbstverständlich für mich, ganz natürlich. Aber damals war es der erste Eintritt in den großen Strom … Man verliert es aber auch wieder. Es ist eine Berührung. Die Zen-Leute nennen es *kensho*. Verstehst du, ich hatte Zen, und ich hatte Charlotte, ich war also für diese Sache gut ausgerüstet. Ich wusste, wie ich diese tiefe Erfahrung machen konnte, und ich hatte genug Unterstützung durch Charlottes Übungen. Später, als ich selbst unterrichtete, war ich in der Lage, den Schülerinnen und Schülern von hier aus eine gute Basis zu geben.«

Vielleicht überrascht es nicht, dass ein Laie wie U Ba Khin Ruths »Wurzel«-Lehrer werden sollte, hat sie sich doch auch selbst lange dem Laienleben und der Laienpraxis verschrieben. Er war ein außerordentlich praktischer Mann, der kurze Zeit als Mönch gelebt hatte, aber die längste Zeit seines Lebens Familienvater und war und in einer Behörde arbeitete.

Nachdem die Briten das Land verlassen hatten, wurde er Finanzberater von Burma und unterrichtete seine Mitarbeiter in Meditation. 1952 gründete er das *International Meditation Center*. Nach seiner Pensionierung arbeitete er weiter in der Verwaltung und leitete vier Ressorts. Als Ruth dort war, ging er immer noch jeden Morgen ins Büro. Ehe er aufbrach, umrundete er den achteckigen Tempel, in dem die Meditierenden in ihren kleinen Zellen saßen, und sang mit tiefer, voller Stimme Mantren, um sie zu bestärken.

Jeden Tag, wenn er aus dem Büro kam, führte er entweder Einzelgespräche mit seinen Schülerinnen und Schülern oder empfing burmesische Gruppen im Hauptraum des Tempels. Er wippte in seinem Schaukelstuhl vor und zurück und unterrichtete dabei. Manchmal fand Ruth ihn bei der Gartenarbeit. »Er hatte einen Teich mit Lotusblumen und ein paar kleinen Fischen. Eines Abends kam ich aus meiner Zelle, und er stand dort und versuchte, eine Ratte aus dem Teich zu retten. Sie fraß die Wurzeln der Lotusblumen und vielleicht auch die Fische.« Obwohl er Frau und Kinder und ein Heim hatte, schlief U Ba Khin im Tempel auf einer Matte auf dem Boden.

In der burmesischen religiösen Gemeinschaft wurde er kritisiert, nicht nur, weil er es sich als Laie herausnahm, das Dharma zu unterrichten – was in der Regel fast ausschließlich Mönchen vorbehalten war –, sondern auch, weil er einen zehntägigen Kurs entwickelt hatte, um Vipassana zu lehren. Der Zeitraum wurde als zu kurz eingeschätzt, um diese Praxis zu erlernen. U Ba Khin wollte jedoch diese Methode so vielen Menschen wie möglich vermitteln, und er war der Ansicht, dass zehn Tage ausreichten, um die Technik der Vipassana-Meditation zu erlernen. (Sein indischer Schüler S. N. Goenka brachte das Modell des zehntägigen Retreats in seiner strengen Form mit großem Erfolg nach Indien, in die USA und nach Europa.)

Ruths Beziehung zu U Ba Khin vertiefte sich im Lauf der Zeit und dauerte bis an sein Lebensende und über seinen Tod hinaus an. Die Vipassana-Praxis wurde ihr spiritueller Weg, sie integrierte sie in jede andere spirituelle Methode, der sie sich widmete. Egal an welchem Ende der Welt sie sich befand, sie wusste immer, welche Uhrzeit es in Rangoon war und wann ihr Lehrer meditierte, und sie legte ihre Meditation so, dass sie mit seiner zusammenfiel. Sie schrieb ihm über ihre Praxis und kehrte, wann immer es ihr möglich war, nach Burma zurück, um ihren Unterricht bei ihm fortzusetzen (kein einfaches Unterfangen, denn die politische Situation in Burma verschlechterte sich, und die Einreisebedingungen für ausländische Touristen verschärften sich).

In ihrer weiteren Praxis gelang es ihr, die asketische formale Tradition von U Ba Khin mit der modernen Arbeit von Charlotte Selver zu verbinden. Die Verbindung dieser beiden Formen brachte sie auf ihrem authentischen, tiefgründigen spirituellen Weg voran. Obwohl ohne Ehrgeiz für offizielle Anerkennung, etablierte sich Ruth dennoch als Teil einer Tradition und wurde von ihrem Lehrer autorisiert. Ihre Motivation war, zu lernen, zu erforschen, ihren Weg in diesem Bestreben zu gehen. Das ist es, was sie bis heute tut.

ACHTES KAPITEL

Ehe und Millbrook

Mit Henry zurück in Hollywood war Ruth sehr glücklich. Ihr Traum hatte sich erfüllt. Henry gehörte zur »großen, weiten Welt«, der Welt der schönen Häuser und bedeutender, faszinierender Menschen. Von dieser Welt hatte sie als Kind geträumt, als sie in ihrem Versteck im Kornfeld lag und ihren Gedanken nachhing. Er war wie der Bruder ihres Vaters, den sie so bewundert hatte. Onkel Robert war kein Bauer gewesen, sondern hatte in der Stadt gelebt. Er war zum Skifahren in die Alpen gefahren und hatte gebildete Damen zum Tanzen ausgeführt.

Noch dazu liebte Henry die Erde; er wusste wie man etwas hegte und baute. Er war älter als sie, ein zurückhaltender, distinguierter Mann. Er entsprach in jeder Hinsicht ihrem Ideal. Und nun hatte sie auch ihren spirituellen Lehrer gefunden und machte sich auf ihren spirituellen Weg.

Fotos aus ihrer ersten Zeit mit Henry zeigen ihre Freude. Eine junge Frau tollt im kurzen Nachthemd im Garten oberhalb des glitzernden Wasserreservoirs herum, sie tanzt auf der Terrasse, wirft die Arme in die Luft und lacht verwegen in die Kamera. Sie sieht aus wie ein Naturgeist, ein wildes Ding, das gerade aus dem Wald gesprungen kam. Ein anderer Schnappschuss zeigt sie mit langem Rock und bunt gemustertem Schal, vorgebeugt, um für die Kojoten Futter auszulegen, die auf dem Hügel unterhalb des Hauses umherstreunen.

Ruth machte ihren Weg, indem sie für andere sorgte. »Das, was viele von Henrys Freunden taten, philosophieren und so weiter, war nicht meine Sache. Aber ich tat, was ich gut konnte, was mir Spaß machte, wofür mein Herz schlug und was allen immer große Freude bereitete – ich sorgte für *Gemütlichkeit* – für Behaglichkeit und echte Fürsorge. Weil ihre Freude meine Freude war.

Ich kochte und backte und nähte alles für sie. Wie zum Beispiel für die Frau unseres Nachbarn. Sie sagte: ›Ruth, ich muss bezahlen, was Sie fürs Kochen ausgelegt haben ... wo ist der Kassenbon?‹ Ich antwortete: ›Ich habe nichts eingekauft, das war alles in Ihrem Kühlschrank. Ich habe es nur neu zusammengestellt.‹ Das schätzte sie. Und auch, wie ich kochte. Pellkartoffeln. Und selbst gebackenes Brot. Das brachte ich den Nachbarn, und auf diese Weise wurde ich aufgenommen.

Henry hat etwas in mir gesehen. Er sagte manchmal: ›Was sie tut, das tut sie mit ganzem Herzen und voller Präsenz‹, und ich war ganz erstaunt, dass er das, was für mich ganz natürlich war, so sehr schätzte, dass es auf einmal so wertvoll war. Ein schönes Essen für Freunde bereiten. Sie gerieten in Ekstase und schätzten mich. Dazu hatte ich früher kaum Gelegenheit gehabt.«

Man kann sich vorstellen, dass Henry, dieser verschlossene Mann, von Ruths burschikoser, fröhlicher Art fasziniert war. Und selbstverständlich sonnte er sich in Ruths Zuwendung für ihn und seine Freunde. Er liebte die Natur zutiefst und war dankbar, dass Ruth mit ihm gärtnerte und mit ihm in der Wüste und in den Bergen campte. »Er war von meiner Bodenständigkeit begeistert und davon, dass ich mit ihm zusammen war, zelten ging und unser Zuhause versorgte. Ich blühte dabei auf. Ich spürte mich, spürte seine Freude, und das inspirierte mich. Meine eigene Freude inspirierte mich, ich war ganz in dieser Freude, und das habe ich genossen.

1963, einen Tag nach der Ermordung von John F. Kennedy, heirateten Ruth und Henry. Am 23. November wurden sie in Guadalajara in Mexiko von einer Schamanin getraut. Hoch oben bei ihr in den Bergen nahmen sie Peyote und verbanden ihre Leben in einer Zeremonie. Später hatte Ruth unter den Folgen zu leiden.

»Ich hatte eine beidseitige Lungenentzündung. Das war das Ergebnis dieser Hochzeit in einer Hütte, durch die der Wind pfiff. Die alte Frau erteilte uns den Segen und gab uns als Sakrament Pilze zu essen. Mir wurde davon schlecht. Weißt du, diese Magic

Mushrooms. Henry nahm sie. Ich hatte eine Abneigung dagegen, aber ich war die Braut, und so musste ich. Sie kleidete mich in eine schöne, handgearbeitete Tunika, so wie sie in Mexiko getragen wird. Dann sind wir den Berg hinabgestiegen. Es war ein heiliger, spiritueller Ort. Wir wohnten in einem Hotel, und dort wurden wir getraut – ganz offiziell. Als wir vom Unterschreiben aus dem Rathaus kamen, wollten wir beim Mittagessen feiern. Henry hatte die Ringe vergessen. Ich sagte, ›Dahling, das ist nicht nötig.‹ Wenn ich die Unterschrift habe, ist es egal für mich, ob ich einen Ring habe oder nicht. Er wollte loslaufen und welche kaufen. Wir saßen auf der Dachterrasse und wollten gerade mit dem Essen beginnen. Wir hatten zwei Jungen eingeladen, mit uns zu kommen und zu feiern, die waren vielleicht zwölf Jahre alt, Straßenkinder. Wir hatten den ganzen Dachgarten für uns. Wir wollten ein paar Gäste haben, und die beiden waren zufällig da.

Henry wollte also los und die Ringe besorgen. Er sagte: ›Du amüsierst dich mit den Jungen, bis ich wieder da bin.‹ Ich antwortete: ›Okay, Dahling, aber mach dir keine Sorgen wegen der Ringe. Bring mir etwas Kurzlebiges mit. Sehr *annica*.‹ Und so kam er mit einem Arm voll bunter Luftballons zurück. Wir haben sie in der Mitte von unserem Tisch festgemacht, und die Jungen sagten, was sie essen wollten. Die Kellner wussten Bescheid über unsere Heirat und brachten uns ein Ständchen. Es war eine sehr schlichte Hochzeit. Ich habe nie einen Ring bekommen.«

Das Hochzeitsfoto wurde auf einem gepflasterten Fußweg in der mexikanischen Sonne aufgenommen. Henry groß und aufrecht in dunklem Anzug, weißem Hemd und grauer Krawatte, sein Bart bereits ergraut. Seine hohe Stirn glänzt im Sonnenlicht, und er schaut ernst aus dem Bild. Ruth, dicht an seiner Seite, sieht klein und stämmig aus und wirkt durch die Art und Weise, wie sie zu ihm aufblickt, als sei sie voller Bewunderung für Henry. Sie trägt ein helles, lilafarbenes Trägerkleid, eine weiße Bluse und weiße, hochhackige Pumps. Ihr glattes Haar hat sie in einer schulterlangen Ponyfrisur.

»Dann kamen wir nach Hause – Kennedy war tot, das erfuhren

wir im Flugzeug –, und ich bekam diese schreckliche Lungenentzündung. Wir hatten einen Hochzeitsempfang auf Alan Watts Boot in Sausalito geplant, das mussten wir verschieben, bis ich mich auskuriert hatte.«

1961 waren Watts und seine Partnerin Mary Jane, genannt Jano, auf das Hausboot *Vallejo* gezogen, das in der Bucht von Sausalito vertäut war, direkt gegenüber von San Francisco.

Sie bewohnten die eine Bootshälfte, auf der anderen wohnte Jean Varda, ein griechischer Maler, der für seine wilden Partys bekannt war. Die *Vallejo* wurde der Ort für Watts Seminare und Vortragsreihen und für die Besuche spiritueller Lehrer, darunter Krishnamurti und Lama Govinda. Manchmal taten sich Watts und Varda zusammen, um ihre Gäste mit Wein und verschiedenen psychedelischen Substanzen zu bewirten.

»Auf diesem Boot gab Alan bekannt, dass er Jano heiraten würde, und er rief Henry und fragte: ›Warum machst du das nicht auch?‹ Zwei Fliegen auf einen Streich. So gab er uns seinen Segen und sich selbst auch. Wir tranken Champagner, und als er fertig war, brannte im Kamin ein Feuer, und wir warfen die Gläser und den Champagner ins Feuer.«

* * *

Zurück in Hollywood zog Ruth nun offiziell bei Henry ein. Sie setzte die Vipassana-Meditation fort, die sie bei U Ba Khin erlernt hatte, und erntete die Früchte dieser Praxis. Sie erzählt, dass sie durch die Meditation Klarsicht und Weisheitsenergie erlangte. Ruth machte sich auf die Suche nach einem Vipassana-Lehrer in Los Angeles, um ihr Verständnis zu vertiefen. Aber einen solchen Lehrer gab es in den frühen Sechzigern dort nicht. Also kehrte sie zum Zen zurück. Sie und Henry übten ernsthaft bei Sasaki Roshi, den sie schon kannten, und bei Maezumi Roshi, einem weiteren japanischen Zen-Meister.

Unter denen, die zu Beginn der sechziger Jahre in Ruths und Henrys Haus ein und aus gingen, waren Psychologen und Philosophen, die mit bewusstseinserweiternden Drogen experimentierten. Henry begann, sich für diese Art der Forschung zu interessieren. Ruth kommentiert das so: »Einige große Philosophen schlugen diese Richtung ein. Du darfst nicht vergessen, dass ich Henry in einer philosophischen Gesellschaft getroffen habe, unter Philosophieprofessoren und Entdeckern der spirituellen Dimension oder der Erleuchtung, die ein neues Paradigma hatten – eine andere Ausrichtung in der Philosophie und der Religion. Und Henry war Mönch gewesen, Dahling, er war bekannt. Außerdem war er Psychologe und wusste, dass Leary und Alpert, die beiden Psychologen, aus der Harvard-Universität entlassen worden waren, weil sie mit Drogen experimentiert hatten. Deswegen war er vorsichtig.« Schon bald sollte Henry Leary kennen lernen und mit Ruth einige Zeit in Learys Zentrum in New York verbringen.

Der Harvard-Professor Timothy Leary war den Stimmen der Gegenkultur gefolgt und hatte LSD genommen. Er befreundete sich mit Alan Watts und anderen Suchenden, und er gab die Droge in einer Versuchsreihe an seine Studenten weiter. Richard Alpert (später bekannt als Ram Dass), ein junger Kollege, nahm begeistert an Learys Versuchen teil, und die beiden kamen in Verruf, Studenten und Studentinnen auf LSD-Trips zu schicken. 1963 wurden Leary und Alpert entlassen.

Im selben Jahr boten Verwandte des Regisseurs Alfred Hitchcock Leary ihr Anwesen in Millbrook, New York, an, damit er seine Forschungen zur Bewusstseinserweiterung fortsetzen konnte. Leary beschreibt das Anwesen zwei Autostunden nördlich von Manhattan am Hudson River: »Es war ein zauberhafter Ort, zweimal fünf Meilen fruchtbarer Boden und ein imposantes Torhaus mit Sicherheitstür und Fallgitter.« Vom Torhaus führte ein anderthalb Kilometer langer Fahrweg durch eine Ahornallee zum Herrenhaus, vierstöckig mit zwei Türmen. In dieser eleganten Umgebung beabsichtigte Leary, »zurückgezogen und in Abgeschiedenheit, die Erforschung veränderter Bewusstseinszustände fortzusetzen«[31].

Millbrook, wo Ruth und Henry sechs Wochen verbrachten, war ein großes Experiment. Leary und seine Unterstützer betrachteten diesen Ort als eine »Weltraumkolonie«, eine *Space Colony* im finsteren Mittelalter der Sechziger. Leary und seine Weltraumreisenden hielten sich für Besucher aus der Zukunft, die in Millbrook gelandet waren und durch intellektuelle und chemische Untersuchungen danach strebten, ein »neues Heidentum und eine neue Hingabe an das Leben als Kunst«[32] zu schaffen. Durch Lesen und Schreiben über erweitertes Bewusstsein, durch regelmäßig angesetzte LSD-Sessions und durch die Studien spiritueller Meister entwickelten Leary und seine Kollegen einen Lebensstil, der die Befreiung des wirklichen Potenzials des menschlichen Geistes, des Körpers und der Psyche zum Ziel hatte. »In Millbrook«, schrieb Leary, »war ein wahrhaftiges irdisches [sic] Paradies in vollem Gange ... Eine andauernde Feier des Lebens, mit Zeremonien, Seminaren, Musik, Fruchtbarkeitsriten, Mond- und Sternenbetrachtungen [und] Festen auf der Waldlichtung.«[33]

Bekannte Psychologen und Philosophen, spirituelle Lehrer, Dichter, Musiker und Künstler kamen zu Besuch nach Millbrook und blieben manchmal Wochen oder Monate in der Gemeinschaft.

Millbrook wurde in mehrfacher Hinsicht auch für Ruth ein wichtiger Ort. Sie erschien dort anfangs gegen den Willen Henrys, agierte im Großen und Ganzen unabhängig von ihm und begann damit ein neues Kapitel in ihrer Beziehung. Sie war nicht länger die alles hinnehmende, entgegenkommende Gefährtin, sondern schuf sich eine eigene Identität in dieser überaus ungewöhnlichen Umgebung und wurde für ihre Fähigkeiten geschätzt. Weil sie sowohl in Sensory Awareness als auch in den Vipassana-Methoden der Achtsamkeitsschulung versiert war, war Ruth diejenige, die gerufen wurde, wenn jemand auf einem Horrortrip war. Sie merkte, dass sie mit desorientierten Menschen umgehen und ihnen helfen konnte, wieder zu einem normalen Zustand zurückzugelangen. Von da an sah sie sich selbst als Heilerin, die den Verlorenen, den Verrückten und den Verschreckten helfen konnte – eine Fähigkeit, die sie während ihres ganzen Lebens immer weiter entwickelt hat. Sie leitete außerdem Meditationsgruppen und trat damit zum ersten Mal öffentlich als Meditationslehrerin in Erscheinung. Und sie hatte Gelegenheit, weiter mit LSD zu experimentieren, die Auswirkungen der Droge zu beobachten und eigene Schlüsse daraus zu ziehen.

Ruth kam nicht auf Einladung nach Millbrook, sondern durch eine List. Leary hatte Einladungen für ein besonderes Seminar verschickt: eine Woche Philosophieren und LSD-Sessions, und der Höhepunkt sollte die Aufführung eines Theaterstücks nach Hermann Hesses *Glasperlenspiel* sein. Honoratioren aus verschiedenen Bereichen waren eingeladen. Ruth war begeistert von der Idee, Henry zu begleiten, aber er erklärte, sie sei dort nicht willkommen und er würde allein fahren.

»Es waren, wenn man so will, Honoratioren aus dem Bereich der christlichen Religion, Bischöfe und Psychologen. Henry war eingeladen, oder er hörte davon und schaffte es hineinzukommen. Ich wollte mitfahren, aber er nahm mich nicht mit.

Das war also das Ereignis, vielleicht um 1966 herum. Henry hatte schon LSD genommen, und ich auch, und ich wusste, was es mit mir machte, denn ich kannte Vipassana, ich spürte, wie sich mein Körper transformierte, und ich war mit meiner Aufmerksamkeit dabei und hatte wundervolle Erlebnisse. Ich hatte das erforscht. Er fuhr also nach Millbrook.«

Ruth war zu Hause nicht glücklich, während Henry sich auf Learys Fest amüsierte. Mit ihrer Freundin Sarada, die bei ihnen wohnte, war sie zu Hause zurückgelassen worden und sollte sich um Henrys Sohn kümmern, der verwundet aus Vietnam zurückgekehrt war und seinen Vater besuchte.

Sie telefonierte mit Henry und sagte, dass sie ihn in New York treffen wolle. Henry sagte nein. Aber Ruth hatte sich entschieden zu fahren. Sie hatte ihre Vorbereitungen getroffen und sich ein besonderes Kleid genäht. »Ich wusste, dass am Samstagabend der Abschluss des Seminars sein würde, hmm? Und alle würden LSD nehmen. Henry hat mir das ganz freudig am Telefon erzählt, und ich war froh über die Information.

Also kaufte ich ein Ticket nach New York. Bei der Ankunft hatte ich keine Ahnung, wo ich mich befand, und nahm erst ein Taxi. Anschließend fuhr ich mit einem kleinen Zug weiter nach Millbrook. Ich war vorher noch nie dort gewesen, und es war Abend. Ich hatte mein Kleid an, es war aus Seide, gerade geschnitten und weit, das war das Unterkleid, darüber war so etwas wie Schleierstoff. Und wenn ich hineinging, konnte ich den Schleier über meinen Kopf legen, mein Gesicht bedecken und trotzdem hindurchsehen. Aber sie konnten mich nicht erkennen, hmm? Ich war also verschleiert. Ich hatte vor, auf der Party zu erscheinen, wenn alle LSD genommen hatten. Mindestens sechzig Leute, glaube ich, wenn nicht noch mehr.

Ich kam also an. Der Taxifahrer ließ mich am Tor aussteigen. Ich wusste, dass das Millbrook-Herrenhaus im Park lag, und dort fand das Ganze statt. Ich wusste nicht, in welche Richtung ich mich wenden musste, also lauschte ich. Manchmal hörte ich Flöten und Musik, ich folgte dem Klang. Oh, es war dunkel, und ich hatte nichts, keinen Führer, nichts. Plötzlich, als ich durch den Park ging, sah ich einen großen Springbrunnen, und der Brunnen hatte verschiedenfarbiges Wasser – sie mussten Farbstoff hineingegeben haben. Er lag vor einer wunderschönen großen Villa. Die Villa hatte eine Art Veranda mit einem Zaun drum herum. Es gab hohe Wände mit farbigen Glasfenstern und eleganten Türen, hohen Decken und so weiter. Es war ein Sommerabend, und alle waren dort zusammengekommen.

Zur Inneneinrichtung des Herrenhauses gehörten handgeschnitzte Holzarbeiten, Wandteppiche und getäfelte Decken. Leary hatte das Haus ›im Stil eines Harems möbliert, mit niedrigen Sofas, unzähligen Sitz- und Seidenkissen‹[34].«

Wie es sich für einen Harem gehört, bewegten sich an dem Abend eine Reihe von Frauen durch den Raum, Begleiterinnen der männlichen Gäste. Henrys Grund, Ruth auszuschließen, wurde offensichtlich.

»Ich sah sie durch den Raum schweben wie Elfen, die Damen in den langen Kleidern, weißt du? Ich wusste, dass sie alle LSD genommen hatten, und ich konnte mich so benehmen wie sie, denn ich wusste, was LSD mit einem macht. Also schwebte ich hinein, als käme ich gerade vom anderen Ende des Hauses. Es wurde wunderschöne Musik gespielt, und die Leute waren ein bisschen benebelt im Kopf und schauten sich alles an. Henry war da, inmitten der Party, er war auf der Veranda und saß in einem eleganten Schaukelstuhl, schaukelte vor und zurück, glücklich, wirklich, und überall um ihn herum Damen zu seinen Füßen. Er hatte wunderbare Dinge zu erzählen über Nicht-Ich und überwundene Anhaftung und so fort. Sein Vedanta-Wissen, hmm? Er war high.

Ich bewegte mich dorthin, ich tanzte. Einige schienen einfach zu schweben. Tim Leary sah ich nicht, der war irgendwo anders. Ich schwebte und tanzte ein bisschen, stand da und machte diese Bewegungen. Und dann saß ich in Henrys Gruppe. Manchmal kamen die Damen ein wenig näher und bewegten sich wieder weg und küssten ihn, und das tat ich auch. Ich küsste ihn nett. Nicht zu vertraut, hmm, auf die Wange. Er fragte: ›Wer bist du?‹ und ich schwebte davon. Dann trafen wir uns wieder. Er wanderte umher und sah mich wieder: ›Wer bist du?‹ Aber ich machte dies und das und war verschwunden. Niemand erkannte mich. Die Frauen schauten auch. Ich beobachtete alles hinter meinem Schleier, den ich die ganze Zeit über nicht ablegte. Ich musste sicher sein, dass mir niemand den Schleier einfach abnehmen konnte.

Dann läutete die Glocke, und auf einmal versammelten sich alle, und Tim Leary erschien. Er kündigte an, dass nun das *Glasperlenspiel* auf der Bowlingbahn aufgeführt würde. Wir mussten in einer Prozession dorthin gehen; alle hielten eine Kerze mit einem Halter in der Hand und sangen *om ah om* ... und es wurde ein bisschen getanzt. Wir mussten über verschiedene Wege durch den Park und um den Springbrunnen herum gehen. Wir gingen also summend durch den Park, und jemand spielte Flöte und so weiter. Plötzlich standen wir vor dem Haus und gingen hinein, zur Bowlingbahn.

Henry hat immer ein bisschen geguckt. Wenn irgendwo ein Star war, jemand, den er für geheimnisvoll oder irgendwie mystisch hielt, dann stellte er Nachforschungen an. Er kannte wahrscheinlich alle dort. Ich war nicht einzuordnen, hmm? Wir betraten also diese große Halle, die Bowlingbahn. Wunderschön. Eine Gruppe folgte Henry, er führte sie. Gegenüber war Tim Leary mit seiner Gruppe. Ich war bei Henry.

Ich stehe also mit ihm in der Mitte, als Tim Leary kommt und fragt: ›Henry, wer ist sie? Ich habe sie schon ein paar Mal gesehen.‹ Henry sagt: ›Ich habe es noch nicht herausgefunden.‹ Tim Leary zieht mir den Schleier weg – und da hatte Henry seine *Ehefrau*! Er war so enttäuscht.«

Ruth lacht verschmitzt. »Kannst du dir das vorstellen? Es war eine Schlappe für ihn. Aber er hat den liebenden Ehemann gespielt, er umarmte mich und sagte: ›Rutchen.‹ Und alle klatschten, jetzt begriffen sie, wer ich war. Und die Freude der anderen steckte ihn an, aber zur Klärung kam es erst, als er mich in sein Schlafzimmer einlud. Sie gaben uns das größte Schlafzimmer im zweiten Stock, mit Blick auf den Platz mit dem Springbrunnen, den ich schon beschrieben habe.

»Er war nicht wirklich böse. Er fragte: ›Wie bist du hierher gekommen, Dahling? Weißt du denn nicht, was wir verabredet haben?‹ Ich sagte: ›Das muss mir entfallen sein, ich liebe dich einfach und wollte dich sehen.‹ Da haben wir uns versöhnt, und alles war gut. Und dann freute er sich über meinen Einfluss dort.«

* * *

Als die Gäste abgereist waren, verkleinerte sich die Gemeinschaft auf zwanzig oder fünfundzwanzig Personen und kehrte zum Alltag zurück. Ruth übernahm mehrere Aufgaben – sie backte Brot für die Gemeinschaft, machte Katzenklos sauber und beseitigte den Dreck, den die Bewohnerinnen und Bewohner, hochtrabenderen Ideen zugeneigt, normalerweise ignorierten. Sie mochte Timothy Leary, fand ihn »sehr weich, er war eine Art personifizierte Freundlichkeit und Güte, ja. Und er hatte so ein wunderschönes Gesicht. Dahling, für mich war es der größte Traum, dass ich dabei sein konnte. Sie haben mich immer akzeptiert, weil ich so natürlich war. Ich habe nicht philosophiert. Wo immer ich auch hinging, selbst dort, wo er wohnte, fühlte ich mich in der Küche zu Hause. Sie wollten Lebensmittel anliefern lassen, und ehe sie es bedacht und geplant hatten, hatte ich es schon erledigt.

So war ich immer eine Art Hausfrau. Wo immer ich war, sorgte ich für ein gutes Zuhause. Henry mochte das, er war stolz auf mich. ›Mit Rutchen vertrödelt man keine Zeit‹, sagte er, ›sie kommt immer gleich zum Wesentlichen.‹«

Ruth nahm die besondere Rolle der »Erdmutter« auf dem Anwesen ein. Sie war es, die Ordnung hielt und sie wiederherstellte, sie war die Heilerin, die Leute behandelte, wenn sie einen Horrortrip hatten, und die sie wieder ins normale Bewusstsein zurückholte. Als Learys Tochter unter LSD die Orientierung verlor, sorgte Ruth dafür, dass sie in eine Badewanne mit warmem Wasser gelegt wurde. Dann saß Ruth bei der jungen Frau, bewegte deren Hand im Wasser und half ihr, sich allmählich mit ihren Körperempfindungen zu verbinden, bis sie wieder bei klarem Verstand war. Auch Learys Sohn behandelte sie. »Er war ernstlich durchgedreht, er hatte offensichtlich zu viel genommen. Er saß mitten auf der Wiese, ein Messer in der Hand, und drohte: ›Niemand kommt in meine Nähe!‹ Da haben sie mich gerufen.« Es gelang Ruth, den jungen Mann zu beruhigen.

In den Behandlungen griff sie auf ihre Erfahrung mit Vipassana und ihre eigenen Versuche mit LSD zurück. Dabei hatte sie eine wichtige Unterscheidung gelernt. »Ich wusste, was LSD mit dir macht, wenn du nicht mit dem Bewusstsein bei den Körperempfindungen bleibst. Einmal hatte ich ein bisschen LSD genommen. Ich lag in Millbrook unter einem Baum und schaute hinauf, blieb aber ein bisschen mit meinem Körper in Verbindung, denn ich wusste, wenn ich das nicht tue, würde ich den

Körper verlassen und ganz in das eintauchen, was ich sah. Plötzlich bemerkte ich die Blätter – wunderschön, wie die Blätter des Bodhi-Baums – und auf jedem Blatt war ein goldenes Auge. Golden! Und dann der leise Klang der Wesen im Hintergrund und der Gesang der Vögel, wie kosmische Klänge. Mir schien, dass dieser Klang durch das goldene Auge kam. Das faszinierte mich. Aber ich wusste, dass das nicht die Realität war. Dann schloss ich die Augen und massierte mich, oder ich stand auf und ging ein paar Schritte. Aber ich konnte sehr genau sehen, was mit ihnen passierte, wenn sie verrückt wurden. Es hätte *mir* passieren können, dass ich mich plötzlich frage: Wo bin ich? Und darum konnte ich ihnen helfen.«

Ruth kam zu dem Schluss, dass LSD nicht zu wirklicher Einsicht führt. Diese Überzeugung brachte sie dazu, eine radikale Veränderung in Millbrook auszuprobieren. In Millbrook wurde rund um die Uhr meditiert. Alle waren irgendwann an der Reihe, vierundzwanzig Stunden von mittags bis mittags in der Gartenlaube zu meditieren und LSD zu nehmen. Am Morgen kamen die anderen Leute aus der Gemeinschaft, um zu hören, was die oder der Meditierende in der Meditation erlebt hatte. Ruth erfüllte ihre Meditationspflicht, genau wie die anderen. In der kleinen Gartenlaube, wo die Leute einzeln meditierten, stand eine Buddha-Statue. »Eines Nachts, als ich in Millbrook meditierte, saß ich erst mal bis Mitternacht in der Meditation. Und für die nächsten zwölf Stunden nahm ich dann dieses Zeug [LSD]. Um fünf Uhr morgens wurde mir etwas klar. Ich erkannte, dass etwas nicht ganz in Ordnung war. Also trug ich den Buddha aus dem kleinen Meditationsraum hinaus. Ich sagte: ›Er gehört nicht hierher.‹«

Ruth war auf dem Weg in den dritten Stock des Haupthauses, um Timothy Leary zu wecken und ihm ihre Erkenntnis mitzuteilen, als sie von Henry aufgehalten wurde. Der brachte den Buddha zurück in den Meditationsraum und überzeugte sie, leise wieder nach unten zu kommen.

»Aber sie liebten mich alle«, sagt sie, »denn sie hatten mir die

Aufgabe übertragen, nach ihnen zu sehen und ihnen weiterzuhelfen. Du musst zu deinen Körperempfindungen zurückkehren, das war alles, was ich wusste, und deinen Atem spüren, und dir dessen bewusst sein, dass du das tust. Ich lernte, Gruppen anzuleiten. Als ich Henry fragte: ›Wie soll ich sie denn anleiten und mit ihnen meditieren?‹, erwiderte er: ›Warum fragst du das? Du hattest den allerschönsten Unterricht. Das kann hier niemand außer dir. Du schaffst das.‹ Also tat ich es. Ich leitete sie an. Ja, kleine Gruppen, wenn sie LSD genommen hatten, sieben oder acht Leute. Und manchmal nahm ich auch ein bisschen. Dann konnte ich sie beim Erleben halten, wenn die Droge anfing zu wirken, wenn sie nicht wussten, was sie machen sollten und Angst davor hatten, was jetzt körperlich mit ihnen passieren würde. Ich lenkte ihre Aufmerksamkeit auf die Körperempfindungen. Genauso, wie ich es bei meinem Lehrer gelernt hatte. Ich leitete sie an zu beobachten, was sich verändert, und die Empfindungen genau zu spüren. Und natürlich half mir dabei das, was ich bei Charlotte Selver gelernt hatte.

Ram Dass war zu dem Zeitpunkt schon abgereist. Er war offensichtlich sehr gut geerdet, er blieb auf dem Boden. Tim war eher abgehoben, hmm? Selbst er ist einmal abgedreht, und sie holten mich. Meine Konzentration war gut, ich brauchte ihm nur in die Augen zu sehen und die Angst und die Verwirrung darin zu erkennen, um zu wissen, was zu tun war. Ich lenkte seine Aufmerksamkeit auf den Körper und die Empfindungen, und er wurde ausgeglichener – das zog den Geist von den Bildern und den Ängsten ab, von den Projektionen und so weiter, von den Erlebnissen aus der Vergangenheit. Es gelang mir immer, sie in den gegenwärtigen Augenblick zurückzuholen. Das war wunderschön.

Ich tanzte auch mit anderen, wir tanzten wie Elfen um den Springbrunnen herum. Das tat ich nur mit sechs oder sieben Frauen. Ich nähte wunderschöne Kleider für sie, und wir spielten Göttinnen. Ja. Das war Millbrook.«

NEUNTES KAPITEL

Zusammenbruch und Neubeginn

Während der sechziger Jahre kehrten Ruth und Henry von ihren Erkundungen wie den Aufenthalten in Millbrook immer wieder zu ihrer Zen-Praxis in Los Angeles zurück. Ihr erster Zen-Lehrer dort, Joshu Sasaki Roshi, war ein beeindruckender, grimmiger Rinzai-Zen-Meister. Er war 1962 gerade erst in Los Angeles angekommen und unterrichtete in einer Garage in South Central Los Angeles. Dorthin gingen Ruth und Henry, um zu praktizieren. Später gründete Sasaki das Rinzai-ji-Zen-Zentrum in einer wunderschönen Kirche im spanischen Stil mit Stuck und roten Dachziegeln. Das Gebäude befindet sich in einem afroamerikanischen Viertel und steht in einem gepflasterten Hof, der wie ein Kloster von hohen Mauern umgeben ist. Sasaki, jetzt in den Neunzigern, unterrichtet immer noch.

Ihr anderer Zen-Lehrer war Hakuyu Taizan Maezumi Roshi, ein Soto-Zen-Meister. Maezumi Roshi war gut aussehend und überaus kultiviert (er war ein Kenner der asiatischen Kunst und wurde von mehreren Zen-Linien offiziell anerkannt). Er gründete das Zen-Zentrum von Los Angeles in einem koreanisch-spanischen Viertel. Das Zentrum besteht aus mehreren Ziegel- und Holzhäusern rund um einen Rasenplatz.

Henry und Ruth halfen beiden Roshis, ihre Zentren aufzubauen. Sie veranstalteten Fundraising-Essen für sie, luden Freundinnen und Freunde ein, an den Teezeremonien von Maezumi Roshi teilzunehmen und mit den beiden Zen-Meistern zu üben. Ruth wurde von der strengen Theravada-Perspektive ihres burmesischen Lehrers U Ba Khin zur breiteren Perspektive des Mahayana-Buddhismus geführt, in der dem Ideal des Bodhisattva – der auf der Welt ist, um allen Wesen zu helfen – nachgeeifert wird.

»Ich sah immer die Dinge, die mit mir zu tun hatten. Ein Bodhisattva – als ich davon hörte, dachte ich: So möchte ich sein. Ich imitierte ihn. Ich fütterte die Kojoten auf den Hollywood Hills, ich brachte Blumen aus meinem Garten und unterstützte das Zen-Zentrum, jeden Tag um vier Uhr morgens ging ich in das Zendo, die Meditationshalle, um mit Maezumi Roshi alles vorzubereiten. Ich stellte mein Haus für Teezeremonien zur Verfügung und für Alan Watts Seminare. Ich lud Maezumi ins Ballett oder ins Theater ein.« Sie rezitierte die Vier Großen Bodhisattva-Gelübde und versprach, zum Wohl aller Lebewesen eifrig zu praktizieren.[35]

Ruth nahm an *Sesshins* (Meditations-Retreats) teil, die regelmäßig in beiden Zentren abgehalten wurden. Sie war begeistert und mit ganzem Herzen bei der Zen-Praxis, saß viele Stunden und folgte den Anweisungen ganz genau. Diese Leidenschaft brachte sie an ihre mentale Grenze, und sie erlitt einen Zusammenbruch. Der Bericht dieses Einschnitts und der langen Rekonvaleszenz, die darauf folgte, wurde zu einer von Ruths klassischen Geschichten, die wieder und wieder einer gespannt zuhörenden Gruppe Meditierender in der Meditationshalle erzählt wurde. Er verdeutlicht den enormen Wert der Vipassana-Praxis in einer Notsituation und erklärt zum Teil Ruths geradezu unheimliche Fähigkeiten, Menschen zu stabilisieren, die geistige Verwirrung und große Furcht erleben. Sicherlich war die strenge, herausfordernde Zen-Praxis ein Auslöser, gleichzeitig war ihre Beziehung zu Henry voller Widersprüche. Er verfiel zu dieser Zeit von einem Extrem ins nächste: In einem Moment schenkte er ihr seine Liebe, im nächsten zog er sich zurück. Und man könnte mutmaßen, dass die traumatischen Erlebnisse der Nachkriegsjahre im polnischen Korridor, die Ruth so systematisch verdrängt hatte, wieder hochkamen und die Verwirrung und Panik verstärkten, die von ihr Besitz ergriffen hatten.

Es begann während eines *Rohatsu*-Sesshin in Sasaki Roshis Rinzai-ji-Tempel. Rohatsu ist ein extrem strenges siebentägiges Sesshin Anfang Dezember. Die Schülerinnen und Schüler standen um zwei oder drei Uhr morgens auf und saßen bis zum Einbruch der Nacht. Sie hatten täglich drei Treffen mit Sasaki Roshi, der sie über ihre Meditationspraxis befragte. Es gab wenig Entspannung oder Erholung in diesem Zen-Dampfdrucktopf. Während der Pausen war es nicht erlaubt, sich hinzusetzen, sondern die Schülerinnen und Schüler mussten stehen und durften sich höchstens an eine Wand anlehnen. »Alles musste sehr schnell gehen«, erklärte Ruth, »schnell gehen, schnell essen, schnell zur Toilette laufen, in der Arbeitszeit schnell arbeiten.«

Das Ziel eines Zen-Sesshin ist es, Ablenkung und Entspannung so weit einzuschränken, dass die Schülerinnen und Schüler ihre gewohnten Wahrnehmungsmuster erkennen und durchbrechen und in den weiten Raum der Weisheit eintreten. Ruth hatte diesen Raum durch Vipassana erreicht. Das Bild dazu ist das einer Schlange, die in einem Bambusstab gefangen ist und sich herauswinden muss, obwohl sie sich kaum bewegen kann. Ihre Frustration wächst und wächst, bis sie schließlich am anderen Ende in die Freiheit hinausschießt.

Es war während einer Gehmeditation, als Ruth merkte, dass sich in ihr etwas verändert hatte. Ihre Art, sich ihres Zustands zu versichern, war es, sich mit den Körperempfindungen zu verbinden, so wie sie es von Charlotte Selver und U Ba Khin gelernt hatte – so gelangte sie zur Ruhe und zu innerer Festigkeit. Plötzlich merkte sie, dass sie von ihrem Körper und ihrem Geist getrennt war.

»Als ich anfing zu gehen, war es so luftig in mir und so unverbunden. Ich spürte, dass ich tatsächlich ohne einen Geist war. Es war so luftig, dass es sich beinahe so anfühlte, als wenn ich nicht hierher gehörte, als wäre ich tot, hmm? Und dann wurde mir klar, dass es sich anfühlte, als würde mein Geist sich entfernen, er war auf dem Zaun und verschwand hinter den Bäumen. Ich holte tief Luft und spürte Energie aufsteigen. Ich konnte ihn zurückholen, aber ich konnte ihn nicht halten, er entwich sofort wieder. Ich praktizierte schlecht und verhielt mich unsicher, aber Sasaki Roshi sagte lediglich: ›Ach, du bist nur müde.‹ Ich war aber nicht müde, ich war ganz wach, hellwach. Ich versuchte zu beschreiben, was ich erlebte, doch er wiederholte: ›Du bist nur müde, du solltest dich ausruhen‹ – empfahl mir aber nicht, mich schlafen zu legen. Dann sagte er: ›Wir machen weiter mit *Zazen*‹, hmm? [*Zazen* ist die Zen-Sitzmeditation.] Aber ich konnte nicht mehr meditieren, denn ich saß da wie ein leeres Gefäß, leer! Und ich bekam keine Luft. Wenn ich Luft holen wollte, brauchte ich mehrere Anläufe, um die Luft einzuziehen, huff, huff, und sie wurde immer schon hier in der Brust angehalten. Dann ließ ich sie raus und war total erschöpft davon.«

Ruth probierte die Atemtechniken, die sie gelernt hatte, aber das verschlimmerte ihren Zustand nur noch mehr. »Ich musste diese tiefe Atmung anwenden, diese Rinzai-Atmung, bei der man richtig stark atmet. Und dann atmete ich die feine Energie und die Verbindung aus. Das war dann wirklich das Zeichen, dass etwas absolut nicht in Ordnung war. Denn ich hatte keinen Atem, keinen normalen Atem. Da passierte etwas. Ich bekam wahrscheinlich noch ein Minimum an Sauerstoff und fast gar kein *Prana*, diese feine, ursprüngliche Energie, hmm?[36] Man nimmt sie mit Sauerstoff auf. Aber ich bekam so wenig Sauerstoff. Auf jeden Fall war ich in Panik, als ich so atmete, mich dadurch aber überhaupt nicht lebendig fühlte. Da riefen sie dann Henry.«

Henry nahm auch am Rohatsu-Sesshin teil. Er unterbrach seine Meditation, um Ruth nach Hause zu fahren, und sagte ihr, sie solle sich ausruhen, so wie Sasaki Roshi es empfohlen hatte. Dann verließ er sie und kehrte zum Sesshin zurück.

Zum Glück wohnten Sarada und eine weitere Freundin bei Ruth und Henry im Haus. Sarada brachte Ruth ins Bett, als sie anfing zu halluzinieren und sich nicht mehr mit ihrem Atem verbinden konnte. Selbst in diesem Zustand übernahm Ruth die Verantwortung. »Sarada sagte: ›Rutchen, ich weiß nicht, was ich mit dir machen soll.‹ Ich sagte: ›Du musst nichts wissen, ich werde dir sagen, was du tun sollst. Ich fühle mich, als wenn ich sterbe. Ich habe keinen Atem mehr. Ich habe keine Verbindung.

Ich weiß nicht, ob du verstehst, was ich damit meine. Mein Geist fühlt sich weit weg an, noch weiter weg als vorhin im Zendo.‹ Alles um mich herum war sehr laut. Weißt du, in Hollywood wohnten wir in einer Sackgasse. Manchmal hatte sich ein Auto verfahren und wendete bei uns, und ich hörte den Motor, und dann hörte ich auf zu atmen, denn der wenige Atem und die Verbindung wanderten zu diesem Motor.

Es wurde Abend, und ich kämpfte. Ich versuchte es mit Gehen. Ich versuchte alles Mögliche, aber es kam nicht zu mir zurück. Ich war erschöpft, und um Mitternacht sagte ich: ›Sarada, ich glaube nicht, dass ich weiter leben kann, ich erschöpfe mich dabei, das zu bekommen, was ich brauche.‹«

Ruth ließ Sarada bei Sasaki Roshi anrufen, der das Sesshin leitete. Als Sarada vom Telefon zurückkam, war sie sehr aufgebracht und sagte: »Rutchen, ich kann dir nicht wiederholen, was er gesagt hat.« Ruth insistierte: »Du musst es mir sagen. Ich bin für alles bereit.« Sarada erzählte es ihr daraufhin. »Er sagt, wenn du das Gefühl hast zu sterben, stirb bitte friedvoll.«

Weit davon entfernt, über diese Antwort schockiert zu sein, dachte Ruth, dass dies eine vernünftige Anweisung sei. Aber sie war nicht bereit, seinem Rat zu folgen. Sie versuchte, durch das Panoramafenster des Schlafzimmers zu schauen, hinaus durch die Äste der Kiefer über das Waserreservoir, und sie spürte, wie ihre Energie sie verließ und hinter dem gegenüberliegenden Hügel verschwand. »Es war so anstrengend. Ich wusste, dass es meine Lebenskraft war und dass ich, wenn ich sie nicht zurückerlangte, sterben musste. Was er gesagt hatte, leuchtete mir ein. ›Stirb friedvoll.‹ Aber ich konnte es nicht akzeptieren.«

Als Nächstes bat sie Sarada, Maezumi Roshi anzurufen. Maezumi kam, saß an ihrem Bett und hörte ihr zu, als sie beschrieb, was mit ihr geschah. Er sagte: »Es gibt keinen Grund zu kämpfen, lass los.« Ruth erinnert sich: »Das heißt, er meinte, dass ich aufgeben sollte. Und zu dem Zeitpunkt war ich so erschöpft, dass ich aufgeben wollte. Er nahm meine Hand und saß eine Weile bei mir. Dann ist er gegangen.«

Sarada erinnert sich an jene Nacht. »Ruth versuchte verzweifelt, die Verbindung zu halten. Sie streckte ihre Hand aus, um eine Hand zu berühren, um zurückzukommen. Sie hatte sich irgendwo verloren. Ich rief Henry im Zen-Zentrum an. Ich sagte: ›Du musst herkommen, Rutchen ist in einem kritischen Zustand. Er erwiderte: ›Ich beende das Retreat, dann komme ich.‹ Es war wie ›ich werde rechtzeitig da sein.‹«

Sarada erzählt weiter: »Zwei der Roshis kamen, aber sie schienen völlig überfordert damit, Ruth etwas zu raten. Sie waren nicht in der Lage, ihr zu helfen. Ich erinnere mich nicht daran, dass sie ihr sagten, sie solle einfach sterben. Aber sie sprach davon zu sterben – sie lag auf dem Boden, und wir stellten Kerzen um sie herum. Ich glaubte nicht, dass sie sterben würde, aber sie glaubte es. Sie war sehr durcheinander.«

Ruth erinnert sich an Einzelheiten. »Sarada war immer noch da. Das war mein Anfang. Ich sagte: ›Sarada, bitte geh in meinen Garten‹ – es war Frühling – ›und bring mir Blumen.‹ Die Amaryllis, ich hatte die rosafarbenen, wie große Lilien, hmm? Sie brachte mindestens zehn oder so. Du weißt ja, wie groß unser Schlafzimmer war, da waren die Fenster, hier war der Kamin. Hier stand sein Schreibtisch, ein geschwungener Schreibtisch. Darauf stellte sie die Vase mit den Blumen, und ich setzte mich in meinem Bett auf und sagte: »Sarada, ich gehe jetzt. Sei ganz leise, und sprich nicht, ich möchte mich konzentrieren und mit dieser Blumenenergie gehen.«

Ruth schaute die Blumen an und bemerkte, dass die Amaryllis eine feine Energie besaßen, die ihr helfen könnte. »Dann war ich still, atmete kaum und konzentrierte mich auf die Form der Amaryllis. Ich sog die Luft nicht ein, sondern war mit meiner Aufmerksamkeit bei den Blumen und holte die Aufmerksamkeit dann zu mir zurück. Das konnte ich eine Minute lang machen, und ich merkte, dass es gut tat. Es war ein wunderbares, befriedigendes Gefühl. Sicher. Und ich dachte mir, so werde ich gehen, zusammen mit den Blumen. Aber das Gefühl wurde stärker, und ich spürte mehr Energie. In meinen Händen und in meiner

Brust. Ich habe es nicht forciert, aber ich war offen und unglaublich auf die Energie der Blumen und die Energie meines Körpers und meines Atems konzentriert. Ich konzentrierte mich und begriff. Es ist nicht nur der Atem – irgendwie nehme ich alles auf. Ich merkte, dass ich mich vielleicht zurückholen konnte. So nach zwei oder drei Stunden sagte ich: ›Sarada, ich kann nicht mal sterben‹, oder ›ich muss nicht sterben‹ oder etwas in der Art. Ich glaube, dann schlief ich ein. Aber es war mir auch nicht möglich zu schlafen. Ich war so unnatürlich wach, also verlor ich natürlich die Verbindung. Aber ich wusste, ich kann es wahrscheinlich schaffen, sie wiederherzustellen.

Am Morgen ging ich im Nachthemd hinaus zu der Kiefer und schaute durch die Äste, und ich konnte es genauso machen wie mit den Blumen. Für einen kleinen Moment. Dann konnte ich gehen, und mir wurde klar, dass es eine Chance gibt. Ich verlor es wieder, vielleicht zweimal, zwei Sekunden. Letztendlich habe ich es nur geschafft, weil ich Vipassana hatte. Wenn ich das nicht gehabt hätte, hätte ich nicht gewusst, was ich tun sollte. Sieh mal, selbst der Roshi wusste es nicht! Und dann, sobald ich ein wenig Verbindung hatte, hatte ich nicht genug Kraft, sie zu halten, ich verlor sie wieder. Alle äußeren Dinge, irgendjemand, der mit mir sprach, alles nahm mir Energie.«

Als Henry am nächsten Morgen vom Sesshin zurückkam, brachte er Ruth zum Arzt. Der Arzt erkannte, dass Ruth verwirrt war, und gab ihr »eine Spritze zur Entspannung«. Sie glaubt, dass es Thorazin war. Das Medikament half ihr, sich ein wenig auszuruhen. »Ich war so steif, so angespannt und voller Angst, und so konnte ich wenigstens ein bisschen loslassen. Und dann spürte ich schließlich ein bisschen Leben in mir, aber immer noch schrecklich abgetrennt.

Dann begann meine wirkliche Arbeit, die Energien, die weit weg waren, mit der Energie meines Körpers und meines Atems zu verbinden. Ich wusste jetzt, dass ich es schaffen konnte. Ich musste mich entspannen, ganz ruhig sein. Und ich musste mich von Menschen und Zusammenkünften fern halten. Ich konnte nicht mal Auto fahren. Und ich konnte nicht im Auto mitfahren, weil mich die Energie des Motors absorbierte – das ist alles Energie, Dahling, starke Energie. Ich drehte im Motor. Oh, ich sage dir, es war beängstigend!«

Ruth war so hypersensibel und verängstigt, dass sie einige Wochen lang im Keller wohnte und jeden Kontakt vermied. »Wenn Besuch kam, ging ich hinunter. Ich hatte dort einen Sessel, und ich sagte: ›Henry, du weißt, ich kann nicht hier bleiben.‹ Ich hatte wieder ein wenig Verbindung, aber die wollte nicht bleiben, sie verließ mich wieder. Jede Art der Verbindung, selbst wenn ich die Atemenergie ein wenig spürte, war nur behelfsmäßig, ich konnte mich nicht darauf verlassen. Und so veränderte sich meine Welt. Ich lebte von einem Tag auf den anderen. Ich spülte Geschirr und sagte ›abwaschen‹, und ich kontrollierte, ob ich es wirklich begriff.«

* * *

Dies war der Anfang eines Prozesses, in dem Ruth ihre Aufmerksamkeit auf einfache Aufgaben wie Fegen, Putzen und Abwaschen fokussierte. Wenn sie an der Spüle stand und den Teller in ihrer Hand nicht spüren konnte, richtete sie ihre Aufmerksamkeit auf den Körper. »Ich stand dann da und ließ alles los. Ich entspannte mich und machte diese Bewegung, verlagerte das Gewicht von einer Seite auf die andere. Das ist alles Energie, du verlagerst das Gewicht, und in dir entsteht ein anderes Gefühl. Das konnte ich spüren, aber immer noch nicht stark genug, nicht wirklich lebendig. Du darfst nicht vergessen, dass ich Vipassana hatte. Ich hatte ein Gespür für die gesunde Ganzheit des Lebens, deshalb wusste ich, dass dies nicht genug war. Ich brauchte beständige beobachtende und achtsame Aufmerksamkeit. Bei all diesen Bemühungen, Achtsamkeit aufzubauen, hatte ich das Gefühl, mich selbst wieder zusammenzuflicken.«

Sarada erinnert sich an Ruths extreme Verletzlichkeit nach ihrem Zusammenbruch. »Danach war sie körperlich nie wieder so robust wie vorher. Sie war sehr empfindsam, schnell beeinträchtigt. Sie sagte zu mir, wenn sie doch nur den Boden fegen, einfach die Füße auf die Erde bekommen könnte. Sie ging manchmal in den Garten und legte sich dort unter die Kiefer. Es gab Zeiten, da konnte sie den Menschen um sich herum nicht wirklich nahe sein. Es brauchte eine Weile, diese Empfindsamkeit zu überwinden. Inzwischen ist sie ja wieder stabil wie ein Felsen. Aber es hat eine Weile gedauert!«

Ruth beschreibt die Zeit, in der sie sich wieder zusammenflickte. »Ich tat etwas im Haus. Henry half mir. Dahling, Henry war zu der Zeit wirklich wunderbar. Er hat mich immer unterstützt. Und er schützte mich. Ich konnte nicht einmal Musik hören. Und zu Anfang lebte ich tatsächlich die meiste Zeit im Garten unter der Kiefer. Nachts schlief ich dort. Ja, und ich lenkte meine Konzentration auf das Grün, auf die Lebendigkeit eines Astes oder des ganzen Baumes. Oder, noch besser, auf eine Blume, die vor mir stand, und die musste in der Erde verwurzelt sein. Ich saß da und schaute und atmete. Es ging auch mit meinem Dackel. Ich hatte zu dieser Zeit ein Dackelbaby, das legte ich mir zum Schlafen auf die Brust und beobachtete, wie es sich bewegte. Dann stimmte ich mich auf diesen Rhythmus ein, auch wenn ich nicht besonders viel spürte. Ich spürte nur die Bewegung. Wenn der Atem diesen kleinen Körper ausdehnte, ließ ich mich auf diese Bewegung ein, und wenn seine Brust sich senkte, tat ich es auch. So konzentrierte ich mich unwillkürlich ein bisschen auf die Energie. Irgendetwas berührte mich, hmm? Aber es musste etwas Lebendiges sein.«

Durch das unermüdliche Üben, die einfachsten Handlungen im täglichen Leben ganz genau zu beobachten, sollte Ruth nicht nur sich selbst heilen, sie lernte gleichzeitig eine Menge über psychische Probleme und darüber, wie man verwirrten Menschen wieder zur Balance verhelfen konnte. In den folgenden Jahren hatte sie oft Gelegenheit, diese Fähigkeit anzuwenden: wenn Schülerinnen in einem Meditations-Retreat zeitweise die Fassung verloren; bei verwirrten Menschen, die sie aufnahm und für die sie sorgte. Wenn psychisch labile Menschen sich der Ruhe und der Herausforderung eines Meditations-Retreats aussetzen, kommt es manchmal zu Ängsten, traumatische Erinnerungen können aufsteigen, und es kann zu Kontrollverlust kommen. Auch wenn dies nicht oft geschieht, so gilt es doch als ein Risiko der Meditationspraxis. Gut ausgebildete Lehrerinnen und Lehrer erkennen, wenn Menschen verletzlich oder anfällig sind, und können sie schützen.

Ruth ist in buddhistischen Kreisen als eine der wenigen Lehrenden dafür bekannt, psychisch gestörten Menschen zu erlauben, an ihren Retreats teilzunehmen und dort mit ihnen Einzelarbeit zu machen. Sie überträgt ihnen einfache körperliche Tätigkeiten, um sie zu beruhigen, zu erden und mit sich selbst in Kontakt zu bringen. In Dhamma Dena wohnt häufig in einem der Schlafräume, in einer Hütte oder in einem Wohnwagen eine verwirrte Person, von besorgten Angehörigen dorthin gebracht, die gehört haben, dass Ruth den nötigen Schutz und die Aufmerksamkeit bietet, damit diese Menschen die eigenen Kräfte und Fähigkeiten wiedererlangen. Die meisten leiden unter langjährigen psychischen Erkrankungen, die nichts mit Meditationserfahrungen zu tun haben. Ruth, selbst eine verwundete Heilerin, nimmt diese Menschen unter ihre Fittiche, genau wie sie ein ausgesetztes Tier versorgt und hungrige Tiere füttert. Sie überwacht, tröstet, unterrichtet und ermutigt sie.

ZEHNTES KAPITEL

Reisen und Begegnungen

Ruth und Henry waren übereingekommen, dass sie etwa alle drei Jahre eine ausgedehnte Reise machen würden. Während der fünfzehn Jahre ihrer Beziehung waren sie mehrmals lange unterwegs, und zwischen den gemeinsamen Reisen fuhr Ruth oder Henry jeweils allein nach Asien oder Europa. Ruth war vier- oder fünfmal bei U Ba Khin in Burma. (Joan Buffington, eine alte Freundin, berichtet, dass es Ruth selbst dann gelang, ins Land zu kommen und bei ihrem verehrten Lehrer zu sein, als Burma aufgrund der politischen Situation abgeschlossen und fremdenfeindlich war. Vielleicht griff sie auf einige der Fähigkeiten zurück, die sie im Nachkriegsdeutschland entwickelt hatte, und passierte offizielle Kontrollposten unbemerkt.) Henry reiste manchmal allein nach Asien, um bei japanischen, indischen oder burmesischen Lehrern zu lernen. Als Ruth zu unterrichten begann, ging sie mehr und mehr ihrer eigenen Wege.

Manche Einzelheiten sind in Ruths Erinnerung verschwommen, so dass es sich bei bestimmten Begebenheiten schwer festlegen lässt, zu welcher Reise oder in welches Jahr sie gehören. Eine der Reisen ist jedoch glücklicherweise zeitlich einzuordnen, denn Ruth hat eine Reihe von Postkarten nach Hause geschickt. Sie schrieb ihre Erlebnisse nieder und schickte Kopien eines Briefes an verschiedene Menschen, auch an Alan Watts und ihre alte Freundin Hope Winthrope. Die Briefe an Watts erlangten einen gewissen Ruhm; er las sie seinen Gästen auf dem Hausboot *Vallejo* vor, die sie wegen des originellen Englischs urkomisch fanden und begeistert darüber waren, auf welche Weise Ruth die Perspektive einer unschuldigen Pilgerreisenden zum Ausdruck brachte.

Von Hope Winthrope, die heute in einem von Ruths Häuschen in der Nähe von Dhamma Dena in der Wüste lebt, erhielt ich eine Kopie der gesammelten Briefe. Einige hat Ruth selbst geschrieben, andere wurden von einer gewissen Marjorie King getippt, die eine Notiz beilegte, auf der stand, dass Ruth sie gebeten hatte, Rechtschreibfehler zu korrigieren, aber: »Ich bringe es nicht über mich – wie sie schreibt, ist einfach ›Ruth‹.«

Als ich mich mit dem dicken Stapel Briefe hinsetzte, der erste vom Januar 1967 und der letzte vom Mai 1968, verneigte ich mich tief vor der Sekretärin für ihre Weitsicht und vor Hope, weil sie diese Dokumente aufbewahrte. Ich verstand, warum Watts und seine Gäste sich so amüsierten. Ruths Reiseberichte vermitteln eine unglaubliche freudige Neugier an allem: an Geschichte, Gebäuden, Kirchen, Moscheen, Menschen und Tieren. In den interessantesten Passagen beschreibt sie nicht einfach, wie sie ein Abenteuer (oder ein Kamel) meistert, sondern taucht ganz und gar in den Augenblick ein. Ihre Beobachtungen sind präzise und originell. Die Briefe offenbaren ihr großes Talent, sich zu freuen und sich mit anderen Wesen zu verbinden. Und sie geben einen kleinen Eindruck von ihrem damaligen spirituellen Bewusstsein. Mit fünfundvierzig, einem Alter, in dem viele Frauen ihrer Generation sich gesetzt aufs Alter vorbereiteten, brach Ruth mutig auf, um die Welt kennen zu lernen.

Die Briefe beginnen in Kairo, kommen dann aus Venedig, aus der algerischen Sahara, wieder aus Ägypten, aus Beirut, Jordanien, Syrien und Jerusalem. Nach einem weiteren Besuch in Venedig und Athen, einem Aufenthalt im Kurbad Baden Baden und einem Treffen mit Bruder und Mutter in Ostberlin kommen die Briefe aus Spanien – dort hasst Ruth die Stierkämpfe, liebt jedoch El Greco –, dann aus Paris mit seinen Kirchen und aus Florenz, wo sie in der Kirche von San Miniato ein spirituelles Erlebnis hat. Dann ist sie fünf Tage allein in Istanbul und bereist später mit Henry zusammen verschiedene Gegenden der Türkei. Die letzten Postkarten schickt sie aus Japan, wo sie und Henry ein Jahr lang bleiben und in Zen-Tempeln meditieren. Danach kehrt Ruth nach Hause zurück, während Henry ein weiteres Jahr in Japan bleibt.

Wenn Ruth sich aufmachte, um die Umgebung zu erkunden, blieb Henry häufig im Hotelzimmer und las. An einem solchen Tag in Kairo, am 23. Januar 1967, machte sie einen Ausritt auf einem Kamel.

Es ist nicht so leicht, längere Zeit auf einem Kamel zu reiten. Der Gang des Kamels ist recht anstrengend für Wirbelsäule und Rückenmuskeln (ich konnte am nächsten Tag kaum laufen – so ein Muskelkater!). Ich folgte dem Beispiel der alten Reiter, schwang mein rechtes Bein über den Sattel und den Hals des Kamels –, und passte mich dann mehr und mehr seinem Körperrhythmus an. Wie schön ein Kamelkopf aussieht, wenn man von dessen Rücken aus darauf blickt. Seine Augen sind große, dunkle, glänzende Kugeln, geschützt von buschigen Brauen, die aufmerksam und würdevoll zu beiden Seiten schauen. Es hält die Nase nie nach unten, sondern schwingt sie auf seinem gebogenen Hals vor und zurück. Wie ein Schiff durch die Wellen pflügt es mit seinen großen Füßen durch den tiefen Wüstensand. Ich lernte die arabischen Ausdrücke, um es zu führen, um anzuhalten und um dieses unglaubliche Geschöpf zum Boden zu bringen – und gegen Ende des dreistündigen Übungsritts bewegte ich mich hoch oben auf seinem Rücken, mit Zaumzeug und Peitsche in der Hand, wie ein alter König der Sahara.
Auf unserem Rückweg kamen wir durch die engen Gassen des Mena-Tals. Es ist schon ein Erlebnis, das arabische Dorfleben aus solcher Höhe zu beobachten. Alles Mögliche findet draußen statt, mitten auf den engen, unbefestigten, schmutzigen Dorfstraßen. Hier fressen Ziegen und Schafe oder liegen einfach da, und gleich daneben sitzen Frauen ebenfalls im Staub, stillen ihre Babys oder waschen ihre Haare oder die Wäsche. Schneider nähen an alten Nähmaschinen, und Frauen

spinnen ihr Garn aus Schafswolle. Der Schlachter schlachtet ein Tier direkt neben dem Eselskarren mit Gemüse, hängt es anschließend an einen Nagel und schneidet einfach ein Stück heraus, wenn ein Kunde vorbeikommt. Selbst Streitereien und Auseinandersetzungen werden ganz offen in diesen Gassen ausgetragen – einfach fantastisch, sich durch diesen Dschungel von Mensch und Tier zu bewegen, die ihrerseits über dieses blonde, »verrückte Geschöpf« auf dem Rücken eines Kamels mitten in ihrem Wohnzimmer staunen.

Einige müssen sonst was gedacht haben, sie brüllten und liefen neben mir her oder vor mir davon, voller Freude oder vor lauter Angst oder vor Verwunderung, ich konnte es nicht herausfinden. Die Sympathie der älteren Wasserpfeifenraucher gewann ich einfach mit einem Lächeln und dem arabischen Gruß »Mahs-Salaam«. Sie schienen sich über die Abwechslung zu freuen. Genau wie ich – erfreut nahm ich das fremde arabische Dorfleben um mich herum auf.

Als ich im Galopp im »Bahnhofs-Camp« der Kameltreiber ankam, war ich nicht länger ein Tourist, der »so viel Wert ist, wie er zahlt«. Ich wurde als Freund aufgenommen und saß mit ihnen bei den Kamelen, die sich ausruhten, und trank Tee.

Ein berührendes Wiedersehen mit Ruths Mutter und ihrem Bruder Heinz gab es in einem Kurbad in Deutschland. Am 5. Juli 1967 schreibt Ruth:

Meine Mutter kam aus der russischen Zone zu uns nach Baden Baden. Außer den unvermeidlichen Mutter-Tochter-Querelen habe ich ihre Gegenwart genossen und kroch oft aus meinem Bett, um in das ihre zu hüpfen. Und sie genoss es, ihr »Moseskind« (wie sie mich bei ihrem Weihnachtsbesuch in L. A. taufte) zu verhätscheln. Manchmal diskutierten und unterhielten wir uns bis zum Morgengrauen. Letzte Woche flog ich mit ihr zurück nach Berlin, um meinem Bruder Guten Tag zu sagen. Er hatte die Genehmigung erhalten, mich an einem militärischen Kontrollpunkt dieser großen »Eiserner-Vorhang-Mauer« zu treffen, die die Stadt in zwei politisch gegensätzliche Hälften trennt. Abgesehen von diesem traurigen Umstand war ich froh, meinen Bruder und seine Familie gesund und guter Dinge anzutreffen. Der politische Druck, nicht der wirtschaftliche, macht die Härte des Lebens in Ostdeutschland aus. Jedenfalls ist hier nichts in Bewegung, alles todernst und strikt und deswegen deprimierend.

In Florenz ging Ruth zu Ostern allein in die Kirche von San Miniato und hatte ein eindrückliches Erlebnis. Sie nahm an Messen teil, in denen Mönche und Gläubige die Stationen des Kreuzwegs aufsuchten. Ruth meditierte während der Messen, die tagsüber stattfanden, und erreichte tiefe Versenkung. Als die Nacht anbrach und die letzte Messe zu Ende war, fand sie sich ausgesperrt. In ihrem Brief vom 5. Juli schreibt sie:

> Ich war in dieser Kirche eingeschlossen, wurde von einem Mönch entdeckt und dann zum Abt gebracht. Die Mönche waren ebenfalls alle zusammengekommen. Es war wirklich so, wie es ihnen vorkam: In mir hatte tatsächlich so etwas wie eine Offenbarung (im Sinne der katholischen Kirche) stattgefunden. Zum ersten Mal war ich wirklich frei von Zweifeln, das Außen war ich, und ich war das Außen. Es bewegte sich in mir ... Was für merkwürdige oder wunderbare Dinge man erleben kann! Das Leben ist einfach in jeder Hinsicht fantastisch und reich. Der »Fluss« kann sich sogar hinter den dicken, verschlossenen Mauern eines alten, traditionellen katholischen Ordens bewegen.

Auf ihren Reisen ist sie immer sensibel gegenüber der Tierwelt, die neben der menschlichen Welt existiert, und sie ist bemüht, das Leid, dass ihr dort begegnet, zu mildern. Am Ende eines langen Berichts aus Istanbul vom 8. September 1967 schreibt sie:

> Ehe ich diesen Brief schließe, möchte ich euch noch den letzten Akt des Schauspiels um mich herum beschreiben. Es ist das Drama einer jeden Nacht, nämlich die Zeit, wenn all die zahllosen hungernden Hunde ihre Tagesschlupflöcher verlassen. Sie ziehen in kleinen Meuten los, jaulen und heulen und suchen nach Essensresten. Sie sind furchtbar ängstlich und laufen davon, wenn ein Mensch sich ihnen nähert. Also, ich bin (noch?) zu sehr der Form verhaftet, ich kann solches Leid nicht mit ansehen, ohne mich damit zu identifizieren. Meine Hundeliebe überwältigt mich schlicht und einfach, und so füttere ich sie, wo immer sie sind – glaubt mir, meine Handtasche sieht eher aus wie ein Essensrestebeutel. Manchmal gehe ich extra hinunter zu den kleinen Gassen am Hafen, wo viele Hunde und Katzen leben. Manche kennen mich schon, sie wedeln mit dem Schwanz, denn sie wissen, dass ich mit Brot und Fleischstückchen werfe und nicht mit Steinen. Gestern Abend muss ich zum Dank einen Floh oder eine Laus mitgenommen haben, ich musste diese undefinierbaren Stiche einige Male kratzen.

Auf der Schiffsfahrt nach Zypern (im August 1967) verbindet Ruth sich mit der Stille des Universums, und es drängt sie, sich konsequenter um ihren spirituellen Weg zu bemühen.

> Die gute alte türkische »Urdo« pflügte vierundzwanzig Stunden durch das Ägäische Meer, man konnte die ganze Zeit die bergige Küste sehen und beim Anblick von verwunschenen Höhlen, kargen Berggipfeln, klei-

nen Inseln und einsamen Sandstränden im Mondlicht die Fantasie spielen lassen. Ich schlief beide Nächte draußen neben unserem Auto im Heck des Schiffes ... und »tanzte« mit den Wellen, mit dem sternklaren Himmel und der Energie des Schiffsmotors.

Selbst der monotone Klang eines Schiffsmotors kann das Vehikel für eine Reise ins Unbekannte sein – und ich bin mir sicher, dass sich eigentlich alles im Universum dafür eignet. Das Geheimnis ist die eigene Aufmerksamkeit und die Bereitschaft, sich einzustimmen. Je mehr ich mich einlasse, desto stärker fühle ich, wie mein Herz demütig wird und immer mehr der wunderbaren, gewaltigen Stille lauscht, die in der Einheit meines »Innen« und dem, was von ihm im »Außen« berührt wird, liegt. Mach weiter, Ruth – rüttle an deinen Grenzen, wirf deine alte Haut ab, lass Es hinein, lass Es nach außen fließen, so dass du die Welt völlig ohne Trennung erleben kannst ... Und dann: Was für ein Reichtum an Wissen, was für eine Quelle der Weisheit, welch intelligentes, natürliches Verstehen! Aber tu es!

In Kamakura in Japan mietete Henry zwei Wohnungen, eine für sich und Ruth und eine für ihre Gäste. Ruth begann mit »entspanntem Zen«, wie sie es nannte, mit Sitzmeditationen und Retreats in mehreren Städten bei Yasutani Roshi und Yamada Roshi, zwei Zen-Meistern, die sehr starken Einfluss auf westliche Zen-Schüler hatten, und bei Soen Roshi im Ryutakuji-Kloster. Oder sie machte ihr eigenes Retreat mit den Übungen von U Ba Khin.

Sie und Henry nahmen an einem zehntägigen Sesshin bei Yasutani Roshi teil, das sehr effektiv war. »Bei Yasutani Roshi gelangte ich zu tiefer, guter Sammlung. Ich lernte, bewusst und aufmerksam den Raum der Demut wahrzunehmen, zu sehen, was wir als Menschen manchmal tun müssen, um zu bekommen, was wir wollen. Ich musste drei Stunden lang sitzen und einem japanischen Vortrag lauschen, von dem ich kein Wort verstand. Das war richtig harte Arbeit.« (So viel zu »entspanntem Zen«.)

Ihr Rücken plagte sie so, dass sie schließlich Opium nehmen musste. Wenn sie nachts nach Hause kamen, gab Henry ihr die Droge und kontrollierte sorgsam die Dosis. In der Meditationshalle mussten die Mönche sie von ihrem Sitz heben, und sie konnte nur sehr langsam am Stock gehen.

Nach einem Jahr in Japan wurden Ruths Rückenschmerzen so unerträglich, dass sie nach Kalifornien zurückkehrte, um sich behandeln zu lassen. Man entschied, dass sie operiert werden müsse. Aber die Operation stellte sich als schwieriger heraus als erwartet. Vielleicht verursacht durch die Kinderlähmung, hatten sich Nerven so mit den Muskeln verwoben, dass sie bei bestimmten Bewegungen gequetscht wurden, und das führte zu starken Schmerzen. Auch nach der Operation blieben Rückenprobleme zurück, die sie noch heute plagen. Und obwohl ihr Jahre später eine zweite Operation angeraten wurde, beschloss Ruth, mit Meditation und Körperübungen an den Schmerzen zu arbeiten. Wenn eine Rückenschmerzattacke sie überfällt, ist sie in der Lage, die Schmerzen zu beruhigen und wieder ins Gleichgewicht zu kommen.

Henry blieb ein weiteres Jahr in Japan, lernte Japanisch und Ikebana, Teezeremonie, übte Zazen und veranstaltete Salons für Zen-Interessierte aus dem Westen.

* * *

Als Ruth im Frühjahr 1969 allein nach Hause zurückkehrte, lebte sie mit Sarada und Henrys Sohn im Haus in den Hollywood Hills, erholte sich von ihrer Rückenoperation und setzte ihre Meditationspraxis fort. Sie unterstützte weiterhin die Zen-Zentren von Sasaki Roshi und Maezumi Roshi in Los Angeles – dem Zen-Zentrum von Los Angeles schenkte sie eine Tempelglocke aus Japan. Sie veranstaltete Fundraising-Partys in ihrem Wohnzimmer, lud den Cousin von Ravi Shankar zum Tablaspielen ein, trat der Frauenvereinigung der Demokraten bei (hier erinnert sie sich lediglich an den sozialen Aspekt), spielte Tennis und nahm Klavierunterricht. Außerdem beschäftigte sie sich mit Glasmosaikarbeiten, die sie in den Kirchen von Florenz so bewundert hatte.

In der Meditationshalle in Dhamma Dena hängt hinter dem Altar ein Mosaik-Mandala mit einem Durchmesser von anderthalb Metern, wie Edelsteine in allen Farben schimmernd. Im Speiseraum wurden zwei ähnliche Mosaike jahrelang von den Besucherinnen und Besuchern als Tischplatte benutzt. Wir hörten gespannt zu, als Ruth uns erzählte, wie die Arbeit an diesen Mosaiken sie in schwierigen Zeiten gestärkt und getröstet hat, besonders in ihrer Ehe; wie das sorgfältige Zuschneiden der Glasstückchen zu wunderschönen Kreisen sie beruhigte und besänftigte. Aber der erste Tisch, so erzählt sie, entstand »aus reiner Freude, weil ich plötzlich dieses Handwerk entdeckt hatte, hmm? Venezianisches Glas faszinierte mich, seine Schönheit war mir aufgefallen, als ich in Italien war, ich bewunderte die wunderschönen Mosaikfenster in Kirchen und Mauern, in San Miniato und Florenz.

Das große Mosaik von mir war mein erster eigener Versuch, nachdem ich von der Reise zurückgekommen war. Ich schrieb mich für einen Kurs ein und lernte Zuschneiden, den Umgang mit Farben und so weiter. Ich wollte ein Mandala anfertigen. Und dann war Charlotte so davon begeistert, dass sie auch eins wollte. Also machte ich eins für sie. Aber es gefiel ihr nicht. ›Es ist nicht genauso wie das erste‹, sagte sie. Sie hatte Recht – das erste Mandala war erdiger, das nächste hatte ich bunter gestaltet. Das, was ursprünglich für Charlotte bestimmt war, hängt jetzt im Zendo hinter dem Buddha. Ich habe es behalten. Ich glaube, später hat sie doch noch eins von mir bekommen. Ich habe viele Mosaike gemacht.

Dieses Hobby hatte ich noch jahrelang. Ich brauchte etwas zu tun, wenn ich traurig war – wenn ich irgendwie schlechte Laune hatte oder unglücklich war –, aber auch wegen Henry, wenn er kalt und arrogant war oder wenn er zu viel mit einer anderen geflirtet hatte. Anstatt zu streiten, ging ich in meinen Keller. Die Farben und das Einpassen der Glasstückchen absorbierten meine Gedanken und klärten sie. Danach konnte ich sagen: ›Dahling, es ist in Ordnung.‹ Ohne ärgerlich oder nachtragend zu sein und ohne zu schmollen.«

In den Jahren, bevor Ruth eine gefragte Lehrerin wurde, hatte sie im kleinen, lockeren Kreis begonnen zu unterrichten. Sie lud Freundinnen und Freunde nach Hause ein, um zu meditieren. Und sie verfolgte ihre eigene Vipassana-Praxis immer weiter. Im Jahr 1971, kurz vor seinem Tod, autorisierte U Ba Khin sie als Lehrerin.

»Ich erhielt die Lehrerlaubnis in einem Brief, kurz bevor er starb. U Ba Khin hatte öffentlich verkündet, dass er nur eine Leidenschaft hatte, nämlich das Dharma in den Westen zu bringen. Und es gab nur wenige Menschen, denen er vertrauen konnte und die genug Erleuchtungserfahrung hatten, oder, wie er es nannte, die den ersten Schritt gemacht hatten … *sotapana* oder so ähnlich. Auf dieser Stufe war ich.« (U Ba Khin unterscheidet die Stufen der Erleuchtung von *sotapatti magga*, dem »ersten Pfad der Heiligkeit«, bis zur letzten Stufe, *arahat*, der vollständigen Befreiung. Ruth betont, dass diese Kategorien aus dem burmesischen Buddhismus für Menschen des Westens nicht hilfreich sind. In ihrem Unterricht vermeidet sie solche Kategorisierungen.) Der »Übertragung« der Lehrerlaubnis kommt im traditionellen Buddhismus große Bedeutung zu. Die Verbindung zwischen Lehrer und Schüler geht in ununterbrochener Linie direkt auf den Buddha zurück. Ruth spürte das Gewicht dieser Autorisierung durch ihren geliebten Meditationslehrer, aber sie war zu bescheiden, um als buddhistische Lehrerin in die Welt hinauszugehen. Seine Anordnung, ausschließlich Frauen zu unterrichten – zweifellos der traditionell asiatisch-buddhistischen Perspektive zuzuschreiben –, registrierte sie kaum. Die nächsten fünf Jahre lebte sie weiter wie bisher.

Doch ohne dass sie dieses Ziel gewählt hätte, brachte das Leben sie auf ihren Weg als buddhistische Lehrerin. Ruth brannte vor

Neugier, stürzte sich auf alle Aspekte ihres Seins und vertiefte ihre Praxis. Als Henry schließlich aus Japan zurückkehrte, hatten Ruth und er wiederum Lehrende und Schüler als Gäste. Sie reisten noch einmal nach Asien und dann nach Hawaii, um dort bei Robert Aitken Roshi, einem der ersten westlichen Zen-Lehrer, zu lernen.

Ruth fuhr häufig mit Henry oder allein hinauf in die Bucht von San Francisco, auf das Hausboot in Sausalito, wo Alan Watts eine zweite Hochzeitszeremonie für sie durchgeführt hatte. Einer der Gründe, warum Henry so oft dorthin fuhr, war, dass er Mitbegründer von Watts Gesellschaft für Vergleichende Philosophie war und diese auch finanziell unterstützte. Henry war außerdem zusammen mit Alan und dessen Frau Jano, der Lyrikerin Elsa Gidlow und anderen im Vorstand der Gesellschaft. Auf dem alten Fährschiff fanden Seminare und Kurse in Philosophie statt, und Watts hielt mit voller Stimme, britischem Akzent und ausgefeiltem Rhythmus wunderbare Vorträge: »Du bist nicht, wie Eltern und Lehrer zu implizieren pflegen, bloß ein Fremder auf Bewährung im großen Plan. Du bist eher ein Nervenende, durch das das Universum einen Blick auf sich selbst wirft.«[37] Ruth fuhr nach Norden auf die *Vallejo*, um Seminare von Watts und von Lama Govinda zu besuchen. Lama Govinda war gebürtiger Deutscher und Begründer des buddhistischen Ordens Arya Maitreya Mandala. Mit seiner Frau Li Gotami kam er häufig nach Sausalito. Er wurde für Ruth und Henry ein wichtiger Lehrer. Später reisen sie in den Himalaya, um dort bei ihm zu lernen, und er war zu Gast in ihrem Haus. Auf der *Vallejo* hörte Ruth außerdem Vorträge des tibetischen Meisters Chögyam Trungpa Rinpoche und von Krishnamurti. Die meisten Gastlehrer dort sprachen aus einer hoch philosophischen oder mystischen Perspektive über spirituelles Leben. Ruth, diese durch und durch praktische Frau, sagt, dass sie diese Männer bewunderte, gibt jedoch offen zu, dass sie oft nicht verstand, wovon die Rede war. Als sie ihre eigene Praxis entwickelte, war sie zunehmend anderer Meinung als sie. Sie war die Frau, die sich lautlos durch den

Raum bewegte, Gläser füllte, Kleinigkeiten zu Essen anbot und die Kissen aufschüttelte, der »gute Geist des Hauses«, kaum wahrgenommen von diesen berühmten Männern, deren Aufmerksamkeit sich auf Henry, den männlichen Intellektuellen, richtete.

Als sie sich mehr in ihrer Praxis verwurzelte, scheute sich Ruth jedoch nicht, die Männer zu hinterfragen; es entstand eine Art »Dharma-Gefecht«[38]. U. G. Krishnamurti, asketischer und in gewissem Sinne radikaler als der gleichnamige gefeierte Lehrer Jiddu Krishnamurti, kam oft zu Ruth und Henry nach Hause. Später mietete Henry in der Schweiz ein Chalet für ihn, damit er dort unterrichten konnte. Ruth beschreibt U. G. Krishnamurti als sehr streng. »Er war absolut, er war Advaita. Er lebte wie ein Niemand, mit zwei Pullovern, zwei Hemden, zwei Hosen, das war's. Er trank nur heißes Wasser und aß strikt vegetarisch. In seinen Lehren war er absolut. Er sagte nicht, dass er ein Lehrer sei, er sagte: ›Ich bin natürlich, ich bin nicht erwacht, egal was alle sagen.‹ Er sagte: ›Es ist ein natürlicher Daseinszustand.‹«

U. G., wie Ruth ihn nennt, stammte aus einer angesehenen Brahmanenfamilie und war als Kind und Jugendlicher gründlich in der Advaita-Philosophie ausgebildet worden.

Das beinhaltete die Ablehnung aller möglichen Aspekte des normalen Lebens: die Haltung, dass alles *neti neti* sei, »nicht dies, nicht das«, bei der Suche nach Gott. Als er älter war, hatte er eine Todeserfahrung, die darin gipfelte, dass er alle konditionierten Kräfte ablegte und vollkommen verändert daraus hervorging. Danach sah er sich selbst nicht mehr als einen Brahmanen, sondern betonte, dass er sich in einem »natürlichen Zustand« befand.

»Wenn er sprach, hörte sich das alles sehr schlüssig an, aber ich diskutierte mit ihm«, sagt Ruth. »Ich sagte: ›U. G. das ist wunderbar, ja, aber wenn die Leute dich hören, wissen sie nicht, wovon du redest. Es muss auch Praxis geben.‹ Dann, als ich selbst ein bisschen mehr Praxis hatte, erzählte ich ihm, wie ich bei U Ba Khin praktiziert hatte. ›Ja‹, sagte er, ›das ist für die niedrigere Stufe‹, oder so ähnlich. ›Das bringt dich nirgendwohin. Es wird einfach kommen‹. Bei ihm geschah es so natürlich – er war absolut im Einklang –, und plötzlich war er woanders, er war in einem erwachten Zustand.

Er sagte: ›Du kannst lange zu diesem Mann gehen [dem anderen, berühmteren Krishnamurti], und es wird nichts passieren.‹ Ich erwiderte: ›U. G. manchmal bist du böse, du nimmst uns alles, woran wir uns als Nichterleuchtete festhalten können. Du ziehst uns den Boden unter den Füßen weg, du sagst uns, es geschieht natürlich, aber wir sind nicht natürlich, wir brauchen am Anfang eine Praxis. Wenn man achtsam ist und praktiziert und das macht, was du früher getan hast, dann …‹ Darauf behauptete er: ›Das war alles für die Katz, es wäre sowieso passiert!‹ Wir hatten eine sehr schöne Beziehung, aber er war ein bisschen zu radikal für mich. Henry war hundertfünfzigprozentig von ihm begeistert. Das passte zu ihm, er hatte ja selbst zum Advaita-Orden gehört. Jedenfalls hatte ich immer eine gute Zeit mit U. G. Zwei oder drei Sommer verbrachten wir in der Schweiz.« Außerdem ermöglichte Henry U. G. Krishnamurti, in die Vereinigten Staaten zu reisen. Dort wohnte und unterrichtete er in ihrem Haus.

Ohne es zu wissen, bereitete Ruth sich auf ihr Leben als buddhistische Lehrerin vor. Wenn sie sie nicht infrage stellte, saugte sie die Weisheit einiger der bedeutendsten spirituellen Lehrer und Visionäre des zwanzigsten Jahrhunderts förmlich auf. Sie lernte ein ungeheuer weites Spektrum der Lehre kennen.

»Ja, Hindu-Lehrer, Lamas, Zen-Lehrer. Aber ich hielt mich meist im Hintergrund, überließ Henry und Alan Watts die erste Reihe. Ich war immer die Gastgeberin, und das gefiel mir, denn so hatte ich beides. Einmal war Chinmayananda bei uns [Swami Chinmayananda Saraswati, ein weltberühmter Vedanta-Lehrer und religiöser Hindu-Führer, der unzählige Ashrams in Indien und den Vereinigten Staaten aufgebaut hat]. Er war für mich der interessanteste unter all den Hindus, denn er sprach darüber, den Geist zu schulen. Er hatte dafür ein wunderschönes Konzept, mit dem er mich zu Tränen rührte. Henry war auch sehr berührt.«

Als er in die Vereinigten Staaten kam, lebte Swami Chinmayananda in Ruths und Henrys Haus. Während eines Besuchs fuhr Ruth ihn hinunter zum Vedanta-Zentrum, wo er einen Vortrag halten sollte. Er sprach über ihr gutes Karma. »Du bist gesegnet, Ruth«, sagte er, und als Ruth ihn fragte, wie er denn darauf komme, antwortete er: »Du hast das große Glück, dass du für deine spirituelle Praxis gute materielle Unterstützung hast.«

Was Swami Chinmayananda da sagte, stimmt. Durch Henrys Wohlstand und seine ernsthaften Bemühungen um spirituelle Entwicklung lernte Ruth Mentoren und metaphysische Denker auf der ganzen Welt kennen. Ihr Leben mit Henry war unglaublich privilegiert, und sie nutzte diese Privilegien, um ihre Fähigkeiten für ein spirituelles Erwachen zu entwickeln.

Fünfzehn Jahre lang lernte Ruth von japanischen Zen-Meistern und Hindu-Gurus, von den Entdeckern veränderter Bewusstseinszustände und traditionellen buddhistischen Theravada-Lehrern, von der Erfinderin der Körperarbeit und von Psychologen. Sie hörte zu, probierte aus und spornte sich dazu an, intensiv zu üben, was ihr dort angeboten wurde. Sie prüfte alles, behielt, was sich als sinnvoll und nützlich erwies, und ließ hinter sich, was für sie nicht passte. Und das übergeordnete Thema, vergleichbar mit dem Rückgrat eines lebenden Tieres, war die Praxis, die sie bei U Ba Khin in Burma gelernt hatte, unterstützt von der Arbeit mit Charlotte Selver. In jede neue Situation begab sich Ruth gerüstet mit den Techniken der Vipassana-Meditation und der Sensory Awareness.

In ihrem Leben mit Henry praktizierte sie das Dienen, und in Millbrook lernte sie, mit verwirrten Menschen zu arbeiten. Gefangen in den Qualen eines psychischen Zusammenbruchs, entwickelte und vertiefte sie ihr Verständnis weiter, als sie sich Schritt für Schritt wieder ins Gleichgewicht brachte. Zu dem Zeitpunkt, als U Ba Khin ihr die Lehrerlaubnis übertrug, war sie in ihrer Praxis gereift und hatte ihr spirituelles Bewusstsein weiterentwickelt.

III. Teil

*Die Lehrerin:
Zeit der Reife*

ELFTES KAPITEL

Anfänge

Ruth hatte schon seit Jahren Meditationsnachmittage für Freundinnen und Freunde angeleitet, als sie 1974 zum ersten Mal gebeten wurde, Meditations-Retreats in Europa und den Vereinigten Staaten zu leiten. Auslöser war Robert Hover, der Mann, den sie zehn Jahre zuvor in U Ba Khins *International Meditation Center* in Burma kennen gelernt hatte.

Hover war eine ungewöhnliche Figur unter den spirituell Suchenden in Asien. Er war zwei Jahre älter als Ruth und arbeitete als Luftfahrtingenieur bei Lockheed Aircraft, später bei North American Aviation in Südkalifornien. Ende der fünfziger Jahre hatte er die Transzendentale Meditation für sich entdeckt und reiste zu einem dreißigtägigen Vipassana-Seminar nach Rangoon, bei dem er der einzige Schüler war. Ein paar Jahre später reiste er wieder nach Burma, um bei U Ba Khin zu lernen. Bei diesem Aufenthalt führte er ausgiebige, faszinierende Diskussionen mit Henry und lernte Ruth kennen.

In unserem Telefonat erzählte Robert Hover, dass U Ba Khin 1969 einem Inder und fünf westlichen Praktizierenden die Aufgabe übertrug, Theravada-Laienlehrer zu werden: S. N. Goenka aus Indien, John Coleman aus England, einem Holländer namens Armsfort und drei Amerikanern – Hover, Ruth Denison und Leon Wright.[39] Hover stürzte sich aufs Unterrichten, er bot Zehn-Tage-Kurse nach dem Modell von U Ba Khin in Europa und den Vereinigten Staaten an. Sein Engagement galt außerdem der Vernetzung der Vipassana-Übenden. 1974 rief er in La Mirada, Kalifornien, einen Rundbrief ins Leben, den *Vipassana Newsletter*, und die *Sayagyi U Ba Khin Memorial Nonprofit Corporation*.

In den frühen Siebzigern hatte sich der Zen-Buddhismus in

den Vereinigten Staaten und Europa etabliert, Vipassana hingegen war noch nahezu unbekannt. Diese neu eingeführte Meditationsmethode stieß auf reges Interesse, und Hover war mit seinen Zehn-Tage-Kursen stark nachgefragt. Als er im August 1974 einen Kurs in Hannover leitete, entdeckte er im hinteren Teil des Raumes die Frau, die er in Burma kennen gelernt hatte und von der er wusste, dass ihr ebenfalls die Lehrerlaubnis erteilt worden war. Ruth erklärt: »Ich war mit Henry in der Schweiz im Urlaub und erhielt ein Telegramm [in dem stand, das Hover in Deutschland ein Retreat leiten würde]. Das war fantastisch für mich, denn U Ba Khin hatte empfohlen, dass man einmal im Jahr für zehn Tage ein Retreat machen solle. Man konnte überall hingehen. Und so dachte ich, schön, da gehe ich hin. Außerdem war ich neugierig.«

Das Retreat fand in einer kleinen Villa statt. Im Erdgeschoss lagen die Wohnräume, und im ersten Stock hatten die Besitzer einen großen Raum als Meditationshalle hergerichtet. Ruth freute sich, an dem Retreat teilzunehmen, und darüber, dass Hover es leitete. »Ich saß ganz brav zwischen den zwölf Teilnehmern und schaute auf Mr. Hover. Der sah mich an und sagte: ›Von nun an ist dein Platz *hier*‹ [vorn bei ihm]. Er forderte mich auf zu sprechen und alle hörten mir zu, als ich begeistert von meinen Ideen, meiner Spiritualität und meinen Einsichten sprach. Sie wussten, dass ich von U Ba Khin autorisiert worden war. Ich hatte es ganz vergessen. Ich wusste nicht, was ich damit anfangen sollte. Dr. Friedgard Lottermoser hatte mich zu diesem Retreat eingeladen. Sie war sehr gut informiert, hatte Verbindungen nach Burma und wusste, dass ich diesen Unterricht erhalten hatte. Sie war mir eine großartige Hilfe, denn sie kannte sich in den Lehren des Buddha hervorragend aus.«

Mr. Hover erzählt von diesem ersten Retreat: »Damals begleiteten wir Ruths erste Schritte. Sie saß mit mir zusammen vorne, und natürlich haben wir bei diesem Retreat und dem in Frankreich zusammengearbeitet. Das nächste fand in Toulon sur Arroux statt. Dann tat sie den nächsten Schritt, man könnte sagen, sie sprang ins kalte Wasser, und leitete den folgenden Kurs allein.«

Nach ihrer Tour mit Mr. Hover wurde Ruth nach Hannover eingeladen, um dort zum ersten Mal allein ein Retreat zu leiten. Sie war verunsichert – was konnte sie, was hatte sie gelernt? »Es waren Dhiravamsa[40]-Schüler, die in dem kleinen Haus an einem Seminar teilnahmen. Eine Frau Professor Soundso hatte dort Atemarbeit und Dhiravamsa hatte Meditation unterrichtet, und ich wurde vor Schreck immer kleiner, als ich das hörte – dort wollte ich nicht meinen Anfang machen. Ich dachte, wie kann ich da mithalten? Ich hatte auch meinen Stolz, wollte gleich gut sein, und ich hatte kein Zutrauen zu mir. Ich muss sagen, Henry hat mir geholfen, weiterzugehen. Als ich sagte: ›Ich habe nicht genug gelernt‹, erwiderte er: ›Was, du hast nicht genug gelernt?! Du hast Charlotte Selver, du bist bei allen großen Meistern gewesen! Bei Yamada Roshi, Yasutani Roshi, Soen Roshi, bei den Swamis. Und du warst in der Lage, mit den Drogenleuten umzugehen – du warst in Millbrook so gut, du konntest sie anleiten.‹«

In diesem ersten Retreat in Hannover konnte Ruth auf Deutsch unterrichten, aber die folgenden Retreats musste sie auf Englisch abhalten, das verunsicherte sie. Ihre Freundin Joan Buffington erinnert sich: »Sie war damals unsicher wegen ihres Englischs. Das ist sie jetzt nicht mehr, obwohl es gleich geblieben ist. Deutsch-englische Worte tauchen auf, und auch französische. Aber es war immer vollkommen verständlich.«

Als größte Hilfe in diesen ersten Retreats stellte sich die Arbeit mit Charlotte Selver heraus. »Ich wusste, dass ich es schaffen konnte, denn selbst wenn ich nicht in der Lage wäre, ihnen etwas beizubringen, so konnte ich sie doch stehen lassen, und ich hörte Charlotte sagen: ›Bitte kommt zum Stehen.‹ Das war die innere Haltung des Lauschens und der Vipassana-Geist. Ich konnte das unterrichten, was U Ba Khin so betont hatte – Körperempfindungen spüren, spüren, spüren. Achtsamkeit. Bewusste Aufmerksamkeit. Das konnte ich.«

Das Haus in Hannover gehörte einer Fotografin namens Anneliese Buschbaum, die ihre eigene Art hatte, Achtsamkeit zu unterrichten. Sie reiste regelmäßig in die Sahara, um zu fotografieren. Dann projizierte sie die Bilder für Gruppen an die Wand, »um ihnen die Stille durch die Bewegung des Sandes nahe zu bringen«.

Ruth erzählt: »Sie lehrt das Dharma sozusagen anhand der Bewegungen des Sandes in der Sahara. Die Leute gehen nach Hause und wissen nicht, dass sie eine Buddhadharma-Unterweisung erhalten haben. So kann man das Dharma erfahren, denn es bezieht sich unmittelbar auf deine Berührung mit dem Leben und mit dem Tod, spricht direkt an und braucht keinen Vermittler, es spricht zu deinen Zellen, zu deinem Verstand und zu deiner Intelligenz. Wenn man den Geist absolut beruhigt und den Körper spürt, klärt sich der Geist und man kann klar sehen. Der Verstand wird dann weise.«

Nach Mr. Hovers Erinnerung reiste Ruth zum nächsten Retreat nach Frankreich. Sie selbst erzählt, dass sie ihr nächstes Retreat direkt im Anschluss an das von Hannover in England leitete. »Ich war die Erste in England, die angeleitete Vipassana-Retreats in einem kleinen ehemaligen Herrenhaus durchführte, dem Oak Tree House. Im Oak Tree House hielt ich, glaube ich, zwei Retreats ab. Eins nach Weihnachten, im Januar 1975. Es war kalt in dem Haus, so ein altes, elegantes Reiche-Leute-Haus, überall Kristall und Holzschnitzereien. Es lag in einem schönen kleinen Park. Ein paar Leute, Hippies, hatten dieses Haus gemietet. Sie waren manchmal schlampig, und alles war ein bisschen durcheinander, aber fast alle waren in Indien gewesen und hatten zum Beispiel bei Goenka meditiert oder etwas Ähnliches praktiziert. Einige kamen vom Rebirthing, einige vom Yoga und andere von Maharishi. Ich habe ihnen die Grundlagen von Vipassana beigebracht und sie durch das, was ich konnte, miteinander verbunden. Dazu war ich in der Lage. Ich spürte meinen Körper, und das brachte ich ihnen bei. Sich hinunterbeugen und sich dehnen, ich zeigte ihnen, wie man dient und wie man beobachtet.«

An Theorie unterrichtete sie die »Vier Edlen Wahrheiten«, den Kern der Buddha-Lehre, und konzentrierte sich dabei hauptsächlich auf die Erste Edle Wahrheit – *Dukkha* oder »Leiden« – hier konnte sie mit Fug und Recht behaupten, sich auszukennen. Buddha selbst sagte auf die Frage, was er denn unterrichte: »Ich lehre über das Leiden und die Beendigung von Leiden.«

Nicht allen gefiel Ruths erster Unterricht. »Ich erinnere mich an einen Mann, der in Österreich dabei war, und an einen Professor aus Münster, der sich bei Dr. Friedgard beschwerte (sie hat mich immer verteidigt). Er hatte nur noch ein Bein. Er war sehr kritisch mit mir, hmm? Ich war nicht immer klar in dem, was ich sagte, und er klagte: ›Das ergibt alles keinen Sinn.‹

Seine Ehefrau, die war gut. Ihr hat es gefallen. Aber er war wütend auf seinen Körper – ein Bein weg –, und er konnte nicht gut sitzen. Er konnte nicht begreifen, dass der Schmerz eine Empfindung war, die er beobachten konnte. Er war feindselig, und das richtete er gegen mich. Und so ging er dann zu Friedgard: ›Sie haben dieses Retreat organisiert, wieso haben sie diese Frau eingeladen?‹ Und sie sagte: ›Vielleicht haben Sie Recht, sie ist noch Anfängerin, aber vergessen Sie nicht, dass sie uns zusammenbringen kann. Sie verbindet uns alle mit den Grundlagen der Praxis.‹ Das erzählte sie mir. Sie hat mir so viel Vertrauen entgegengebracht.

Ich hatte kein Vorbild, Dahling. Kein Vorbild. Ich hatte keine Geschichte und keine wirkliche Autorität. Ich brachte nicht die große Geschichte und Kultur eines asiatischen Landes mit. Weißt du, ich war einfach allein auf weiter Flur, ohne Unterstützung. Ich konnte niemanden fragen. Mr. Hover war zu jener Zeit sehr beschäftigt. Mein Gott, das war nicht leicht. Aber ich hatte die Praxis von Charlotte, und das war meine Basis für Vipassana. Das, was ich von U Ba Khin gelernt hatte, hätte, glaube ich, nicht diese Tiefe gehabt, denn ich konnte immer nur kurze Zeit bei ihm sein. Aber als ich anfing zu unterrichten, sprudelte es aus mir heraus wie das Wasser aus der Quelle in den Teich. Ganz natürlich. U Ba Khin hatte ja zu mir gesagt: ›Mach dir keine Sorgen, du bist ein Naturtalent.‹«

Es war keine falsche Bescheidenheit, wenn Ruth sagt, dass sie nicht ausreichend ausgebildet war. Die meisten buddhistischen

Lehrerinnen und Lehrer verbringen Jahre intensiver Praxis und Unterweisung bei einem Meister, ehe sie überhaupt die Lehrerlaubnis erhalten. Ruth hingegen hatte nur wenige Monate bei U Ba Khin und sporadisch bei Zen-Meistern und Hindu-Swamis lernen und praktizieren können. Sie konnte nicht auf eine umfassende Ausbildung zurückgreifen, sondern musste das, was sie aus den verschiedenen Traditionen gelernt hatte, zusammenstückeln und durch ihre persönliche Stärke und Einsicht zu einem eigenen Weg verbinden. Sie war ihr Leben lang Lehrerin gewesen, erst in Ostpreußen, dann in Berlin; in ihrer Kindheit war sie die »goldene Mitte«, die andere inspirierte, und U Ba Khin hatte ihre Fähigkeiten erkannt und gefördert – also hatte sie eine Grundlage, auf der sie aufbauen konnte. Und sie hatte tiefe Ebenen der Einsicht erlebt. Aber das Fehlen einer soliden Ausbildung und die gelegentlichen negativen Reaktionen auf ihre unkonventionellen Methoden bildeten die Saat für eine Unsicherheit, die sie selbst heute noch manchmal dazu bringt, auf ihre Stärken hinzuweisen oder nach Bestätigung zu suchen.

Ruth war eine der ersten unter den westlichen Lehrerinnen und Lehrern, die Vipassana nach Europa brachten und mit ihrem Unterricht den Bedürfnissen der Hippies entsprachen, die aus Asien zurückkehrten.

»Die Blumenkinder kamen in flatternden Gewändern und mit Perlenketten. Die Globetrotter waren bei Sri Aurobindo[41] in Indien gewesen, bei Lama Govinda im Himalaya und manche bei U Ba Khin in Burma. Sie kehrten nach Europa zurück und suchten nach einem Ort, um zu praktizieren, und ich war eine der wenigen, die Unterricht anbot.

In Holland schliefen wir in einem Stall auf frischem Stroh, die Kühe waren draußen. Am Tag gingen wir mit den Kühen auf die Weide und hatten ein Retreat. Oder wir saßen im Stall. In Deutschland hatte eine Gruppe ein buddhistisches Zentrum gegründet, das *Haus der Stille* in der Nähe von Hamburg, oder man traf sich in Privathäusern. So war es auch in Schweden und England. In Frankreich gab es ein Schloss in der Provence. Und nördlich von Marseille gab es ein Weingut – ein indischer Lehrer unterrichtete Yoga, und ich unterrichtete Vipassana, wir waren miteinander sehr glücklich. In der Schweiz, in Österreich und in Italien – dort habe ich unterrichtet.

* * *

In Kalifornien besuchte Ruth Dharma Vihara (ein frühes Vipassana-Zentrum) in Felton. Julie Wester, heute Lehrerin im Spirit Rock Meditation Center, arbeitete dort damals als Köchin. Sie erinnert sich an Ruths Besuch im Jahr 1974 und schildert ihren Eindruck. »Als ich sie zum ersten Mal sah, trug sie Stretchhosen und hatte aufgetürmte Haare – eine Hausfrau aus Hollywood, die über ihre Hündchen und ihren Karmann Ghia redet und Tennis spielt. Das war mein erster Eindruck.«

1976 gründeten Joseph Goldstein, Sharon Salzberg, Jack Kornfield, Robert Hover, Eric Lerner[42] und andere die Insight Meditation Society (I. M. S.) in Barre, Massachusetts, in einem großen ehrwürdigen Gebäude, das früher ein katholisches Kloster gewesen war. Sie baten Ruth, dabei zu helfen, einen Lehrplan zu entwickeln. Diesen Lehrplan gibt es bis heute. (Die Insight Meditation Society war fünfzehn Jahre lang der wichtigste Ort für Vipassana-Meditation in den Vereinigten Staaten. Heute gibt es außerdem das Spirit Rock Center an der Westküste.)

Bedenkt man Ruths anfängliches Zögern und ihre Unsicherheit hinsichtlich des Unterrichtens, so überrascht es umso mehr, dass sie sich von Anfang an gestattete, so innovativ und exzentrisch zu sein. Nicht genug, dass sie Bewegung und Spürübungen nutzte, um Achtsamkeit zu unterrichten – als sie in der Insight Meditation Society ankam, hatte sie Mr. Muffin dabei, einen kleinen Hund, an den sich alle erinnern. Mr. Muffin war ein Lhasa Apso, ein tibetischer Hund mit langem, glattem Fell und einem Schwanz, der sich über den Rücken ringelte. Die Dharma-Lehrerin Stella Adler, die Marlon Brando und andere Filmschauspieler unterrichtete, war seine vorherige Besitzerin gewesen.

Während einer ihrer Weltreisen war sie in Henrys und Ruths Haus zu Gast und ließ Mr. Muffin dort zurück. Natürlich hat Ruth ihn adoptiert.

»Ja, 1976 im Winter unterrichtete ich drei aufeinander folgende Retreats in der Insight Meditation Society und nahm Mr. Muffin mit. Es lag Schnee, und der Heizkessel ging kaputt, so dass wir keine Heizung hatten. Die Temperatur lag weit unter null Grad, und wir hielten uns alle in diesem winzigen Raum auf. Von Januar bis Februar leitete ich drei oder vier aufeinander folgende Retreats. Zehn-Tage-Retreats mit zwei oder drei Tagen Pause dazwischen.«

Julie Wester, die von sich sagt, sie sei damals eine »Dharma-Gammlerin« gewesen, die von einem Meditationszentrum zum nächsten zog und immer bei männlichen Lehrern gelernt hatte, war zur Insight Meditation Society gekommen, um dort als Köchin zu arbeiten. Erst fünfundzwanzig Jahre alt, war sie von dieser absolut einzigartigen vierundfünfzigjährigen Lehrerin mehr als beeindruckt.

> Ruth leitete das erste Retreat, und ich war ihre Assistentin. Ich war auch die Köchin, aber ich brachte ihr den Tee, ich führte ihren Hund aus, und ich war total verrückt. Sie trug Samt und Spitzen und einen langen, wallenden Rock. Ihr Hund kam mit in die Meditationshalle und saß bei ihr, ihr Lhasa Apso – wie auf Zehenspitzen trippelte er in die Meditationshalle.
> Sie war so elegant. Dort zeigte sie ihre besten Manieren, die eleganteste Version von Ruth. Sie kam schon mal zu spät zu den Meditationen, aber damals gab es noch keine festgelegte Form, niemand hielt sich an den Ablauf – Gehen, Sitzen, Schweigen –, und so bemerkte niemand, wie ungewöhnlich sie war.

Ruth ging mit den Schülerinnen und Schülern in den Keller, in einen Raum, den sie den »Toberaum« nannte. Dort leitete sie Bewegungseinheiten an. Offensichtlich war sie noch nicht verwegen genug, dies in der Meditationshalle zu tun. Einige ihrer Schülerinnen und Schüler waren gesetzte Akademiker mit Magister- oder Doktortitel – die sie dazu brachte, wie Schmetterlinge in diesem Kellerraum umherzutanzen. Und sie ging nachts mit der Gruppe nach draußen in den Garten, um sich langsam und achtsam in der Dunkelheit zu bewegen. Julie Wester war hingerissen. »Für mich war das wie ein frischer Wind. Sie war so lebendig und weiblich, für mich war es der Himmel auf Erden. Nach all den Männern war das einfach fantastisch!«

Auch Sharon Salzberg, eine der führenden Lehrerinnen der I. M. S. und Autorin, war von Ruth begeistert. »Ich fand sie strahlend schön. Wir nannten sie die Zsa Zsa Gabor des Dharma. Sie hatte damals Muffin, diesen hässlichen kleinen Hund. Wenn sie in die Meditationshalle ging, konnte man hinter ihr dieses Tap-Tap-Tap hören, wenn Muffin ihr folgte. Er saß vorne neben Ruth auf einem eigenen Kissen. Sie war so exzentrisch und so wunderbar. Damals kannte ich noch keine Einzelheiten aus ihrem Leben, wusste nichts von ihren Erlebnissen während des Krieges. Sie war so unglaublich, ich fand das toll.«

Als die Insight Meditation Society sich dann jedoch klarer strukturierte und einen bestimmten Unterrichtsablauf einführte, wurde Ruths ungewöhnliche Herangehensweise zum Problem. Ruth selbst hat die Tradition oder die herkömmliche Praxis nie infrage gestellt. Aber sie hatte herausgefunden, dass die Übungen der Sensory Awareness ein großartiges Werkzeug darstellten, um Achtsamkeit zu erwecken und zu kultivieren – das war ihre Gabe –, und so nutzte sie die Übungen. Ihr natürlicher Zugang, ihre Begeisterung und ihre Lebhaftigkeit ließen sie außerdem direkt an Ort und Stelle neue Übungen erfinden. Sie respektierte die Tradition, ohne sich jedoch durch sie in ihrer Kreativität einschränken zu lassen. Und manche Schülerinnen und Schüler verstanden das nicht.

Viele der jungen Leute hatten bei Goenka in Indien meditiert oder waren von seinen Schülern unterrichtet worden. Goenka schrieb eine strenge Form vor, die er bei seinem und Ruths Lehrer U Ba Khin erlernt hatte. In dieser Form der Meditation gab es keine Gehmeditation und selbstverständlich keine anderen Bewegungsformen. Goenkas Form, so glaubten einige Schülerinnen und Schüler, war der einzig richtige Weg zu meditieren. Sie liebten ihn und waren ganz und gar auf seine Methode fixiert. Als Ruth sie dann aufforderte zu gehen und ihre oftmals wundersamen und herausfordernden Bewegungseinheiten anleitete, reagierten einige mit Verwirrung und Widerstand. Jaqueline Mandell (spätere Schwartz), eine der Gründungslehrerinnen der I. M. S., beschreibt die Situation:

> Was Ruth tat, war für diejenigen fragwürdig, die gelernt hatten, »nicht zu gehen«. Darüber wurde viel geredet, nachdem sie begonnen hatte zu unterrichten. Das war einer der Hauptstreitpunkte. Manche sagten: »Sie gehört nicht zur Tradition.«
> Ich glaube, dass diese Leute U Ba Khins Lehre wirklich wörtlich nahmen, sie wollten sich ganz genau daran halten. Es ist eine sehr starke Praxis: Man fokussiert sich, der Geist wird einspitzig. Wenn dann jemand sagt: »Oh, das wird aber von der Praxis ablenken«, dann möchte man so etwas nicht tun. Als Ruth dann Bewegung und Gehmeditation einbrachte, wurde es schwierig. Ich kann mich erinnern, dass es viele Gespräche darüber gab. Und es gab damals wenig Informationen über Meditation. [Viele Menschen wussten nichts über die Tradition, zu der auch Gehmeditationen gehören.] Es war wirklich schwierig. Du hast einen Lehrer, den du liebst, und der sagt eine Sache, und dann hast du eine andere Lehrerin, und du weißt, sie tut nichts Falsches, aber sie fordert dich dazu auf …
> Es gab damals von Seiten der Goenka-Lehrer und -Schüler viel Ablehnung gegenüber Ruth. Das war nicht gut. Sehr schwierig.

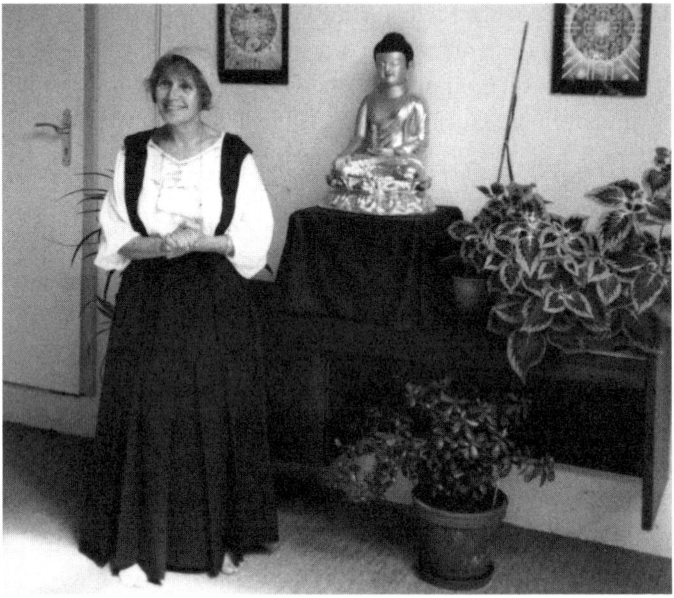

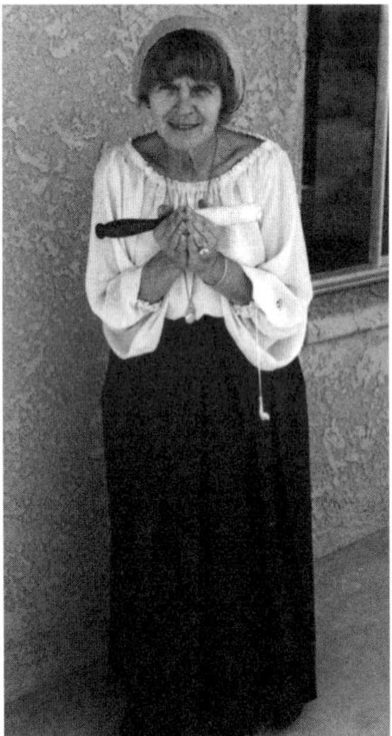

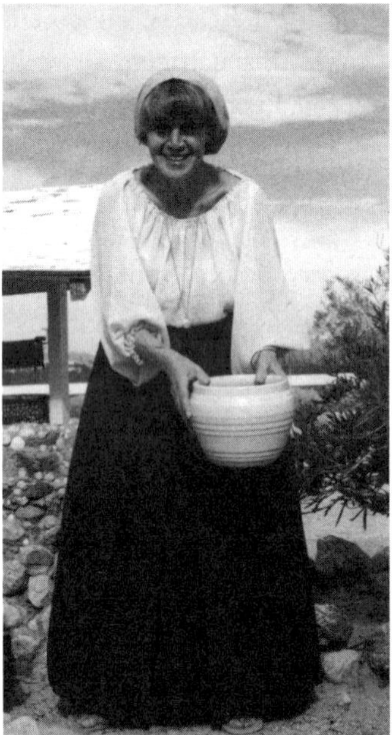

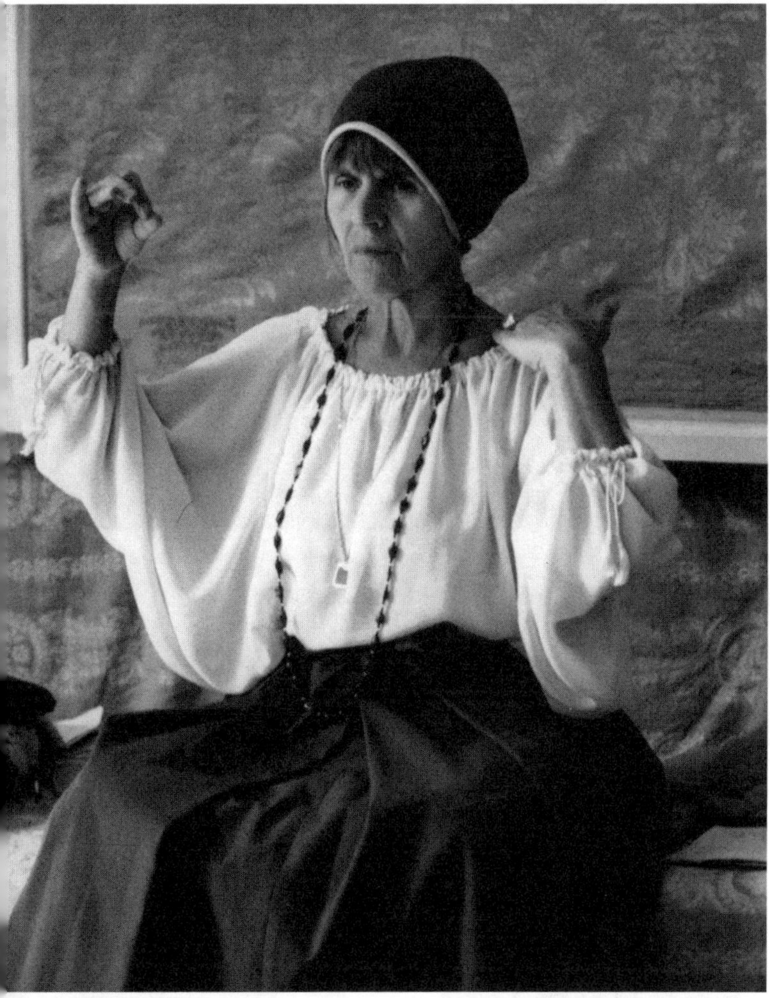

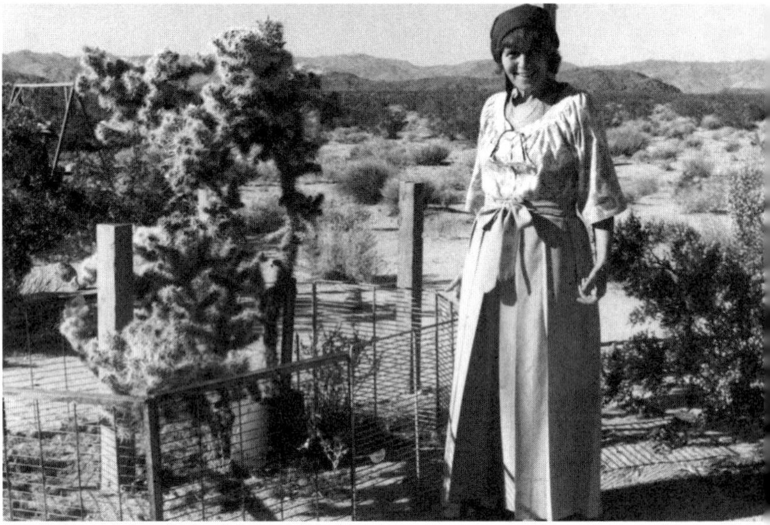

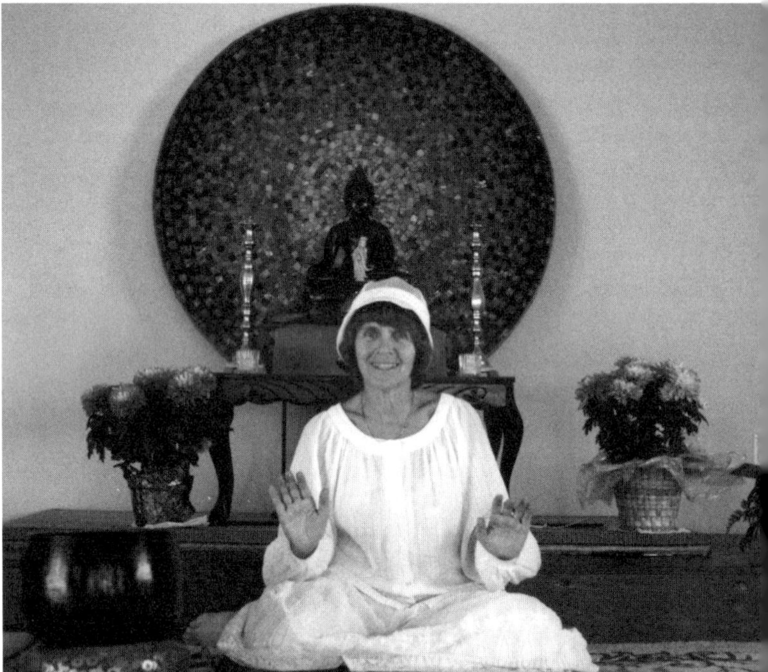

Ruth und Henry

Ruths Stärke und Einzigartigkeit scheinen außergewöhnlich. Sie muss die damalige Philosophie der Insight Meditation Society gekannt haben, und dennoch hat sie Sensory Awareness in ihre Achtsamkeitsunterweisungen integriert. Ihre Überzeugung, dass diese Praxis ihren Schülerinnen und Schülern nützen würde, war stärker als die Unannehmlichkeiten, die sie erlebte. Aber sie spürte, dass viele sie ablehnten. »In der I. M. S. wurde ein wenig auf mich herabgeschaut. Jack und Joseph waren immer sehr freundlich zu mir, aber ihre Schüler waren an strenge Abläufe gewöhnt. Eine Dreiviertelstunde sitzen, keine Minute kürzer oder länger. Ich ging von einer Dreiviertelstunde über in eine ganze oder eine Stunde und fünfzehn Minuten. Und ich tat andere ungewöhnliche Dinge.

Sie mussten ein Podest für mich bauen. Nicht nur für einen Meditationsplatz, sondern auch noch für das Hündchen. Und wenn ich zu einem Einzelgespräch ging, blieb Mr. Muffin dort sitzen wie ein Tempelhund. Alle hatten ihren Spaß. Ich führte die *Zabutons* ein, die Meditationsmatten, und die runden Meditationskissen. Ich ließ die Frauen diese Matten nähen, während sie im Retreat waren. Vorher hatten sie nur Socken, Kopfkissen und Mäntel oder was immer da war, das wickelten sie zusammen, um darauf zu sitzen. Ich vereinheitlichte das, und von da an übten sie mehr.«

Zu jener Zeit trug sie im Unterricht besondere Kleidung. »Es ist ein Zen-Rock, *Hakama* genannt. Zen-Mönche ziehen so ein Kleidungsstück an. Es ist genau der gleiche Schnitt. Und dann beschloss ich, meinen Kopf zu bedecken, denn alle wollten mir eine neue Frisur verpassen. Ja, so war es leichter. Ich ging ganz in Schwarz und hatte einen kleinen schwarzen Hut, und das gefiel mir. Ich hatte immer ganz lange Haare, das war lästig. Mit meinem kleinen Hut fühlte ich mich besser.«

Ihre Unterrichtsmethoden waren so unkonventionell wie ihre Kleidung. »Ich begann mit Sensory Awareness. Wir kamen in einem Nebenraum zusammen, und ich sagte: ›Hier ist ein Stein – nimm ihn. Und jetzt spüre, dass du den Stein nimmst, und jetzt hältst du ihn. Begreifst du das? Weißt du das?‹ Sie hielten mich wohl für ein bisschen verrückt. Ich sagte: ›Jetzt nehme ich für jeden einen Stein und gebe ihn euch …‹ Sie gaben den Stein der nächsten Person weiter. Damit brachte ich sie in Verbindung mit ihren Körperempfindungen, und das ist im Vipassana die Hauptsache. Aber das mit einem Stein zu machen, den Stein zu halten, das funktionierte noch nicht: Sie waren taub gegenüber ihrem Körper.

Einmal stand einer auf. Alle saßen auf dem Boden, als er sich erhob, mit schnellen Schritten zur Tür der Meditationshalle ging, sie öffnete und sagte: ›Schluss mit diesem Hokuspokus!‹ Laut. Und ging. Danach wurde kein Wort gesprochen. Ich sagte nichts dazu, sondern fuhr fort: ›Bitte senkt die Hand, lasst den Stein los und gebt ihn der nächsten Person.‹ Das war's.«

Das war's für Ruth, aber nicht für den Mann, der hinausgestürzt war. Viele Jahre später auf einer Fundraising-Party für Spirit Rock wurde Ruth von einem Fremden angesprochen. Er sagte: »Hallo Ruth, wissen Sie, wer ich bin?« Sie wusste es nicht. Er erklärte: »Ich bin der, der die Tür zugeknallt und mit großer Geringschätzung über ihre Arbeit gesprochen hat.« Dann berichtete er Ruth, dass er zumindest zum Teil wegen ihres sehr einfühlsamen Unterrichts, den er so abgelehnt hatte, seinen Beruf aufgegeben hatte. »Wissen Sie, mein Beruf war, Tiere zu töten, die in meine Fallen gegangen waren«, erzählte er ihr. »Ich fing an, mich selbst zu hören, das, was ich zu Ihnen gesagt hatte, und hörte immer wieder, was Sie mir beigebracht hatten. Das befreite mich von meinen Fallen, ich mache das nicht mehr.«

Ruth erklärt: »Es war falsch von ihm, und er erkannte die Gefühllosigkeit. Er fühlte etwas bei dem, was ich tat, und als er etwas fühlte und daraufhin den Tieren das antat, wurde ihm klar, dass auch sie fühlen. So stelle ich mir das vor, das ist mein Eindruck. Er hat Verbindung zu den schlechten Dingen, die er tat, aufgenommen und dann damit aufgehört.«

Ungeachtet der Schwierigkeiten, die es über die Jahre hinweg gab, akzeptierten die Lehrerinnen und Lehrer der I. M. S. Ruth.

Jack Kornfield wurde ihr wichtigster Verbündeter, und Sharon Salzberg erinnert sich: »Ich glaube, so ziemlich alle haben sie geschätzt. Es gab andere Situationen, viel später, an die ich mich ganz genau erinnere: wie sie bei einem Lehrertreffen die prachtvollen Treppen von Sharpham Abbey in England hinunterrauscht, weißt du – ein Rahmen, der gut zu ihr passte –, oder wie sie etwas ganz prägnant formulierte. Als die Menschen erst einmal etwas über ihr Leben wussten und erfahren hatten, was sie durchgemacht hatte, war klar, welch hohen Preis sie für ihre Weisheit gezahlt hatte. Die Seite der Weisheit und die Seite der Leerheit waren bei ihr sehr deutlich. Sie drückte das sehr, sehr gut aus.«

Und Sharon fügt hinzu: »Ruth hat Anhängerinnen und Anhänger, die sie bewundern, und dann sind da Menschen – also, für die ist es nicht nach ihrem Geschmack. Ihr Unterricht ist sehr spezifisch, weißt du – es werden viele praktische Anweisungen gegeben, auf eine gewisse Art gibt es viel persönliche Konfrontation. Das passt nicht für alle. Manche kommen in die Insight Meditation Society, um Rückzug und Gelassenheit im klassischen Sinne zu finden. Durch den Vorgarten zu krabbeln ist ein bisschen zu viel für sie. Andere wiederum finden das einfach großartig.«

Ruth war nie eine Puristin. Sie erzählt die folgende Geschichte über eine Begegnung mit Robert Hover. Er hielt eines seiner frühen Seminare in Kalifornien ab, und sie selbst unterrichtete noch nicht. »Als ich dort ankam, sagte er: ›Komm und setz dich zu mir.‹ Er hatte dieses kleine Podest und stellte mich vor: ›Dies ist Ruth, sie ist meine Kollegin. Jetzt habt ihr Gelegenheit, eine andere Meinung zu dem Thema zu hören, mit dem wir alle kämpfen.‹ Und das Thema lautete: Sollen wir nur einem Weg ohne Abweichung folgen und auf nichts anderes hören, uns abschirmen und isolieren? Er sagte: ›Jetzt hört ihr Ruth.‹ Ich gab einen Überblick: ›Wir befinden uns alle aus dem einen Grund auf dem spirituellen Weg, nämlich weil wir leiden, weil wir mit der gegenwärtigen Situation unzufrieden sind oder weil wir nicht wissen, wohin wir gehen sollen. Ich denke, dass wir es uns in unserer Kultur nicht leisten können, uns zu beschränken. U Ba Khin und der Buddha selbst haben gesagt, dass man sich in die Kultur integrieren und mit ihr arbeiten soll.‹ Sie liebten mich dafür. Dann führte ich die Gehmeditation ein, und sie schrieben einen Artikel für den *Vipassana Newsletter*, darin hieß es: ›Ruth Denison führt neue Aspekte in die Vipassana-Meditation ein.‹«

Als Freunde in Los Angeles davon erfuhren, dass Ruth offiziell begonnen hatte, zu unterrichten, organisierten sie Retreats für sie. James Tuggle, ein befreundeter Rechtsanwalt, organisierte ein Retreat in den Santa Barbara Hills. Ruth erzählt, dass einhundertdrei Personen teilnahmen. Von dieser großen Gruppe war sie ziemlich eingeschüchtert. »Wie sollte ich das machen – wie sollte ich sie zusammenbringen? Aber ich vertraute auf meine Zen-Praxis, dort hatte ich Disziplin gelernt. Zen half mir mit den äußeren Aspekten. Also sagte ich: ›Wir machen *Kinhin* [Zen-Gehen], und dann gibt es Einzelgespräche, ich werde für jeden Einzelnen die Glocke läuten, so wie sie es im Zen machen.‹ Und dann hatte ich noch Charlottes Übungen.«

Ende der Siebziger war Ruth regelmäßig unterwegs, um Retreats in den Vereinigten Staaten und Europa zu leiten, und sie hatte begonnen, Leute zur Copper Mountain Mesa in die Nähe von Joshua Tree zu bringen, in das kleine Haus, das sich später zum Dhamma Dena Desert Vipassana Center entwickeln sollte. Für das Jahr 1979 sind in ihrem Kalender achtzehn Retreats aufgeführt, zwei davon sind aufeinander folgende Einheiten in der Insight Meditation Society. In demselben Jahr führte Ruth zum ersten Mal ein Frauen-Retreat durch, es kamen weitere Retreats an verschiedenen Orten hinzu, und sie lud jetzt Menschen zu Einzel-Retreats nach Dhamma Dena ein.

Ich verbrachte einen Tag im Büro von Dhamma Dena und sichtete Alben, Notizbücher und Ordner, die mehr zufällig geführt und in den Regalen aufbewahrt wurden, um so viele Kurse wie möglich zu finden. Ruth leitete sechzehn bis achtzehn Kurse im Jahr – an weit voneinander entfernten Orten wie Hawaii, der

Schweiz und Massachusetts. Das erforderte viele lange Reisen – Retreats mit einer Dauer von fünf Tagen bis zu drei Wochen. Zwischendurch gab es nur kurze Erholungspausen. Das ist ein erstaunlich umfangreiches Pensum und zeugt von Ruths enormer Energie und ihrer Bereitschaft, jeder Einladung, das Dharma zu unterrichten, nachzukommen.

Ruths Leben hatte sich grundlegend verändert. Die meiste Zeit des Jahres war sie nun unterwegs, um zu unterrichten. Sie entwickelte sich weiter, und ihr Selbstvertrauen wuchs. Diese neue Kompetenz und ihre regelmäßige Abwesenheit von zu Hause fand Henry bedrohlich. Er bemühte sich einerseits, sie zu unterstützen, verübelte ihr jedoch gleichzeitig die neu gewonnene Anerkennung. In dieser Zeit folgte er abermals einem neuen Guru, diesmal auf eine Weise, die beinahe ihre Ehe zerstört hätte.

Ruths Verständnis vom Dharma ging über Tradition oder die Abhängigkeit von äußerer Form hinaus. Das ermöglichte ihr, auf die tatsächliche Situation, in der sie unterrichtete, zu reagieren und ihre Praxis darauf einzustellen. Eines der frühen Retreats zeigt beispielhaft ihre Flexibilität und zugleich ihre Weiblichkeit. »Es waren Babys dabei ... sechs Krabbelkinder, und jede Stunde wechselten sich Leute ab, um die Kinder zu betreuen. Ich war auch eine der Babysitter. Wenn ich mit Babysitten dran war, saß jemand anders vorn. Das ist ganz wichtig. All das wurde nicht als Vipassana akzeptiert. Aber ich hatte von Anfang an genug Vertrauen in mich selbst, weil ich so viele Meister erlebt hatte und ich ihre Schwächen kannte. Und ich wusste, was richtig ist und was falsch, auch wenn es fehlinterpretiert wurde. Wenn sie gesagt hätten, es sei kein Vipassana, weil Babys dabei waren, hätte ich einfach gelächelt. Verstehst du? Bei den Kindern zu sein war *Praxis*.«

ZWÖLFTES KAPITEL

Konflikt und Klarheit

Es war der umstrittene spirituelle Lehrer Da Free John, der Ruth beinahe ihr Heim und ihre Ehe gekostet hätte. Geboren als Franklin Jones, reiste der Amerikaner als junger Mann 1970 nach Indien. Dort hatte er eine »Erleuchtungserfahrung« und nahm den Namen Bubba Free John an, später wurde daraus Da Free John (»Da« ist eine Respektsbezeichnung). Kurz nachdem er in die Vereinigten Staaten zurückgekehrt war, begann er zu unterrichten und trat als »Verrückter Meister« auf, der behauptete »verrückte Weisheit« zu vermitteln. Dazu gehörte »Sex als transzendente Zwiesprache mit Gott«. Er versammelte zahlreiche Anhänger um sich und ermunterte sie, ihn als eine Inkarnation Gottes zu verehren. (Mitte der Achtziger lebten seine 1100 Anhänger laut einem Artikel im *San Francisco Examiner* hauptsächlich in Marin County und Lake County in Kalifornien und auf einer kleinen Fiji-Insel.)[43]

Henry begegnete Da Free John Ende der siebziger Jahre und beschloss, sich der Gemeinschaft anzuschließen, die sich in Marin County um diesen charismatischen spirituellen Lehrer gründete. Aber es waren Bedingungen zu erfüllen. Zunächst wurde Henry aufgefordert, sein wunderschönes Haus in Hollywood zu verkaufen und den Erlös Da Free John zu geben. Weiterhin waren die Mitglieder der Gemeinschaft verpflichtet, Partnerschaften untereinander einzugehen. Weil Ruth mit Unterrichten beschäftigt war und nicht bereit, Henry zu Da Free John zu folgen, reichte er die Scheidung ein, um frei für eine neue Partnerschaft zu sein.

Entsetzt ging Ruth zum Scheidungsrichter und kämpfte um ihre Ehe. Ihr ganzes Leben lang war sie nach jedem Rückschlag wieder auf den Füßen gelandet, und sie dachte gar nicht daran aufzugeben. Als der Richter sie fragte: »Mrs. Denison, gibt es eine Möglichkeit der Versöhnung?«, antwortete sie: »Ja, ich wollte diese Scheidung nie!«, und stimmte stattdessen einer gesetzlichen Trennung zu. Henry akzeptierte die Trennung, es wurde gefeiert, und Henry zog nach Nordkalifornien, um sich der Gemeinschaft um Da Free John anzuschließen. Er instruierte Ruth, das Haus zu verkaufen und den Erlös Da Free John zu übersenden. Sie beauftragte stattdessen einen Anwalt, der einen Vertrag anfertigte, demzufolge ihr die Hälfte des Hauses zustand. Dann stoppte sie den Verkauf.

Sechs Monate später kehrte Ruth aus Deutschland zurück, wo sie einen Kurs geleitet hatte, und staunte nicht schlecht, als ihr hoch gewachsener, eleganter Ehemann sie auf dem Flughafen mit einem Strauß gelber Rosen erwartete. Es stellte sich heraus, dass Da Free John nicht die Antwort für Henry gewesen war. Henry kehrte zurück in das Haus in Hollywood und war zweifellos dankbar, dass Ruth es für ihn gerettet hatte.

* * *

Ruth erzählt davon, wie radikal sich ihr Leben veränderte, als sie zu unterrichten begann. »Als Dhamma[44] kam, war alles andere vorbei. Meine Mosaikarbeiten, mein Tennis, ich verkaufte mein Klavier. Ich vernachlässigte Henry, und deswegen hatten wir Schwierigkeiten. Und der Haushalt. Ich war immer unterwegs. Ich habe wirklich nach und nach mein Privatleben geopfert. Und später beschloss ich dann sogar, hier draußen in der Wüste zu leben. Ich gab gewissermaßen alles auf.«

Henry brachte sie stets zum Flughafen und holte sie wieder ab, um sie in ihrer Lehrtätigkeit zu unterstützen. Aber manche ihrer Pläne lehnte er ab. »Ich suchte nach einem Ort, ich wollte ein Zentrum haben, und das gefiel Henry nicht, verstehst du? Außerdem engagierte er sich zu der Zeit intensiv bei Baba Free John. Ayya Khema[45] war bei uns zu Besuch, und Henry und sie diskutierten. Er verteidigte Baba Free John und sie den Buddha. Ayya dachte, Henry sei verrückt. Na ja, er *war* damals ein bisschen verrückt. Oh, was habe ich alles durchgemacht! Es war enorm, was alles passierte. Es war schwer für Henry, das zu ertragen, und auch ich verlor, was ich gehabt hatte, die intime Beziehung. Ich war nicht mehr so bereit dazu.«

Ruth begann damit, ihr Zentrum auf dem Stück Land mit der Wüstenhütte in der Nähe von Joshua Tree aufzubauen, das sie mit Hilfe des befreundeten Anwalts Jim Tuggle gekauft hatte. Das Haus kostete siebzehntausend Dollar. Henry gab ihr das Geld für die Anzahlung, und später zahlte sie Tuggle seinen Anteil aus. Während sie Dhamma Dena aufbaute, probierten sie und Henry verschiedene Varianten des Zusammenlebens. Ruth wohnte eine Zeit lang ein paar Häuser weiter im Creston Drive in Hollywood, dann bewohnte sie die kleine separate Wohnung in ihrem Haus. Während der Retreats blieb sie in Dhamma Dena, kehrte jedoch immer zu Henry zurück. Erst seit Mitte der achtziger Jahre verbrachte sie die meiste Zeit in der Wüste. Sie hielt jedoch die gesetzliche und emotionale Verbindung zu Henry aufrecht und kam regelmäßig nach Hollywood, um ihm bei finanziellen Dingen und anderen Aufgaben zu helfen.

Auf ihrem Gelände in der Wüste gab es zunächst »nur die Garage und das kleine Häuschen. Cunningham wohnte auch dort. Michael Cunningham. Ihn lernte ich kennen, als ich damals Weihnachten zum ersten Mal in Europa unterrichtete. Er ist Engländer, und er reiste mir aus England nach. Er war ruhig und kontemplativ, eine sehr angenehmer Mann. Und Martin aus New York, der später hier gestorben ist. Wir meditierten in einem Retreat in Santa Barbara, und ein paar von ihnen wollten weitermachen. Ich sagte: ›Kinder, ich habe ein Wochenendhäuschen da draußen.‹« Fünf Leute folgten Ruth in die Wüste und bauten die Garage zu einer Meditationshalle und Schlafbaracke um. Am nächsten Wochenende kamen noch mehr Leute aus Los Angeles, unter ihnen Jim Gillon und Jim Tuggle.

Die jungen Männer arbeiteten mit Ruth zusammen, um mit der Errichtung eines Meditationszentrums zu beginnen. Und

Ruth lernte die Nachbarn kennen. »Sie hatten fünf Pflegekinder. Stevie war die Mutter, und er arbeitete auf der Marinebasis.« Die Nachbarn waren bei einigen der ersten Veranstaltungen dabei und veranlassten Ruth zu dem Ausspruch: »Wie soll ich hier Frauen und Männer trennen [sie bezieht sich auf U Ba Khins Anweisung, dass sie ausschließlich Frauen unterrichten solle]? Es war unmöglich.«

Sie berichtet: »Einmal, als wir draußen aßen, setzte jemand einen großen Topf mit Bohnen, Paprika und Käse auf. Es war das beste Essen, das ich jemals gegessen hatte. Und jemand stand auf und sagte: ›Auf Ruth und ihre Sangha [buddhistische Gemeinschaft]! Freunde, jetzt haben wir ein neues Zentrum!‹ Es war sehr berührend.«

Zur gleichen Zeit reisten die Lehrer der Insight Meditation Society nach Westen, um Retreats am Mentalphysics, einem Meditationszentrum am Highway 62 östlich von Joshua Tree, zu halten. Sie luden Ruth ein, Bewegungsseminare für die Teilnehmer zu leiten, und die Gäste aus Asien besuchten auch Dhamma Dena. Der indische Lehrer Anagarika Shri Munindra, von dem Joseph Goldstein sich inspirieren ließ, stattete Dhamma Dena ebenfalls einen Besuch ab. Zu den Gästen gehörte auch der Ehrwürdige Mahasi Sayadaw, der gelehrte burmesische Mönch, zu dem Henry und Ruth gereist waren, ehe sie zu U Ba Khin kamen. Mahasi Sayadaw war äußerst gebildet. Er hatte siebenundsechzig Bände über burmesischen Buddhismus geschrieben und Meditationszentren in ganz Burma sowie in Thailand, Sri Lanka, Kambodscha und Indien gegründet.

* * *

Ruth entwickelte ihren Unterricht und ihr Verständnis vom Verhältnis von Theorie und Praxis weiter. »Wenn du ein bisschen über die Theorie weißt und dann praktizierst, kannst du sie anwenden, und an einem gewissen Punkt der Praxis begreifst du dann die Theorie. Die Theorie ist aus der Praxis entstanden, ja?

Es ist wahr, wenn der Geist ruhig und klar ist, kann er sich mit der Theorie verbinden. Der Funke springt über. Und man bekommt den richtigen Blick. Zumindest ein wenig, und das reicht.

Ich wurde zu Retreats eingeladen, und die Schüler waren nur ein bisschen verwirrter als ich selbst. Ich war ihnen nur wenig voraus. Mr. Hover sagte einmal zu mir: ›Weißt du, ich wünschte, ich wäre meinen Schülern ein bisschen weiter voraus.‹ Ja, es war nur ein kleiner Abstand zwischen ihm und seinen Schülern, aber genug, um sie anzuleiten.«

Je mehr sie sich in dem Geisteszustand verankerte, der sie stärkte, desto besser gelang es ihr, das Ziel loszulassen. »Ich habe meinen Geist nie mit dem Ziel [der Erleuchtung] belastet.

Ich genoss die Atmosphäre in mir und um mich herum, wenn ich in Harmonie mit mir selbst war, egal ob ich an der I. M. S. unterrichtete oder in Deutschland oder ob ich hier in der Wüste die Schlafbaracke herrichtete. Du bemühst dich nicht um den Durchbruch, sondern stärkst die Achtsamkeit, die Präsenz in der bewussten Achtsamkeit, und dann sortiert sich alles. Wenn man die Qualität des beobachtenden Geistes schult, dann hat alles, was auftaucht, keinen Einfluss mehr. Es wird nicht mehr genährt, es wird von deinem Geist nicht mehr angezogen, es wird nicht fortgeschoben. Es wird zu neutraler Energie – ja, wie ein ungebetener Gast, der wieder dorthin geht, wo er hergekommen ist. Das war mir sehr klar, hier konnte ich Anweisungen geben.«

* * *

Menschen, die Hilfe oder eine Ausrichtung brauchen, haben sich schon immer von Ruth angezogen gefühlt. Sie tauchen auf und bieten sich an, begeben sich in Ruths Obhut, und sie nimmt sie auf. Susanna war eine von ihnen. Eine hochintelligente Frau, die für die Regierung gearbeitet hatte, radikale Feministin wurde und dann ihre Schuhe und ihren Besitz abwarf und barfuß als Mitglied einer Sekte quer durchs Land zog. Susanna fand 1978 ihren Weg zu einem von Ruths Retreats in der Insight Meditation Society. Später kam sie nach Hollywood und zog bei Ruth ein. Susanna wohnte mit Ruth in dem Haus im Creston Drive 2726, in das Ruth nach der Eskapade mit Da Free John gezogen war. Später zog sie mit Ruth zurück in Henrys Haus, er hatte dort einen Anbau für sie errichtet.

Susanna erinnert sich: »Ruth sah in mir eine Herausforderung, eine Aufgabe. Ich sollte kochen und nähen und putzen lernen, um als ersten und wichtigsten Schritt meinen Geist zu beruhigen. Sie lehrte mich zu meditieren, und ich übte ganz eisern. Sie war sehr feinfühlig, wenn es darum ging, dass ich putzen sollte. Entweder hatte sie mitbekommen, dass ich eine radikale Feministin war und es ablehnen würde, das Dienstmädchen zu sein – vielleicht war es auch ihr Prinzip –, jedenfalls entschieden wir, dass ich ihre ›persönliche Assistentin‹ sein würde. Sie sagte: ›Du brauchst einen Titel, wenn du keine Meditationsschülerin bist.‹« Susanna fuhr in das entstehende Zentrum in der Wüste, um dort zu putzen und alles für die Retreats herzurichten. Dann kehrte sie mit Ruth nach Hollywood zurück, wo sie zusammen mit Henry lebten. Obwohl Susanna Dhamma Dena und Ruth einige Jahre später verließ, spricht sie voller Dankbarkeit über all das, was sie gelernt hat, als sie mit Ruth lebte und arbeitete.

* * *

1979 besuchte Ruth ein Meditationsretreat. Dort sollte sie den Namen für ihr Zentrum in der Wüste finden. Das Retreat wurde vom Ehrwürdigen Taungpulu Sayadaw geleitet, einem alten burmesischen Mönch, der in seinem Heimatland als Heiliger verehrt wurde. Taungpulu war zunächst ein großer Lehrer gewesen, lebte dann als Mönch in den Wäldern und meditierte in Abgeschiedenheit, bevor er Vorsteher eines Tempels wurde und als Missionar andere Länder bereiste. Er war von Dr. Rina Sircar, einer Burmesin, die den *World Peace Buddhist*-Lehrstuhl am California Institute of Integral Studies innehatte, nach San Francisco eingeladen worden. Später wurde mit Hilfe von Dr. Sircar das

Kloster Taungpulu Kaba Aye in der Nähe von Santa Cruz gegründet.

Ruth erklärt: »In Santa Cruz taten wir in einem Seminar so, als seien wir Waldmönche und -nonnen. Zusammen mit Rina Sircar musste ich draußen schlafen, Taungpulu und sein Gefolge residierten in der Villa. [Da Theravada-Mönche nicht mit Frauen unter einem Dach schlafen dürfen, müssen Frauen, die ein Mönchskloster besuchen, irgendwo anders einen Schlafplatz finden.] Ich erzählte Taungpulu, dass mein Lehrer gestorben war und ich nicht wusste, wie ich mich verbinden sollte. Ich empfand Taungpulu zu jener Zeit als meinen Lehrer, und er nahm mich als Schülerin an. Als ich dann um zwei Uhr morgens zu ihm kam – um diese Zeit führte er die Einzelgespräche –, sagte er, ich müsse die burmesische Sprache lernen und mich auf Burmesisch vorstellen – ›ich bin Dhamma Dena, ich bitte um Erlaubnis, von dir im Dharma unterrichtet zu werden‹ – und mich dann wieder verbeugen. Das war seine formelle Art.«

Der Name, den der Ehrwürdige Taungpulu Sayadaw ihr gab, lautete *Dhammadinna*. Dhammadinna, eine »Bettelfrau« oder Nonne, war zur Zeit des Buddhas eine der ersten erleuchteten Frauen, die lehrten. Ihre Eloquenz brachte viele Frauen und Männer dazu, sich dem Bettelorden, den der Buddha gegründet hatte, anzuschließen. Die bekannte Geschichte über Dhammadinnas hervorragendes Verständnis des Dharma handelt davon, wie sie Fragen ihres ehemaligen Ehemanns »mit vielen verschiedenen Lehrsätzen« beantwortete. Als der Mann dann zu Buddha ging, um Dhammadinnas Antworten zu überprüfen, sagte der Buddha: »Gelehrsamkeit und große Weisheit wohnen Dhammadinna inne. Hättest du mich gefragt, ich hätte ganz genau wie sie geantwortet. Ihre Antwort ist richtig, und du sollst sie entsprechend in Ehren halten.«[46]

Gelehrsamkeit und große Weisheit waren genau das, was Ruth ihrer Meinung nach fehlte. Anstatt sich selbst so zu nennen, gab sie diesen Namen dem Platz in der Wüste mit Hütte, Garage und Schlafbaracke, der sich schon bald zu einem rustikalen Meditationszentrum entwickelte. Mit der ihr eigenen Nonchalance veränderte sie die Schreibweise zu Dhamma Dena.

* * *

Ruths besondere Art, die Achtsamkeit für den Körper in die Dharma-Lehre einzubeziehen und ihr einmaliger Einfallsreichtum ließen Schülerinnen und Schüler in ihre Retreats strömen; die konventionelle Vipassana-Gemeinschaft hingegen begegnete ihr teilweise mit Geringschätzigkeit. Ein alter Schüler berichtet: »Sie wurde nicht ernst genommen. Wenn man ein ernsthafter Vipassana-Schüler war, meditierte man nicht bei Ruth.« Briefe wurden geschrieben, es folgten Unterredungen. Im Brief eines Schülers von Robert Hover an den *Vipassana Newsletter* ist zu lesen, dass Ruths Ideen für die Praxis bei traditionellen Lehrern auf Missfallen stießen. Während eines Lehraufenthalts in Deutschland bemühte sich Ruth erfolglos um ein Treffen mit S. N. Goenka, dem indischen Dharma-Nachfolger von U Ba Khin, der ebenfalls in Deutschland unterrichtete. »Er antwortete mir: ›Ruth, ich höre, dass du Zen zusammen mit Vipassana unterrichtest. Du scheinst einen anderen Weg zu verfolgen. Vielleicht ist dies nicht der richtige Zeitpunkt für ein Treffen.‹«[47] Die Leute begannen, Ruths Referenzen in Frage zu stellen: War sie wirklich qualifiziert, Vipassana zu unterrichten?

Im Zusammenhang mit diesen feindseligen Strömungen schrieb der Michal Cunningham einen Brief an einen besorgten Schüler, in dem er Ruths Legitimation und ihre Stärke als Lehrerin wunderbar beschreibt. In seinem Brief vom 5. Juli 1978 schreibt Cunningham, dass der britische Dharma-Nachfolger von U Ba Khin, John Coleman, es für notwendig hielt, neue Methoden für Menschen des Westens zu entwickeln, statt an dem Zehn-Tage-Retreat festzuhalten, das U Ba Khin entwickelt hatte. Coleman hatte betont, dass westliche Schüler sehr rigide seien, sie neigten zum Festhalten, zu Gier und Strebsamkeit. Mrs. Denison war den gleichen Problemen begegnet, schrieb Cunningham, und fand weiterhin, dass »westliche Schüler sehr zerstreut sind, oft ohne feine Achtsamkeit, oder dass sie diese nicht aufrechterhalten können.« Ruth verließ sich also auf ihre Intuition, »die aus einem tiefen Verständnis des Dharma erwuchs, [und arbeitete damit] in den Unterrichtssituationen, die sie vorfand.«

Er fährt fort zu versichern, dass Ruth während ihres Aufenthalts bei U Ba Khin den *nibbanischen* bzw. erleuchteten Zustand erlangt habe. So zu unterrichten, wie ihr Lehrer es ihr ursprünglich gezeigt hatte, sei jedoch den westlichen Schülern und der westlichen Umgebung nicht angemessen. Cunningham lobte sie weiter:

Ich kann die Bedeutung ihres Unterrichts bezeugen. Als ich vor einem Jahr zum ersten Mal bei Mrs. Denison meditierte, hatte ich bereits viereinhalb Jahre praktiziert, davon einhundertzehn Tage bei Goenka, und ich hatte viel gelernt. Während meiner Arbeit mit Mrs. Denison wurde das Ausmaß meiner Unwissenheit klar: Ich stieß an viele Grenzen, um sie dann zu überwinden. Ich sah keinen Widerspruch zu dem, was ich bei Goenka gelernt hatte, sondern konnte mich besser damit verbinden. Mein Respekt für Mrs. Denisons Qualitäten als Lehrerin wächst ständig. Sie wird von anderen Lehrern hoch geschätzt – Ajahn Sumedho[48] zum Beispiel sagte, dass sein Lehrer Ajahn Chah der einzige Lehrer in Thailand war, der ebenso wie Mrs. Denison über die seltene Fähigkeit verfügte, Menschen auf den Weg zu bringen und den bestimmten Knopf zur richtigen Zeit zu drücken, damit sie klar sehen – das ist viel schwieriger, als in einem formellen Rahmen nach einem bestimmten Ablauf zu unterrichten.

U Ba Khin trug Mrs. Denison auf, Frauen zu unterrichten. Sie sagt, dies sei zu ihrem eigenen Schutz gewesen. Als sie vor zwanzig Jahren bei U Ba Khin praktizierte, war sie eine Frau in den Dreißigern und wurde von Alan

Watts als »sexy« beschrieben. Jetzt ist sie Mitte fünfzig, lebt seit zwölf Jahren zölibatär, und ein solcher Schutz ist nicht mehr relevant. Sie glaubt nicht, dass es möglich wäre, im Westen mit dieser Einschränkung zu arbeiten, und sie ist mit Sicherheit eine sehr gute Lehrerin für Männer.

Die Kontroverse erreichte schließlich auch Burma, nämlich U Ba Khins Nachfolgerin Sayama und deren Ehemann U Chit Tin. Sayama betrachtete nicht nur Ruth, sondern alle westlichen Dharma-Nachfolger U Ba Khins mit Missfallen. Selbst Goenka, der behauptete ganz genauso zu unterrichten wie U Ba Khin, geriet schließlich in einen Konflikt mit Sayama.

Zu Beginn der Achtziger wurde Ruth schließlich ein Ultimatum von burmesischer Seite gestellt. Es kam in einem Brief, der sie in einem Meditationszentrum in Mendocino erreichte, wo sie ein Retreat für fünfunddreißig oder vierzig Personen leitete. Im Wald in der Nähe waren Arbeiter dabei, Bäume zu fällen. Ruth und die Teilnehmer des Retreats spürten den Schmerz dieser Zerstörung. Der Störung des Waldes fiel auch der Lebensraum der Tiere zum Opfer, manche wurden vertrieben oder verletzt, und einige Tiere fanden den Weg zum Meditationshaus.

»Eine verletzte Eule flog in den Raum. Ich versuchte sie zu retten, aber sie flog weg und starb«, erinnert sich Ruth. »Ein Kojote kam, sah sich um und verschwand. Später fanden wir seinen Körper.«

In dieser Nacht öffnete Ruth in ihrer kleinen Lehrerhütte im Wald den Brief vom International Meditation Center in Rangoon. Sayama hatte ihre Forderungen formuliert. »Sie sagte: ›Wenn du Gehmeditation und Bewegung nicht unterlässt und weiterhin Zen in die Praxis einbringst, dann gehörst du nicht länger zu unserer Tradition.‹« Und Sayama führte an, dass ihr der Unterricht von Männern und Frauen verboten sei.

Ruth erfasste das Gewicht dieser Forderungen und die Verantwortung sich selbst und ihren Schülerinnen und Schülern gegenüber, als sie ihre Antwort fand. Es gab wahrhaftig keine Möglichkeit für sie, Sayamas Anweisungen zu befolgen, aber wie sollte sie weiter unterrichten, wenn ihre Legitimation darauf basierte, dass U Ba Khin sie in seine Linie aufgenommen hatte? Ruth blieb die ganze Nacht in der Holzhütte wach, den dunklen Wald um sich. Sie zündete eine Kerze an und stellte sie vor ein Foto von U Ba Khin. Und sie meditierte über ihre Zwangslage.

»Ich ging in mich, um herauszufinden, wie stark ich war. In der Nacht sah ich mich selbst in einem Traum die Treppen eines großen *Stupa* hinaufsteigen. Nach dem ersten Drittel der Stufen hielt ich an. Ich schaute hinauf. Weiter oben stand U Ba Khin und blickte auf mich hinab, und ganz oben war der Buddha. Ich fühlte mich, als wenn ich erwachte, folgte dem Traum und nahm ihn mit in die Meditation. Das war ein sehr tiefes Erlebnis für mich. Die Botschaft war: Geh weiter. Ich sah ganz klar. Mein Lehrer und der Buddha machten mir Mut. Ich glaube auch, dass es nicht einfach ein Traum war – es war eine Bestätigung, denn ich wusste, dass ich das Dharma auf einer tiefen und wahrhaftigen Ebene mit Hilfe der Körperempfindungen weitergeben kann. Ich war darin gefestigt. Dann spürte ich, dass mein Lehrer mir nah war.«

Als sie diese Geschichte erzählt, denkt sie über die Haltung ihres Lehrers nach. »U Ba Khin wurde von seiner großen Leidenschaft getragen, das Dharma in den Westen zu bringen. Ja, und der Buddha sagte, dass man die Umstände in einer neuen Kultur berücksichtigen soll, wenn das Dharma dort eingeführt wird. Es soll in der Muttersprache gelehrt werden, in Übereinstimmung mit den Sitten und Gebräuchen, und es sollte nicht so viel Neues eingeführt werden, sondern Raum gegeben werden, damit etwas entsteht und integriert wird. Das hat mein Lehrer immer gesagt.«

Sie meditierte die ganze Nacht und kam dann zu ihrer Entscheidung. »Es tat mir nicht im Herzen weh. Ich beschloss weiterzumachen. Ich dachte mir, was können sie tun? Ich habe die offizielle Berechtigung. Ich kann unterrichten. Tatsächlich muss ich noch nicht einmal befürchten, dass ich in den wissenschaftlichen und den philosophischen Aspekten des Dharma nicht versiert genug bin. U Ba Khin hatte zu mir gesagt: ›Du bist ein Naturtalent. Du wirst im Herzen spüren, was du kommunizieren sollst.‹«

Am nächsten Morgen ging sie in die Meditationshalle, um mit den Schülerinnen und Schülern zu sprechen, und erzählte ihnen von dem Brief aus Burma. Ich sagte: ›Ich habe einen Brief aus Burma erhalten. Dort ist der Eindruck entstanden, dass meine Art zu unterrichten nicht dem entspricht, was Sayama für richtig hält. Es ist wahr, dass ich andere Aspekte aufnehme, aber sie sind alle in der grundlegenden Praxis begründet, den Vier Grundlagen der Achtsamkeit. Ihr wisst, dass es schwer ist, und wenn ihr den Eindruck habt, ich hätte euch mit meinen zusätzlichen Meditationsmethoden fehlgeleitet, wenn ihr glaubt, dass sei nicht hilfreich, dann müsst ihr zu einem anderen Lehrer gehen. Ich habe die ganze Nacht nicht geschlafen, habe irgendwie mit meinem Lehrer Zwiesprache gehalten und mit meiner inneren Kraft, und ich weiß, dass ich weiterhin unterrichten werde, egal ob ein Schüler da ist oder zwei oder fünfzig. Ihr könnt selbst entscheiden, ob ihr weiter mit mir durch dieses Retreat gehen wollt oder nicht.‹ Ich sagte ihnen, wenn sie alle gehen würden, würde ich das Retreat allein beenden. Niemand ist gegangen. Das war eine wunderbare Erfahrung!«

Natürlich blieb sie im Herzen U Ba Khins liebende Schülerin, auch wenn sie offiziell aus der Tradition ausgestoßen war, denn sie wusste, dass äußere Ablehnung nichts wirklich veränderte. In der Meditationshalle in Dhamma Dena hängt ein Ölgemälde von U Ba Khin in brauner Mönchsrobe, in jedem Retreat nennt sie ihn als ihren Lehrer. Aber zu jener Zeit wussten schon bald alle in der Welt der asiatischen und westlichen Vipassana-Lehrer und -Schüler, dass sie aus der Linie von U Ba Khin ausgeschlossen worden war. Sie war also auf sich selbst gestellt, ohne die Unterstützung oder den Schutz offizieller Referenzen.

Die anderen vier westlichen Dharma-Erben von U Ba Khin wurden auf ähnliche Weise für Verhalten, das Sayama für falsch und unangemessen hielt, exkommuniziert. Selbst Goenka, der sich peinlich genau an die Tradition hielt, geriet mit Sayama und U Chit Tin aneinander und wurde ausgeschlossen.

Betrachtet man das Ganze aus einer größeren Perspektive, dann zeigt dieser Wurf aus dem Nest, so unglücklich er damals auch scheinen mochte, doch eine unverkennbare Wahrheit über Ruth Denison. Selbstverständlich lernte sie Grundlagen von Charlotte Selver und U Ba Khin, und sie unterrichtet innerhalb der Theravada- oder Vipassana-Tradition, aber die Wahrheit ist, dass Ruth außerhalb irgendeiner Linie steht. Sie ist ihrem eigenen Instinkt so treu geblieben – stets ihr tiefes Wissen darüber achtend, wie man überlebt, wie man heilt, wie man wächst und wie man andere unterrichtet, damit diese sich ihrem höheren Selbst öffnen –, dass sie über die Grenzen von Konfessionen und festgelegten spirituellen Wegen hinaus geht. Beobachtet man sie, fühlt man sich manchmal an eine Priesterin aus alten Zeiten erinnert, eine wilde Schamanin, die sich ganz und gar der Aufgabe hingibt, die Erde in Balance zu bringen. Ihr Bestehen auf der Wahrheit, wie sie sie sieht, bringt sie in Widerspruch zu etablierten Formen und fordert diejenigen heraus, die zu ihr kommen, um von ihr zu lernen.

DREIZEHNTES KAPITEL

Meine Lehrerin

Kurz nach dieser bedeutsamen Begebenheit in Ruths Laufbahn als Lehrerin erschien ich auf der Bildfläche und nahm an meinem ersten Retreat bei ihr teil. Dies war der Anfang einer Verbindung, die sich seit mehr als zwanzig Jahren weiterentwickelt hat. Ich hatte eine Zeit intensiver Zugehörigkeit zur Frauenbewegung und der Anti-Atomkraft-Bewegung hinter mir und fühlte mich ausgelaugt. Ich brauchte innere Nahrung, um die andauernde Produktivität, die politischer Aktivismus erfordert, auszugleichen. Ich war offen für spirituelle Praxis, für Trost in der Wildnis.

Im März 1980 fuhr ich mit mehreren jungen Frauen in einem Bulli, der unterwegs einen Platten hatte, zum Frauen-Retreat nach Dhamma Dena. Wir erreichten das Zentrum nach Mitternacht, und ich blieb fünf Tage dort. Meine Notizen geben Einblick in die Anfänge meiner Meditationspraxis:

> Anstrengend zu sitzen. Oberer Rücken zwischen Schulterblättern verspannt und brennt. Konzentration auf Atem, Nasenflügel, Hals, Zwerchfell.
> Ruth schlug die Glocke an, und wir übten Gehmeditationen in der Wüste. Habe ich fast immer barfuß gemacht. Fuß langsam heben, vorwärts gleiten, absetzen. Gewicht auf Fuß, spitze Steine und Disteln drücken sich in Fußsohle. Achtsam in der Bewegung, alle Empfindungen wahrnehmen. Ganz dabei sein. Kalter Wind im Gesicht. Sonne warm auf Kopf und Händen. Langsamer Schritt nach langsamem Schritt. In der Ferne die Berge. Schnee auf den Gipfeln.
> Nach einer halben Stunde oder so läutet die Glocke. Wir gingen langsam in das Zendo und saßen wieder.

Zweiter Tag. Nach dem Frühstück lief ich in die Wüste, sprang über die Büsche, powerte mich aus, um die Frustration loszuwerden. Dann schrie ich gegen den Wind. Kam verschwitzt und müde zurück, mein Körper kribbelte, fühlte mich halb irre.
Bei der Sitzmeditation ließ ich mich selbst dasein. Dann sagte ich zu mir: ›Ich kann das nicht‹, hatte großes Mitleid mit mir und war darin präsent.
Bei der Gehmeditation fing ich an zu weinen. Spürte großes Mitgefühl für mich, spürte, wie Ablenkungen sich normalerweise zwischen mich und mein wahres Selbst drängen, dass tat mir Leid. Eine wunderbare tiefe Erfahrung, dieses Gehen – tief in meinem Innern so lebendig.
Nach der Morgensitzung gingen wir vor dem Mittagessen für eine kleine Weile in die Wüste. Ich fühlte mich ganz ungewohnt – zentriert, nachgebend, unglaublich, zutiefst lebendig. Saß vor einem grünen Busch und schaute auf einen krummen Stock am Boden. Und alles war da. Mir fehlte nichts. Ich war in perfekter Harmonie und voller Zufriedenheit.
Ein kurzer Blick hinter den Schleier.

Schaue ich heute auf meine erste Begegnung mit Ruth und die ersten Meditationserfahrungen zurück, bin ich schockiert, wie viel ich von der Essenz aufgenommen und in meinem Tagebuch festgehalten habe. Jetzt, ein Vierteljahrhundert später, weiß ich, wie viele Jahre intensiver Übung es braucht, diese Einsichten des klaren Geistes im physischen, psychischen und emotionalen Sein zu verwurzeln, wie unglaublich schwierig es ist, sie im Leben umzusetzen, wie schwer es ist, die Erkenntnis von der wahren Natur allen Seins aufrechtzuerhalten, und sei es nur für eine Stunde. Hier ist, was ich damals schrieb:

Der Atem ist die Brücke zwischen Körper und Geist. Wenn du in der Lage bist, dort zu verweilen, vereinst du beide. Der Atem ist die Brücke zwischen Leben und Tod. Und der Atem ist Teil dieser Erfahrung, *ehe sie ausgedrückt wird.*

Ehe sie ausdrückt wird. Das bedeutet, ehe ich mit mir selbst spreche, ehe ich eine Geschichte daraus mache, ehe ich herumzetere. Wie schwer es ist, mein programmiertes unaufhörliches geistiges und emotionales Kommentieren jedes Augenblicks meines Lebens zu unterbrechen – wie schwer es ist, in meinem Körper/Geist präsent zu sein!

Und Ruths Ausführungen über Dukkha oder »Leiden« haben mich tief berührt. Ich erkannte, dass mein Leben daraus bestand, auf Unangenehmes zu reagieren. Im Mikrokosmos des stillen Sitzens auf einem Kissen, im Erleben des ständigen Wechsels von Unbehagen und Begehren sah ich das Muster meines Lebens bis zu dem damaligen Moment – ich sah, dass meine Entscheidungen und wichtigsten Handlungen im Leiden begründet waren, nicht in Freiheit. Ich saß in der Falle.

> Die meisten unserer Handlungen sind Versuche, unser Leiden zu lindern. Das funktioniert für eine Weile. Dann entsteht weiteres, anderes Leiden. Wir handeln, um es zu lindern. Für eine kleine Weile sind wir zufrieden. Dann …
> Als Reaktion auf Leiden handle ich. Meine Handlung bewirkt, dass etwas in der Welt passiert, auf das ich dann reagieren muss. Dann handle ich, um es zu verändern. Wieder verursacht mein Handeln eine Situation, die mich beeinflusst. Ich leide wieder, und so muss ich wieder handeln. Auf diese Weise bin ich Teil einer Kette von Handlungen, die immer weiter besteht, in diesem Leben und im nächsten und in dem danach.

* * *

In jenem Retreat gab es neben dem beeindruckenden Unterricht Aspekte in Ruths Verhalten, die mich verwirrten oder abstießen. Sie beherrschte und kontrollierte alles, sie schimpfte mit denen, die Fehler gemacht hatten, und beschämte sie vor der ganzen Gruppe. Auch ihre Dharma-Vorträge waren ein Problem für mich. Während des Tages sprach Ruth mit glasklarer Einsicht und brachte ein tiefes, weises Verständnis vom Leben und der buddhistischen Lehre zum Ausdruck, aber ihre formalen Dharma-Vorträge am Abend waren oft ein unzusammenhängendes und unstrukturiertes Durcheinander von Ideen und Geschichten und dauerten so lange, dass die Hälfte ihrer Zuhörerinnen mit dem Schlaf kämpfte. Da ich die englische Sprache liebe und geschliffene Ausdrucksformen schätze, quälte es mich zuweilen, wie sie die Sprache zurichtete und Anmut und Sprachökonomie missachtete. Die Amerikanistin in mir schimpfte und protestierte.

Es schien, als könne sie keine Sitzung pünktlich beenden, sie sprach weiter, auch wenn der Gong zum Mittag- oder zum Abendessen ertönt war. All dies konnte mein begeistertes erstes Erwachen gegenüber dem Dharma zunächst nicht ernstlich beeinträchtigen, aber in den folgenden Jahren sollte ich mit meinen Reaktionen auf dieses Verhalten zu kämpfen haben. Manchmal zog ich mich missmutig zurück oder schürte Wut und Vorwürfe, nur selten konnte ich die Ironie darin erkennen, dass ich so viel Energie darauf verwendete, Ruth zu missbilligen, während sie munter weitermachte wie zuvor. Über einen Zeitraum von mehreren Jahren hinweg schlief ich auf meinem Kissen ein, sobald Ruth nur den Mund öffnete, um den abendlichen Dharma-Vortrag zu beginnen, und erst Stunden später, wenn sie fertig war, wachte ich wieder auf. Ich war mit meinem Verhalten nicht einverstanden, nicht nur, weil ich es unhöflich fand, in aller Öffentlichkeit so unaufmerksam zu sein, während Ruth zu uns sprach, sondern auch, weil ich die Einsichten verpasste, die sich in ihrem Redeschwall verbargen. Also beschloss ich, mich damit wach zu halten, dass ich mir Notizen machte. Wenn ich später meine Aufzeichnungen durchging, stieß ich oft auf interessante Dharma-Informationen oder eine wunderschöne Verbindung, die sie hergestellt hatte, und war froh, dass ich mich gezwungen hatte, wach zu bleiben.

Später gab es eine Zeit, in der all meine Beurteilungen Ruths von mir abfielen. Ich kämpfte darum, eine schwere Operation und Chemotherapie in Folge einer Krebserkrankung zu überleben, als ich nach Dhamma Dena zum Frauen-Retreat fuhr. Als sie sah, wie ich mich damit quälte, aufrecht zu sitzen, erfasste sie meinen Zustand sofort und reagierte mit sanfter Fürsorge. Sie kümmerte sich darum, dass ich mich zwischen all den sitzenden Frauen hinlegte, arrangierte ein Kissen unter meinem Kopf und deckte mich mit einem Schal zu. Während des Retreats schaute sie nach mir, entband mich von Aufgaben, die zu anstrengend waren, und ermunterte mich, zurück in den Schlafraum zu gehen und mich auszuruhen, wenn Müdigkeit mich übermannte. Und während der folgenden monatelangen anstrengenden Behandlungen fühlte ich mich von der Praxis, die Ruth mich gelehrt hatte, und von der Geisteshaltung, die ich mit ihrer Hilfe ausgebildet hatte, unterstützt und gestärkt.

Aber 1980, während meines allerersten Retreats, war ich Meditationsanfängerin, und die Weisheit der Buddha-Lehre war völlig neu für mich. Nach dem Retreat errichtete ich in meiner Wohnung in Oakland einen kleinen Altar, darauf stellte ich eine Kerze und eine Vase mit einer einzelnen Blume. Fast jeden Morgen setzte ich mich für eine halbe Stunde oder länger davor und versuchte, die Erfahrungen von Körperbewusstheit und der Beobachtung des Geistes aus Dhamma Dena zu wiederholen. Außerdem gingen meine Partnerin und ich jeden Sonntagnachmittag ins Nyingma-Institut, ein tibetisch-buddhistisches Zentrum in Berkeley. Und schon bald meldeten wir uns dort zu einem Kurs über Abhidharma, die kodifizierten Lehren des Buddha, an. Inspiriert durch das erste Retreat mit Ruth, begann ich also mit einem Programm aus Meditation und Studium, das bis heute andauert.

VIERZEHNTES KAPITEL

Frauen auf den Weg des Buddha einladen

Ruths Beitrag zum amerikanischen Buddhismus ist weit reichend. Sie initiierte das regelmäßige Angebot von Frauen-Retreats, zur damaligen Zeit vollkommen unbekannt und heute fester Bestandteil im Seminarplan der meisten Zentren. Sie hat Bewegung und Körperarbeit in die traditionelle Praxis eingeführt, und was Mitte der Siebziger radikal anmutete und scharfe Kritik hervorrief, ist heute in weiten Teilen der buddhistischen Bewegung akzeptiert. Viele buddhistische Zentren bieten Yoga und andere meditative Bewegungsformen zusammen mit Sitz- und Gehmeditation an, um Achtsamkeit zu kultivieren.

Auf vielerlei Weise brachte Ruth eine weibliche Perspektive und weibliche Energie in ihren Unterricht ein. Sie war körperorientiert, intuitiv, flexibel, kreativ und erfinderisch. Während die herkömmlichen Lehrer in strikt vorgegebenen Zeitblöcken unterrichteten, bewegte sich Ruth fließend von einer Aktivität zur nächsten, sie nahm die Stichworte von Schülerinnen und Schülern auf und entwickelte den Unterricht vor Ort. Wie Julie Wester feststellte, brachte Ruth frischen Wind für Frauen in die Enge des traditionellen Buddhismus. Wie viele Weltreligionen, wurde der Buddhismus über Tausende von Jahren durch das Patriarchat geprägt. In den Anfängen, zu Buddhas Lebzeiten vor 2500 Jahren in Indien, gab es zahlreiche starke Frauen, die ebenso wie Männer praktizierten. Nach dem Tod des Buddha erlangten Männer mehr Macht und Bedeutung. Man verfiel wieder in den Sittenkodex der alten asiatischen Gesellschaft, der Frauen in Küche und Gebärstube verwies, und es wurde sogar behauptet, dass eine Frau erst zur Erleuchtung gelangen könne, wenn sie als Mann wiedergeboren wurde (ein Widerspruch zur Lehre des Buddha, der erklärt hatte, dass Frauen ebenso wie Männer in der

Lage seien, die vollständige Befreiung zu erlangen, und der die Erleuchtung zahlreicher Frauen bestätigt hatte).

Obwohl es tausend Jahre lang Nonnenklöster in Südostasien gab und noch heute eine weibliche Linie in Nordasien existiert, wurde der Buddhismus im Wesentlichen von männliche Schülern und Mönchen dominiert. Sie verteufelten Frauen oder vergaßen sie gleich ganz und fuhren fort, die Lehre aus männlichem Blickwinkel zu kodifizieren und zu interpretieren. Dieser Buddhismus erreichte die Küsten Amerikas. Theravada oder Vipassana wurde nicht von asiatischen Meistern nach Amerika gebracht, sondern von jungen westlichen Praktizierenden, die diese Tradition aus Asien mitbrachten und fast ausnahmslos bei männlichen asiatischen Lehrern gelernt hatten. Obwohl sie selbst die Dinge vielleicht anders sahen, brachten sie zusammen mit den Techniken auch die durch und durch männlich dominierte Haltung mit, die hinter der Praxis stand.

Frauen wie ich (ich hatte zehn Jahre eine feministische Perspektive entwickelt und für die Gleichberechtigung von Frauen gekämpft) sehnten sich nach einer spirituellen Praxis und erkannten den Wert der buddhistischen Meditation und Unterweisung. Aber wir hatten Schwierigkeiten, das herkömmliche Arrangement in buddhistischen Zentren zu tolerieren: eine hierarchische Struktur, in der dominante Männer die Führung und Frauen untergeordnete Rollen innehatten. Häufig verehrten die Frauen diese Männer und brachten ihre Arbeitskraft ein, um den äußeren Rahmen aufrecht zu halten und die Männer emotional zu unterstützen. Außerdem wurde in den frühen Achtzigern aufgedeckt, dass einige der prominentesten buddhistischen Meister ihre Macht missbraucht hatten und im Geheimen sexuelle Beziehungen zu Schülerinnen unterhielten. Einige wenige konsumierten zudem Alkohol und hatten Geld unterschlagen. Etliche Frauen waren von diesem Verhalten desillusioniert und verletzt. Sie verließen die buddhistischen Zentren und machten sich auf die Suche nach Lehrerinnen. Andere blieben, arbeiteten innerhalb der Einrichtungen daran, die Strukturen zu verändern, und bestanden auf ethischen Regeln. Dann waren da noch die Frauen, die als Kind vom Vater oder von Verwandten sexuell missbraucht oder körperlich misshandelt worden waren und die sich in Situationen verletzlich fühlten, in denen männliche Autoritätspersonen das Sagen hatten.

In der Frauenbewegung hatten wir die Freiheit kennen gelernt, ausschließlich mit Frauen zusammenzuarbeiten. Wir umgingen auf diese Weise die gesellschaftlichen Wertvorstellungen, die Männer bevorzugen – und unseren eigenen internalisierten Sexismus, der uns dazu brachte, sich Männern zu fügen, selbst wenn dies nicht in unserem Interesse war. Ich zum Beispiel hatte Ende der Siebziger das Gefühl, »genug fürs Patriarchat« getan zu haben, wie ich es damals ausdrückte. Ich hatte einen dominanten Vater erlebt und war zehn Jahre lang heterosexuell verheiratet gewesen. Während dieser Ehe verbrachte ich viel Zeit damit, meinem Ehemann und anderen Männern zuzuhören und sie zu unterstützen. Jetzt wollte ich meine beste Energie den Frauen geben.

Wir suchten also nach spirituellen Lehrerinnen, aber sie sollten ein Bewusstsein von sich als Frauen haben, sie sollten einen fundamental weiblichen Zugang zur Praxis haben. Es liegt eine gewisse Ironie darin, dass Ruth, die sich nicht als Feministin bezeichnete und die grundlegenden Prinzipien des Feminismus nicht verstand, die erste Lehrerin war, die buddhistische Frauen-Retreats leitete und diese bis zum heutigen Tag zweimal jährlich auf den Seminarplan setzt. Aber sie war ein Naturtalent, im Einklang mit der Welt der lebenden Wesen und der Natur. Eine Frau, die alle Wesen auf eine einzigartige aktive Weise liebte. Sie spürte ihren Körper, war wunderbar mit ihm verbunden und konnte ihre Schülerinnen zu intensiver Erfahrung der Körperempfindungen anleiten. Sie liebte es zu tanzen, zu feiern, sich zu dehnen und zu bewegen. Sie handelte und unterrichtete nicht so sehr vom Kopf her, sondern aus dem Herzen und mit allen Sinnen. Sie war eine reife Frau, bodenständig und in der äußeren Welt verwurzelt, voller Lebenserfahrung. Ruth war diejenige, die

Frauen das Tor zum Dharma öffnen konnte, besonders den Feministinnen, den Lesben und den kämpferischen Frauen, die glücklich über ihre unangepasste und exzentrische Persönlichkeit waren.

Ruth selbst wäre jedoch entgegen U Ba Khins Anweisung, sie solle ausschließlich Frauen unterrichten, nie auf die Idee gekommen, ein Frauen-Retreat anzubieten. Ende der Siebziger wurde sie von einer jungen lesbischen Feministin dazu eingeladen, und sie willigte ein, ohne die Bedeutung dieser Veranstaltung zu erfassen. Dies war der Beginn einer Frauengemeinschaft, die aus Oregon, Nordkalifornien und der Gegend um San Fransisco von 1980 bis Mitte der Neunziger zu den regelmäßigen Frauen-Retreats nach Dhamma Dena kam. Eine Schülerin namens Carol Newhouse war die Urheberin dieses Phänomens.

Carol war eine der Frauen, die 1974 eine Landwohngemeinschaft mit Retreat-Zentrum für Frauen gründeten. Was in einem alten Bauernhaus in den Wäldern in der Nähe von Grants Pass, Oregon, begann, entwickelte sich schnell zu einer blühenden Gemeinschaft, zu der neben den Bewohnerinnen von »Womanshare« auch Frauen aus der Gegend gehörten, die Workshops und Kurse besuchten. Die Gründerinnen von Womanshare bezeichneten sich als Teil von »Lesbian Nation«, einer Untergruppe der Frauenbewegung in den Vereinigten Staaten, die aus jungen Lesben bestand, die sich aufgemacht hatten, eine Minigesellschaft außerhalb der dominanten heterosexuellen Kultur zu schaffen.[49] Carols spirituelle Erkundungen galten weiblicher Spiritualität, waren ein eklektischer Mix aus Göttinnenverehrung und Hexenkult, als sie und ihre Freundinnen das alte Haus instand setzten und ihre Arbeit der Gemeinschaft zur Verfügung stellten. Womanshare war ein Kollektiv, alle Ressourcen und Pflichten wurden geteilt. Carol und die andere Frauen aus dem Kollektiv schrieben ein Buch, *Country Lesbians*, in dem sie ihre Kämpfe und Erfahrungen aufzeichneten.

Anlässlich einer Reise an die Ostküste, auf der Suche nach einem spirituellen Weg, der von einer Lehrerin vermittelt wurde, meldete Carol sich zu einem Retreat unter Leitung von Ruth Denison in der Insight Meditation Society an. Carol suchte nach einer Praxis, die »mein Bewusstsein und meine Achtsamkeit tief und nachhaltig verändern würde«. Im Buddhismus, so wie Ruth ihn unterrichtete, fand sie beides. Und sie fand ihre Lehrerin. »Ich mochte Ruth. Ihre Präsenz, wie sie aussah, wie sie vor all diesen Menschen auftreten konnte – die Retreats dort sind sehr groß. Zu jener Zeit war sie mein Vorbild. Sie trug eine weite Bluse und ihren langen, wallenden Rock, trat beherrscht und würdevoll auf. Sie beeindruckte mich. Hier war eine uralte Praxis, die anscheinend gute Wurzeln hatte. Bei mir funktionierte es. Und die Praxis wurde von einer Frau vermittelt, die zwanzig Jahre älter war als ich – das war genau richtig.«

Carol erinnerte sich an eines ihrer ersten Gespräche mit Ruth, in dem es darum ging, Frauen zu unterrichten. »Sie erzählte: ›Mein Lehrer hat gesagt, ich soll Frauen unterrichten.‹ Ich wollte sagen: ›Ja, das ist richtig, tu das!‹ – Aber sie fuhr fort: ›Ich finde, ich sollte auch Männer unterrichten. Ich bin eine gute Lehrerin, und ich sollte nicht nur Frauen unterrichten!‹ Also sagte ich: ›Ich finde auch, dass du Männer unterrichten kannst, aber Frauen zu unterrichten ist etwas Besonderes. U Ba Khin muss sich etwas dabei gedacht haben. Vielleicht meinte er, dass du Frauen getrennt unterrichten sollst.‹«

Carol überlegte, wie sie die beiden Seiten ihres Lebens verbinden könnte: ihre bilderstürmerische lesbisch-feministische Persönlichkeit in Jeans und Flanellhemd und die neu entdeckte Meditation. Sie entschied sich, Ruth zu bitten, nach Womanshare zu kommen und ein Retreat zu leiten. Ihr war klar, dass sie ein Wagnis einging, denn »dies waren meine Wahlfamilie, meine Freundinnen, meine Basis in der Gemeinschaft, und es hätte sein können, dass die anderen sich fragen würden, warum ich eine exzentrische alte deutsche Frau in die Lesbian Nation bringe. Aber ich musste es tun, ich musste herausfinden, ob es funktionierte.«

Ruth nahm Carols Einladung an, und im Herbst 1978 wurden

Pläne für ein Retreat in Womanshare geschmiedet. Carol brachte das Womanshare-Kollektiv dazu, teilzunehmen und rief ihre anderen Freundinnen an. Schließlich hatte sie um die zwanzig Frauen überzeugt, zu dem verlängerten Wochenende mit Ruth zu kommen. Und »es funktionierte fantastisch. Der Grund dafür war Ruth – sie war in ihrem Element. Damals wusste ich noch nicht, dass sie auf dem Land aufgewachsen war, wusste nicht, dass sie Kochen und Gärtnern genauso liebte wie wir. Sie schlief im Hühnerstall. Das war mein Schlafplatz, und den überließ ich ihr. Sie hat nicht mit der Wimper gezuckt. Du kannst dir das vorstellen. Besonders damals, als Dhamma Dena noch nicht viel weiter entwickelt war als Womanshare.«

Zunächst fiel es den Frauen schwer, Ruth zu akzeptieren. Sie hatten noch nie an einem Schweige-Retreat teilgenommen oder die Disziplin der Vipassana-Meditation erlebt. Als Landlesben waren sie naturgemäß Rebellinnen, die keiner Autorität gehorchten. Die Frauen meditierten im Haus, gingen zum Essen nach draußen, ein paar zusammengenagelte Holzplanken auf dem Rasen dienten als Tisch, und alle schliefen, wo immer sie ein Plätzchen fanden. Aber manchmal stahlen sie sich davon, liefen durch den Wald und schimpften über Ruth.

Carol erinnert sich an eine entscheidende Begebenheit, durch die Ruth das Vertrauen der Gruppe gewann. Eine Frau lehnte sich beim Meditieren an eine Wand. Am zweiten Tag sagte Ruth ihr, dass sie von der Wand abrücken solle. Die Frau weigerte sich und sagte, sie habe Rückenprobleme und könne nicht ohne Stütze sitzen. Ruth erklärte ihr, dass es nicht gut für ihren Rücken sei, sich an eine Wand zu lehnen, und die Frau begann zu weinen. Alle beobachteten den Willenskampf der beiden. Carol duckte sich innerlich und fragte sich, ob ihre Freundinnen verstanden, was Ruth da tat. Aber Ruth ging zu der Frau, arrangierte die Kissen und half ihr, sich körperlich zu sortieren und gerade zu sitzen. Sie ermutigte sie: »Siehst du, du bist stärker als du denkst, Dahling. Du kannst gerade sitzen!« Für den Rest des Retreats saß die Frau, ohne sich anzulehnen, auf ihrem Kissen.

Carol erlebte diese Begebenheit als Wendepunkt, nach dem »die Frauen Ruth als Autorität annahmen. Bis dahin war es einfach ein weiterer Workshop gewesen. Ich glaube, die Frauen akzeptierten sie, weil sie ihre Autorität auf gute Weise behauptet hatte.«

Ruth erinnert sich nicht an den »Wendepunkt« bei diesem ersten Retreat in Womanshare, den Carol beschreibt. Aber obwohl sie erst seit ein paar Jahren unterrichtete, spürte sie, dass sie auf ihre Intuition vertrauen konnte. Sie erinnert sich: »Ich war damals nicht besonders weise, aber ich hatte ein gutes Gespür dafür, wie jemand auf der geistigen Ebene ›tickte‹. Wenn ich das nicht gehabt hätte, hätte ich es nicht geschafft. Aus meinem inneren Kontakt mit Menschen konnte ich arbeiten. Das funktionierte.«

* * *

Als Ruth klar wurde, dass die Frauen im Retreat Lesben waren, wollte sie das Buch *Country Lesbians* sehen und blieb die ganz Nacht wach, um es zu lesen. Sie erinnerte sich, dass sie einmal eine Freundin gehabt hatte, die Frauen liebte. Am nächsten Morgen diskutierte sie mit Carol über das Buch, stellte Fragen über das lesbische Leben und die Zusammenarbeit der Frauen in Womanshare. Carol fand es beruhigend, dass Ruth wirklich interessiert war und dass in ihren Fragen keine Wertung lag. Das ganze Retreat war heilsam für Carol, sie erlebte, wie Ruth der Herausforderung begegnete und sie annahm, und sie sah, wie ihre Freundinnen sich Ruth gegenüber öffneten.

»Sie sah etwas in uns«, sagt Carol. »Sie sah eine Gemeinschaft. Heute weiß ich, dass sie Sangha sah. Sie sah die Kraft, die Stärke von Frauen, und sie sah gleichzeitig auch unsere Streitbarkeit und unser Misstrauen.«

Ruth war weder die revolutionäre Bedeutung dieses ersten Retreats in Womanshare bewusst, noch sah sie die Zukunft voraus, in der ein breites Netzwerk von Frauen, die den Buddhismus praktizieren, entstehen würde. Dann jedoch, als sich ihr eigenes

Zentrum in Dhamma Dena entwickelte, sagte sie zu den Frauen, »Ich bin zu euch gekommen; jetzt kommt ihr im nächsten Jahr zu mir in die Wüste.«

1979, Anfang Februar, leitete Ruth das erste Frauen-Retreat in Dhamma Dena. Die Teilnehmerinnen kamen aus der Womanshare-Gemeinschaft und aus Oregon, Nordkalifornien und der Gegend um San Francisco. So begann für Ruth eine lange und fruchtbare Verbindung mit einer Gruppe herausfordernder Schülerinnen. (Sie willigte ein, im Oktober '79 noch einmal hinauf nach Womanshare zu fahren, erklärte den Frauen jedoch, dass sie von nun an zu ihr nach Dhamma Dena kommen müssten.)

Ich war bei dem ersten Frauen-Retreat in Dhamma Dena nicht dabei, sondern fand meinen Weg dorthin zum zweiten Retreat, das vom 15. bis zum 30. März 1980 stattfand. Dieses Retreat war meine erste Begegnung mit dem Buddha-Weg, meine erste Bekanntschaft mit Ruth und mein erster Aufenthalt in Ruths rustikalem Meditationszentrum auf der Copper Mountain Mesa.

Frauen-Retreats wurden zu einer Hauptaktivität in Dhamma Dena, und schon bald gab es ein Frauen-Retreat im Herbst und eins im Frühling. Der Kreis der Teilnehmerinnen beschränkte sich nicht auf Lesben, es waren immer gemischte Gruppen, aber die Kerngruppe bestand aus Lesben. (Ruths drittes Dhamma-Dena-Retreat in jedem Jahr ist das Feiertags-Retreat über Weihnachten und Neujahr. Dieses Retreat ist für Frauen und Männer.) Für mich und wahrscheinlich für die meisten Frauen, die an diesen Retreats teilnahmen, war Ruth die einzige, die uns auf den Buddha-Weg führen konnte – weil sie eine Frau war und in ihrer Umgebung und im Alltag so verwurzelt war. Sie bat uns, mit ihr etwas aufzubauen und war absolut ehrlich zu uns, was ihr eigenes Leben betraf, ihren Hintergrund, ihre Beziehung zu Henry –, deswegen konnten wir ihr vertrauen. Ihre Arbeit mit dem Körper, die Achtsamkeit für die Körperempfindungen, um die Unbeständigkeit wahrzunehmen und wirklich zu erleben, gaben uns ein wirkungsvolles transformierendes Werkzeug an die Hand. Die

Spontaneität und Kreativität, mit der sie uns dahin führte, jedem Aspekt des Lebens unsere Aufmerksamkeit zu schenken, und ihre unglaubliche Lebensfreude bezauberten uns, erleichterten und versüßten die harten Zeiten von Wut und Widerstand und machten es uns leichter, ihre Härte zu verzeihen. Sie öffneten unsere Herzen schließlich für die tiefe und befreiende Botschaft des Buddhismus.

* * *

Rund um die Retreats entwickelten sich individuelle und gemeinschaftliche Rituale. In Dhamma Dena stand ich jeden Morgen, wenn es dämmerte, auf und ging laufen. Ich lief in der kühlen Luft Richtung Osten, dem Horizont entgegen, meine Tennisschuhe machten auf der sandigen Piste dumpfe Geräusche, meine Augen begrüßten das trübe Morgenlicht, das sich wie Flüssigkeit hinter den fernen Hügeln sammelte, um dann heller und strahlender zu werden und schließlich den ganzen Himmel mit Wellen aus Pink und Dunkelrosa zu überziehen, die sich gegen das allerzarteste Blau abhoben. Zur Meditation saßen wir Knie an Knie in dem winzigen Zendo und teilten so manche Erkältung und Schnupfnase. Im Jahr, bevor wir kamen, hatte Ruth die Jagdhütte in der Nähe des Haupthauses gekauft und darin eine kleine Meditationshalle eingerichtet.

Ruth ging häufig mit uns hinaus in die Wüste. Dort bewegten wir uns im Kreis, streckten die Arme zum Himmel, beugten uns zur Erde hinab, drehten uns langsam und achtsam und ehrten unsere Tiergeschwister und unser eigenes kostbares Selbst. Manchmal ging sie mit uns am Nachmittag nach draußen. Um uns aus unserer Lethargie zu holen, ließ sie uns im Stehen auf die offene Wüste blicken, die Augen geöffnet für eine »Sehmeditation«, in der wir die Umgebung als »Form und Farbe, Dahling« aufnahmen und lernten, Körper und Geist zu entspannen und ganz im Sehen zu sein. Oder sie führte uns in der Abenddämmerung achtsam in einer Reihe die Straße entlang zum Dukkha-

Haus und zurück und bellte uns an, mit der Aufmerksamkeit bei der Berührung des Fußes auf der Erde und der Bewegung der Muskeln und der Gelenke zu sein.

Im Zendo führte sie uns eindringlich und subtil zum tiefen Erleben unserer Körperempfindungen, sie leitete uns an, den Hals zu spüren, wo so viel Spannung gehalten wird, den Kopf zu erforschen, wo so viel Empfindsamkeit sitzt. Sie führte uns so eindringlich durch den ganzen Körper, dass wir die Knochen unseres Skeletts wahrnehmen konnten. Es war schwierig, die Aufmerksamkeit hierhin zu richten. Ruths Stimme in der Stille des Raumes war weich und resolut. Ich gab mein Bestes, die Gegenden meines Körpers aufzusuchen, die sie ansagte, und mit meinem Bewusstsein die physische und energetische Realität meines Körpers zu durchdringen. Manchmal war ich erfolgreich und erlebte den Fluss dieses Körpers, der Energie, die Wirklichkeit von Knochen und Sehnen, und mit dieser Ahnung kam das Begreifen, dass dieser Körper eines Tages nicht mehr belebt sein würde, dass er sterben würde, zerfallen, selbst die Knochen würden schließlich zu Staub zerkrümeln.

Wenn ich aus so einer Meditation wiederauftauchte, spürte ich eine Welle von Zärtlichkeit für mich und alle anderen im Raum. Wir teilten die gleichen Elemente, wir waren alle vergänglich. Dieses Wissen hielt mich in einem weiten Bewusstsein.

Das war für mich das Herzstück von Ruths Lehre.

Nachmittags ließ sie uns dann auf dem Boden sitzen und Kniegelenke, Füße, Schultern und Gesäß bewegen. Manchmal sollten wir auf den Sitzhöckern gehen, manchmal sollten wir uns im Liegen wie eine Schlange über den Teppich winden. Zu jener Zeit hatte ich keine Ahnung, dass Ruth die Grundlagen für diese Manöver zwanzig Jahre vorher von Charlotte Selver in ihrem Wohnzimmer gelernt hatte. Zwischen ersticktem Gelächter und unterdrücktem rebellischem Gemurmel ermunterte Ruth uns, in jedem Moment unserer erlebten Wirklichkeit präsent zu sein und nicht in Erinnerungen oder Projektionen in die Zukunft zu flüchten, sondern uns dem Erleben dieses Augenblicks zu widmen – kratziger Teppich unter der Nase, steife Knie, die sich nicht beugen wollen, Hand berührt Oberschenkel.

Für manche Schülerinnen war das zu viel. Es waren meist Meditierende aus den Retreats von Jack Kornfield, Joseph Goldstein und Sharon Salzberg in der I. M. S., die diesen nichttraditionellen Zugang skandalös fanden. Dann und wann stand eine Teilnehmerin hastig auf und tappte wütend zur Tür hinaus. Später sprach Ruth dann mit der Frau. Manche blieben, manche reisten ab. Der Rest von uns hatte keine Erfahrungen mit eher konventionellen Vipassana-Unterweisungen, und wir waren bereit, unsere Würde dem Unternehmen zu opfern, bäuchlings über den Boden zu krabbeln und dabei zu versuchen, die Aufmerksamkeit für den Körper aufrechtzuerhalten. Wir kannten den größeren Zusammenhang der konventionellen Dharma-Unterweisungen nicht, in den wir Ruth hätten setzen können, um sie danach zu beurteilen. Sie *war* unser Kontext. Nach allem, was wir wussten, war dies das Dharma, und wenn sie unerhört, unberechenbar, verärgernd und frustrierend war, dann war sie einfach Ruth. Sie konnte außerdem sehr unterhaltsam sein und zutiefst liebevoll und mitfühlend. Sie war eine wilde Frau, eine Rebellin wie wir, die improvisierte und erfand, während sie voranging. Das begriffen wir, denn während des letzten Jahrzehnts in der Frauenbewegung hatten wir das Gleiche getan. Wir erforschten neue Formen von Beziehungen, bauten Gemeinschaften auf und ließen Konventionen hinter uns, um unser Leben neu zu gestalten. Wir »kapierten« Ruth.

* * *

Ein Ritual, dass zunächst die Geduld der Praktizierenden herausforderte, war die Essensmeditation. Wahrscheinlich hatten wir als Frauen ein besonderes Verhältnis zum Essen, einige von uns mit Suchtstrukturen, andere waren auf besitzergreifende Weise der Meinung, alles über Ausgewogenheit und Nährstoffe zu wissen. Und fast alle sahen die Essenszeiten als eine Möglichkeit, sich zu entspannen, die Aufmerksamkeit zu reduzieren und sich dem sinnlichen Genuss hinzugeben.

Im Speisesaal, der kurz zuvor an das kleine Haus angebaut worden war, saßen wir zum Mittagessen entlang der Wände auf dem Boden und warteten, bis alle ihr Essen in Empfang genommen hatten. Dann erschien Ruth mit ihrem Tablett und begann, über die Achtsamkeit beim Essen zu sprechen. Zunächst sollten wir das Essen anschauen und bewusst unseren Hunger spüren. Ich saß da und blickte auf meine Schale mit Gemüse, Tofu und Reis und schaute zu, wie alles kalt wurde. Ich war mir meines vorhersehbaren Ärgers bewusst, der anfing, sich wie ein kleines, wühlendes Tierchen durch meine Eingeweide zu graben. Ruth ließ uns die Schalen mit beiden Händen anheben und den Duft des Essens wahrnehmen. Dann ließ sie uns Stäbchen oder Gabel heben und forderte uns auf, dies bewusst zu tun: »Ich hebe meine Gabel.« Dann wies sie uns an, ein wenig von dem Essen auf die Gabel zu spießen und die Gabel zu heben. Schließlich führten wir das Essen zum Mund. Nachdem wir dann das Besteck auf dem Tablett abgelegt hatten, kauten und schluckten wir aber nicht, denn Ruth wies uns an, die Beschaffenheit des Essens wahrzunehmen, seine Temperatur und seinen Geschmack. Der Gesichtsausdruck der Teilnehmerinnen war hochinteressant. Besonders bei denjenigen, die seit dem Morgen in der Hoffnung auf Erlösung aufs Mittagessen gewartet hatten. Nun mussten sie feststellen, dass es in unserer nicht nachlassenden Aufmerksamkeit für den gegenwärtigen Augenblick keine Pausen gab.

Ruth forderte uns auf, einen Bissen aufzunehmen, zu halten, zu untersuchen und unsere Aufmerksamkeit dann beim Kauen der Bewegung der Zähne und der Zunge zu widmen. Und so weiter. Manchmal drückte mein Gesicht ebenfalls die pure Ungläubigkeit aus, die ich bei manchen Neulingen sah. Zu anderen Zeiten gab ich mich ohne ersichtlichen Grund Ruths Anweisungen und dem Wahrnehmen hin, und ich erlebte bei der Tätigkeit des Essens tiefe Entspannung und Freude.

An jenem Abend sprach Ruth abends im Zendo übers Essen

und erzählte eine lange und urkomische Geschichte über eine Begebenheit während einer Indienreise, als weder sie noch Henry noch der Brahmanen-Koch es über sich brachten, ein Huhn für das Abendessen zu schlachten. Ruth und Henry gaben das lebende Huhn schließlich dem Koch und erhielten im Tausch dafür drei Eier zu Ehren von Brahma, Vishnu und Shiva, der Dreiheit der göttlichen Kräfte des Universums der Hindus.

Ruth hing eine Weile schweigend der Erinnerung nach, dann schüttelte sie den Kopf. »Ja, wenn jeder die Tiere selbst schlachten müsste. Oder wenigstens zuschauen würde. Viele erzählen, dass sie danach kein Fleisch mehr essen können.«

Und obwohl sie nicht weitersprach, wusste ich, dass ihr die Tiere durch den Kopf gingen, deren Bilder sie mir gezeigt hatte: Kühe, die vorm Schlachten an einem Bein an einen Haken gehängt wurden; Hühner, die in winzige Käfige gestopft wurden; Gänse, die mit Schläuchen im Hals gestopft wurden; Hunde, die auf philippinischen Märkten mit zurückgebundenen Vorderbeinen in der sengenden Sonne liegen und darauf warten, dass sie abgeholt, geschlachtet und gegessen werden. Ruth ist bereit, sich diese Bilder anzuschauen, sie sich zu Herzen zu nehmen und Geld an Organisationen zu spenden, die sich dafür einsetzen, diese Bedingungen zu ändern. Als wir einmal in einen chinesischen Restaurant waren und einige andere und ich überlegten, ob wir Ente bestellen sollten, erzählte sie uns, wie brutal die Enten gefüttert würden. Als wir protestierten, dass wir nichts darüber hören wollten, sagte sie ruhig und traurig: »Wir können uns nicht einfach abwenden.«

* * *

Eines der beliebtesten Rituale in Dhamma Dena war (und ist) der Ausflug zu den heißen Quellen oder zum Joshua Tree Monument. Als Belohnung für unsere Bemühungen lud Ruth uns zu diesen Ausflügen an einen neuen Schauplatz für unsere Achtsamkeitspraxis ein. Donnerstags war es normalerweise so weit, und wie allen Ereignissen in Dhamma Dena ging dem Ausflug ein langatmiger organisatorischer und belehrender Vortrag am Morgen voraus, in dem Ruth entschied, wer in welchem Auto fahren würde, uns eindringlich aufforderte, im Schweigen zu bleiben, die »Fahrmeditation« demonstrierte und Badeanzüge für jene fand, die ihre vergessen hatten. Wenn die heißen Quellen das Ziel des Ausflugs waren, bewegte sich unsere Karawane nach Desert Hot Springs, eine kleinen Stadt, etwa eine Stunde von Dhamma Dena entfernt. Schließlich fuhren wir auf den Parkplatz eines schicken Hotels, das um die heißen Mineralwasserquellen gebaut wurde. Im Zentrum befinden sich sechs runde Becken mit unterschiedlich warmem Wasser von sehr heiß bis Badewannentemperatur. Ruth mit ihrer Badekappe mit Gummiblümchen ging mit uns ins Becken, und wir schwiegen zwischen den ledernen Dauergästen, den Soldaten aus der nahe gelegenen Kaserne und den Paaren mittleren Alters, die mit ihren Kindern Urlaub machten. Irgendwann versammelte Ruth uns im größten Becken, ließ uns einen Kreis bilden und wies uns an, uns gemeinsam zu bewegen und zu tauchen und das Strudeln des warmen Wassers um uns zu spüren – ein Kreis aus Frauen tanzte im Wasser, vereint durch Ruths entschlossenen und begeisterten Gesichtsausdruck und ihre freundliche Aufforderung, unsere Verbindung zum warmen Wasser und der kühlen Luft, zu Himmel und Palmen und zueinander zu erkunden, eingetaucht in das Element, aus dem die Welt und wir selbst bestehen. Amüsierte Zuschauerinnen und Zuschauer beobachteten uns, dann und wann schloss sich eine Frau unserem Kreis an. Schließlich verlangte Ruth, dass jede von uns zügig durch das Fünfzig-Meter-Becken mit kaltem Wasser schwamm.

Auf der Fahrt nach Hause im Dunkeln bewahrten wir entspannt und aufgeweicht das Schweigen, und Ruths Kopf wippte, wenn sie auf dem Beifahrersitz einnickte. Zurück in Dhamma Dena, aßen wir die Suppe, die die zu Hause Gebliebenen gekocht hatten, und gingen zu kurzer Meditation und einem Vortrag in das Zendo. Ruths abschließender Gong entließ uns schließlich in die Nacht. Langsam ging ich zurück zum Dukkha-Haus, brauchte keine Taschenlampe, denn meine Füße fanden den Pfad zwischen den Büschen und danach die sandige Straße hinab. Über mir öffnete sich ein unglaublicher Wüstenhimmel, ein schwacher Wind strich durch die Salbeisträucher.

* * *

Über die Jahre kam es in der Gemeinschaft der Frauen-Retreats zu diversen Verstrickungen, die wieder gelöst werden mussten – Unstimmigkeiten mussten geklärt und Konflikte ausgetragen werden.

Viele von Ruths Schülerinnen vertraten leidenschaftlich bestimmte politische Standpunkte. Sie waren gegen die Aufrüstung, kämpften für feministische Ziele und demonstrierten für den Schutz der Umwelt. Ich selbst wurde 1983 zweimal verhaftet und verbrachte vierzehn Tage im Gefängnis, zuerst wegen einer Demonstration gegen die Cruise-Missile-Tests und dann wegen des Protests gegen die Entwicklung von Atomwaffen in den Lawrence-Livermore-Laboren. Die Frauen in Nordkalifornien setzten sich gegen die Abholzung von Redwood-Bäumen ein und unterstützten weitere Anliegen.

Und dann gingen wir nach Dhamma Dena zu einer Lehrerin, die von all dem keine Ahnung hatte. Auf ihre alten Tage hat Ruth angefangen, sich für Umweltfragen zu interessieren und Kandidatinnen und Kandidaten politischer Parteien zu unterstützen, aber zu Beginn der Achtziger konzentrierte sie sich ausschließlich auf die Welt, die sie sehen, berühren und riechen konnte. Sie spendete Geld an Tierschutzorganisationen und konnte fundiert über die Grausamkeiten berichten, die Tieren angetan wurden, aber darüber hinaus schien sie nichts über amerikanische oder Weltpolitik zu wissen. In direkter Nachbarschaft zu Dhamma Dena liegt ein Luftwaffenstützpunkt und militärisches Gebiet, auf dem Waffen getestet werden, aber es interessierte Ruth nicht, was dort vor sich ging. 1984 erklärte sie auf einer großen buddhis-

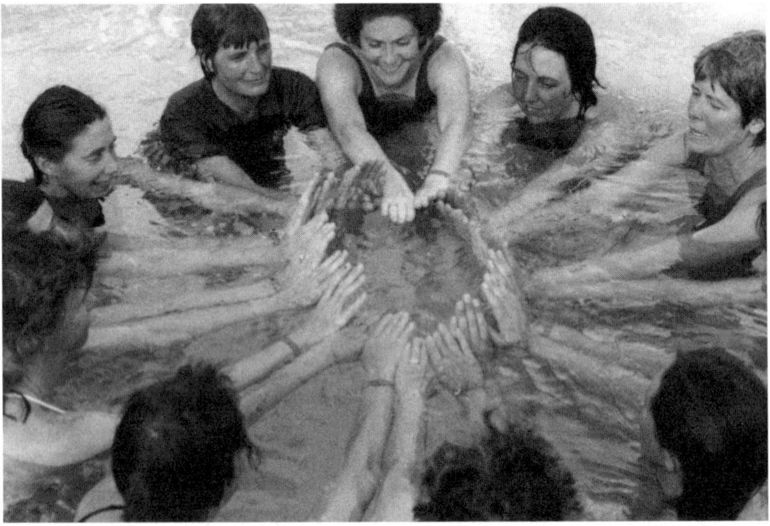

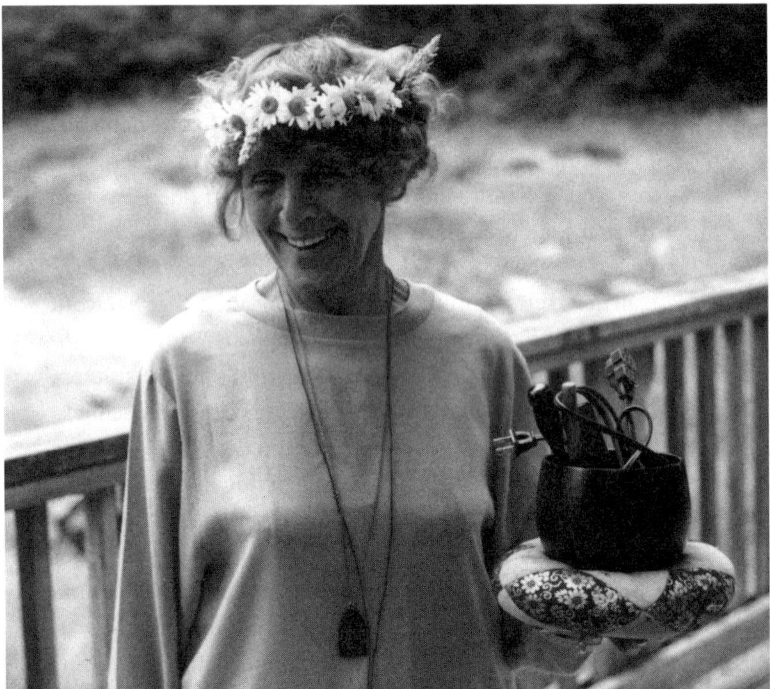

Ruth im Waldhaus am Laacher See

tischen Konferenz an der Ostküste vor einem vollen Hörsaal, dass sie keine Feministin sei. Ich schimpfte danach mit ihr und sagte: »Ruth, wie kannst du sagen, dass du keine Feministin bist? Du warst die erste Lehrerin, die Frauen-Retreats veranstaltete. Viele deiner Schülerinnen sind lesbische Feministinnen, und du unterstützt sie.« Sie schaute mich interessiert an, dann fragte sie: »Dahling, warum bist du nicht aufgestanden und hast mir widersprochen?«

Für uns Schülerinnen war Ruths Naivität schwer zu ertragen. Wir wollten, dass sie zumindest die Verantwortung übernahm, sich über gesellschaftliche Bereiche zu informieren. Aber was unsere Lebensumstände anging, schien sie völlig unwissend.

Dieser enge Blickwinkel brachte Ruth in ernstliche Konflikte mit ihren jüdischen Schülerinnen. Etwa zwei Drittel der Teilnehmerinnen in den ersten Retreats waren Jüdinnen, und Ruths Akzent, ihre kommandierende und »deutsche« Art bereitete diesen Frauen Schwierigkeiten. Aber es gab eine weitere Irritation. Als Ruth begann, die Feiertags-Retreats zu veranstalten, schmückte sie mit der ihr typischen Begeisterung den Kaktus im Hof mit Lichterketten, hängte bunte Kugeln in die Pflanze auf dem Altar, zündete Kerzen an und spielte im Zendo eine Kassette mit Händels *Messias*. Die jüdischen Frauen, die ihr ganzes Leben lang mit Weihnachtsfeiern der herrschenden Kultur konfrontiert waren, während ihre jüdischen Feiertage ignoriert wurden, protestierten.

Eines Tages, als sie im Zendo aus ihrem Leben erzählte, erwähnte sie beiläufig, dass sie einer Jugendgruppe der Nazis angehört hatte, und beschrieb die Aktivitäten der Gruppe und deren Philosophie. Einige jüdische Frauen waren so aufgebracht, dass sie das Retreat verließen. Andere konfrontierten sie direkt dort im Zendo und versuchten, ihr verständlich zu machen, wie beleidigend und sogar bedrohlich diese Information für sie war.

Auch ich kämpfte damit, was Ruth uns erzählt hatte. Ich bin keine Jüdin und habe mich nicht mit dem Holocaust befasst, aber meine Kindheit fiel in die Zeit des Zweiten Weltkriegs, und nach Kriegsende hatte ich in der Wochenschau die Befreiung der

Konzentrationslager gesehen (ich war damals neun Jahre alt). Ich hatte *Mein Kampf* gelesen und im College Leni Riefenstahls Propagandafilm *Triumph des Willens* gesehen. Als Erwachsene hatte ich außerdem ein Jahr im faschistisch regierten Spanien verbracht. Ich wusste von der spanischen Zusammenarbeit mit dem Dritten Reich und davon, dass spanische Städte Ziele der Naziluftwaffe waren, um die Bombardierung von Städten zu proben, und ich hatte Francos Diktatur erlebt. Der Begriff »Nazi« versetzte mein Herz in Entsetzen.

Die Frage nach Vertrauen kam auf. Konnte eine jüdische Frau sich wirklich für Ruths Unterricht öffnen, wenn sie wusste, dass Ruth an der Kultur des Dritten Reichs beteiligt gewesen war, die Bedeutung dessen ihr jedoch offensichtlich nicht bewusst zu sein schien? Alle, die an diesen Retreats teilnahmen, wollten, dass Ruth den größeren historischen und politischen Zusammenhang anerkannte, in den ihre eigenen Erlebnisse eingebunden waren. Wir wollten, dass sie ihre Erfahrungen im Kontext sah, dass sie die Nazivergangenheit aufarbeitete und sie im Zusammenhang mit dem Leben, Sterben und Leid von Millionen Menschen verstand.

Die Vorstandsfrauen der Frauen-Sangha in Berkeley, von denen viele regelmäßig nach Dhamma Dena kamen, schrieben Ruth einen Brief, in dem sie ihr Befremden ausdrückten. Beim nächsten Frauen-Retreat kam Ruth mit diesen Frauen zusammen und entschuldigte sich bei ihnen. Sie dankte ihnen dafür, dass sie ihr die Augen dafür geöffnet hatten, welche Wirkung ihre Worte und Handlungen auf ihre jüdischen Schülerinnen hatten. Und in den folgenden Feiertags-Retreats nahm sie Elemente der jüdischen religiösen Feste auf.

Wenn ich heute, nachdem so viel Zeit seit dieser Begebenheit in den frühen Achtzigern vergangen ist, mit einigen der jüdischen Frauen spreche, schreiben sie ihre damalige Reaktion zum Teil ihrer Jugend zu. Mit zunehmendem Alter haben sie eine philosophischere Haltung gegenüber spirituellen Lehrerinnen entwickelt. Sie mussten lernen, dass jede Lehrerin auch ein Mensch mit Fehlern und blinden Flecken ist.

Jetzt, im April 2003, möchte ich hören, was Ruth zu ihrer Haltung gegenüber dem Schicksal der Jüdinnen und Juden und der anderen Menschen, die in den Todeslagern der Nazis umgekommen sind, zu sagen hat. Wir sitzen wieder einmal an ihrem Esstisch im Haus Las Vegas. Durch die Jalousien vor dem Wohnzimmerfenster kann ich das lockere Blattwerk der Paolo-Verde-Bäume in Ruths Garten und dahinter den blassen Wüstenboden sehen.

Ich beginne damit, ihr von meiner Lektüre über die Weimarer Republik, das Dritte Reich und Antisemitismus zu erzählen.

Sechzig Jahre sind seit jener Zeit in Deutschland vergangen. Ruth spricht von ihrem Bewusstsein heute, jetzt, da sie seit drei Jahrzehnten spirituelle Lehrerin ist. Sie sagt über all ihre Schüler, jüdisch und nichtjüdisch, weiß, afroamerikanisch oder europäisch; Männer und Frauen: »Ich habe sie wie mich selbst behandelt und nie irgendwelche Unterschiede gemacht. Immer habe ich uns zurück auf die menschliche Ebene gebracht. Ich bin dem Buddha-Weg gefolgt und bin euch allen, wie ich glaube, immer mit Mitgefühl, Liebe und in Schwesterlichkeit begegnet.«

Sie hat zwei Realitäten erlebt: die fröhlichen Zeiten mit anderen jungen Menschen in der Hitlerjugend und den Horror, als sie später entdeckte, welche Verwüstung das Dritte Reich angerichtet hatte. Beide sind wahr. Und zu ihren Erfahrungen gehören auch Bombardements und Besetzung durch die Alliierten und das Leid der Deutschen in der Nachkriegszeit. »Wir haben eine Menge abgekriegt. Und ich habe immer gesagt: ›Seht ihr, wir zahlen für das, was wir getan haben.‹ Durch die Bombenangriffe der Alliierten wurden in Deutschland Hunderttausende getötet, die meisten darunter Frauen und Kinder. Die Alliierten haben auch schreckliche Dinge getan. Aber ich habe es verstanden und gesagt: ›Das ist es, was wir getan haben, und wir bekommen es zurück.‹ Auf der persönlichen Ebene habe ich meinen Anteil gezahlt. Meine Begeisterung für die Nazis hatte einen hohen Preis, weißt du? Ich war immer Freiwild für die sexuellen Übergriffe der Alliierten. Die so genannten Befreier.«

Sie weigert sich, zu verbittern oder einer Gruppe die Schuld zu geben. »Es ist menschlich. Ich sehe es nicht mehr als etwas Deutsches. Ich sehe auch nicht, dass es amerikanisch ist – sie haben ja den Schwarzen schlimme Dinge angetan. Und den Indianern. Ich kann mich nicht ausnehmen von dem, was die Nationalsozialisten getan haben, aber ich kann auch nicht sagen: ›Ihr bösen, bösen Deutschen.‹ Ich kann mich hinsetzen und die ganze Menschheit beweinen, wie sie herrscht und welche Möglichkeit der Erleuchtung sie hat.« Ruth senkt den Blick, ihr Gesicht voller Sorgenfalten und Entschlossenheit.

»Ich habe wirklich mein Herz von alldem befreit. Ich sehe es alles als menschlich an: Habgier, Hass und Illusion. Das Einzige, was ich respektiere, ist die Lehre des Buddha. Glaub mir, Dahling, wenn wir die zu verwirklichen suchen, dann könnten wir vielleicht einen friedlichen Planeten haben.

Als ich mit Ruth in ihrem Haus saß, schien mir dies ein so klares Bild ihrer Perspektive und ihres Unterrichts. Sie versuchte wieder und wieder, uns zu einem tieferen Verständnis jedes Menschen zu führen – über die Grenzen des Geschlechts, der ethnischen Zugehörigkeit und der kulturellen Identität hinaus –, wenn sie uns aufforderte, tief in unser eigenes Herz zu schauen und die ganze Menschlichkeit jeder anderen Person anzuerkennen. Politik, Rhetorik und Rechtschaffenheit treten angesichts dieser Wahrnehmung in den Hintergrund. Diese Frau, die wir als unsere Lehrerin ausgewählt hatten, brachte uns immer wieder dazu, unsere Muster und Kategorien hinter uns zu lassen und uns tiefer in die Identifikation mit allem Lebenden einzulassen. Sie verkörperte unsere Ideen und Ziele und kappte sie gleichzeitig an den Wurzeln, um uns eine profundere Wahrheit zu zeigen – eine, die uns in die Freiheit führen könnte.

FÜNFZEHNTES KAPITEL

Eine Gemeinschaft gründen

Besonders in den ersten Jahren in Dhamma Dena wurde ich dazu verpflichtet zu putzen, Möbel zu rücken, Wände zu streichen und auf neue Anweisungen zu warten, während Ruth überlegte, wie alles werden sollte, ihre Meinung änderte und uns dann überredete, alles wieder in den ursprünglichen Zustand zu versetzen und von vorn zu beginnen. Bei dieser Arbeit war ich entweder frustriert, gelangweilt, oder ich habe mich amüsiert darauf eingelassen. Ruths langjährige Schülerinnen und Schüler haben alle in der Zusammenarbeit mit ihr ihre Unberechenbarkeit zu spüren bekommen. Am extremsten hat es vielleicht Nick erlebt. Er kam aus Hawaii und hatte beschlossen, Ruths winzige Hütte zu vergrößern, damit sie mehr Wohnraum hatte. Ruths Kuti war so klein, dass nur die Couch zum Schlafen und ein Schreibtisch wirklich Platz hatten, und voll gestopft mit ihren Büchern und Sachen. Nick hatte seine Arbeitskraft angeboten, um einen Anbau zu konstruieren. Er erzählt: »Für sie zu arbeiten war vielleicht ein Unterfangen! Es war wie die Milarepa-Geschichte. Ich spendete das ganze Material, breitete alles aus, das Haus sollte mindestens ein Drittel größer sein, als es jetzt ist. Ich hatte schon das Fundament gelegt und das ganze Baumaterial besorgt.

Sie kommt, wirft einen Blick darauf und sagt: ›Das ist zu groß für mich. Das will ich nicht. Ich möchte es nicht so groß.‹« Nicks Arbeit war umsonst, und er musste von vorn anfangen.

Wie er sagte, war es wie in der Geschichte des tibetisch-buddhistischen Weisen Milarepa. Sein Lehrer Marpa wies ihn an, einen Turm zu bauen. Als der hohe Turm fertig war, befahl er ihm, ihn abzureißen und die Steine dorthin zurückzubringen, wo er sie gefunden hatte. Dann befahl ihm Marpa, den Turm wiederaufzubauen. Und wieder abzureißen. Diese Übung wurde unzählige Male wiederholt, bis Milarepa seine Anhaftung an die Aufgabe und das Ziel losgelassen hatte – und wahrscheinlich durch die Hölle von Frustration, Wut, Entmutigung und Hoffnungslosigkeit gegangen war. Erst dann war Marpa bereit, ihn zu unterrichten.

Die meisten langjährigen Schülerinnen und Schüler können einem ein Fleckchen in Dhamma Dena zeigen, wo sie einen Tag oder Tage oder Wochen gearbeitet haben. »Ich habe dieses Dach in der gleißenden Nachmittagssonne gestrichen.« – »Ich habe den Kaktusgarten hinter Ruths Kuti gerodet.« Ruths Ankündigung für das Frauen-Retreat lautete folgendermaßen: »Alle Frauen sind eingeladen zu *arbeiten* und zu meditieren.« (Hervorhebung von mir.) Als Ruth das Dukkha-Haus von einer unglücklichen jungen Familie kaufte (das Leben in der Wüste erfordert Stärke und Robustheit, die das junge Paar mit vielen kleinen Kindern und Alkoholproblemen nicht aufbrachte), wurden wir angewiesen, Ruth die staubige Straße hinunter zu dem kürzlich verlassenen Haus zu begleiten. Die Räume waren knietief voll von Müll und Dreck. Die jungen Eltern hatten es aufgegeben, das Haus sauber und ordentlich zu halten. Sie hinterließen das Badezimmer voll schmutziger Windeln, die Spüle mit Essensresten und Abfall verdreckt, die Wände fleckig und vollgespritzt.

Während wir noch unschlüssig mit Schrubbern, Lappen und Eimern dastanden, watete Ruth ins Haus und begann, den Unrat in den Garten zu werfen und uns aufmunternd zuzurufen: »Kommt, Dahlings, wir schmeißen erst mal alles raus, dann schrubben wir!« Es war ein langer, heißer und stickiger Nachmittag in diesen düsteren Räumen. Ich erinnere mich an den Gestank von Fäkalien, den Dreck an den Händen und unter den Fingernägeln, den Staub in der Nase, das Bücken, Heben, Tragen. Ruth arbeitete mit uns, ihr langer Rock schleifte durch den Schmutz, die Ärmel hatte sie bis zu den Ellenbogen aufgerollt. Sie dirigierte uns, rief die eine oder andere, ihr zur Hand zu gehen, inspizierte jeden Quadratmeter freigelegte Wand oder Boden und drängte uns zu mehr Gründlichkeit.

Ich weiß nicht mehr, ob diese Aufgabe einen Tag dauerte oder viele, aber mein Gefühl zum Dukkha-Haus hat hier seinen Ursprung. In den folgenden Monaten errichteten Schüler einen Anbau für das kleine Haus und legten eine Terrasse an. Das Dukkha-Haus erhielt seinen Namen und wurde der Frauenschlafsaal. Dukkha (oder Leid) schien der passende Name, aus Respekt vor dem schwierigen Leben der Vorbesitzer und als Erinnerung für uns Frauen, die wir ein besseres Los haben, an die alles durchdringende Unzufriedenheit, die vielen unserer Erfahrungen zugrunde liegt. Das Haus wurde in den Retreats in Dhamma Dena mein Lieblingsplatz. Ich liebe es, auf der Terrasse zu sitzen und über die Wüste und die fernen Berge zu schauen. An kalten Winterabenden liebe ich das Wohnzimmer mit dem alten, schwarzen Holzofen. Und es erfüllt mich mit Zufriedenheit, dass ich mitgeholfen habe, das Dukkha-Haus aus seinem vernachlässigten Zustand zu befreien.

Ruths Bereitschaft, sich mit jedem Detail beim Aufbau und der Instandhaltung ihres Zentrums zu befassen, ist ungewöhnlich für eine Dharma-Lehrerin. Sie sagt dazu: »Ich habe wie jede andere mit euch gearbeitet und bin dann in das Zendo gegangen und war Vipassana-Lehrerin. Ich war nie nur das eine, ich habe euch nicht einfach arbeiten lassen und dagestanden wie eine Aufseherin. Ich war immer Teil von allem und hatte dabei nie das Gefühl, dass es meinen Status als Lehrerin verletzt. Wir sind miteinander gewachsen.«

Ruths immerwährende Botschaft lautet: Sei da, mit dem, *was ist*, kümmere dich um deine Umgebung – und Dhamma Dena bietet unzählige Gelegenheiten für Fürsorge und Achtsamkeit. Unter allen Spülbecken stehen Eimer, die man im Blick haben muss. Wenn sie voll sind, werden sie in die Wüste getragen und bei einem durstigen Busch ausgeschüttet. Die meisten Toiletten sind draußen in kleinen Holzverschlägen, die Wände mit Kalenderblättern und Tierbildern aus Illustrierten tapeziert. Man muss daran denken, die Türen zu schließen, das Licht – so vorhanden – auszuschalten und das Toilettenpapier in den Eimer und nicht in das Loch zu werfen; es wird später verbrannt. Alles, was man in der Wüste vergisst, wird schon bald von Sonne und Trockenheit zerstört. Wir lernten, auf ausgeblichene Geschirrtücher und Tischtücher aufzupassen. Und im Zendo zwischen den Sitzungen erzählte Ruth uns von den Pflanzen und Tieren, die uns umgaben: von der empfindlichen und verletzlichen Pflanzenwelt in glühender Hitze und Trockenheit, von Spinnen, die ihre Netze in den Ecken anlegen, und von Schlangen, die sich unter Müllhaufen zusammenringeln, von Kaninchen, die sich verstecken und weghoppeln, um sich wieder zu verstecken, von Kojoten, die in der Nähe des Anwesens herumstreunen und hungrig Laute in die Nacht schicken, von der Wüstenschildkröte, die sich im Sand vergräbt, und von den vielen Wüstenvögeln, die ihre Nester in den Kakteen und unter den Dachvorsprüngen der Häuser bauen.

Alles war Unterricht und zeigte uns eindrücklich, dass wir Teil eines Netzes von Beziehungen sind, ermutigte uns zu tiefer Fürsorge für alles Sein und gab uns Gelegenheit, unsere persönlichen geistigen Muster zu betrachten, unter denen wir leiden. Meine Widerstände gegenüber Ruth oder den Aufgaben, die sie mir stellte, meine Beurteilungen ihrer Person – all das, so begriff ich schließlich, war Stoff für die Praxis. Zuerst behütete ich meine Widerstände, glaubte an sie und richtete sie gegen Ruth, aber nach und nach lernte ich, mich durchzubeißen, sie wirklich zu schmecken und zu untersuchen, folgte ihnen zu der grundlegenden »Unbehaglichkeit«, die unser Leben regiert: Wir wollen die Dinge anders haben, als sie sind. Was sie uns mit Besen und Schrubber lehrte, war genau das Gleiche wie das, was sie uns in der Meditationshalle beibrachte: Sei aufmerksam für das, was in dir vorgeht. Entwickle deine Aufmerksamkeit, so dass du empfänglicher für die feinen Signale wirst. Mach dich auf die Reise *durch* dein Leiden zu der unsagbaren Freude, die das tägliche Leben schenkt.

* * *

Die Geschichte eines spirituellen Lehrers oder einer spirituellen Lehrerin wird oft als eine Saga über eine überragende Gestalt, allein auf weiter Flur, erzählt – gewissermaßen getrennt von allen anderen Wesen. In Wirklichkeit sind spirituelle Lehrer jedoch sehr eng mit Gruppen von Menschen verbunden, beide lernen voneinander und haben etwas zu geben. Natürlich gibt es die Suchenden, die jahrelang zurückgezogen und allein in einer Höhle leben, aber für westliche Dharma-Lehrerinnen und -Lehrer ist totale Abgeschiedenheit selten eine Option. Und Ruth hat sich natürlich über die Jahre engagiert und lebendig mit ihrer Gemeinschaft in Dhamma Dena verbunden. Besucher erzählen, wie Ruth ihr Leben verändert hat, wie sie sie auf den spirituellen Weg gebracht, sie herausgefordert und bezaubert hat. Im Gegenzug hat die Gemeinschaft Ruth in bestimmten Bereichen weitergebracht und zu ihrem Wachstum und Verständnis beigetragen. Ruth war außerdem beim Aufbau von Zentren in Oregon, Kanada und Deutschland behilflich, aber sie kehrte immer wieder nach Hause in die Mojave-Wüste zurück.

Ruth heißt die Menschen in ihrer Welt in Dhamma Dena willkommen. Einige kommen als verlorene Seelen und werden magnetisch angezogen von der Frau, die als *goldene Mitte* bekannt war. Sie wollen einfach in Ruths Nähe sein und von ihr lernen. Dann und wann kommt jemand, um Dharma-Lehrer oder -Lehrerin zu werden. Andere kommen und bieten ihre Dienste an. Alle Instandhaltungsarbeiten wurden von diesen Helfern ausgeführt. Auch die Organisation und Versorgung während eines Retreats obliegt ihnen. Häufig bezahlt Ruth ihnen die Anreise, sie gibt ihnen Unterkunft und Verpflegung; manchmal bezahlt sie auch eine kleine Aufwandsentschädigung für ihre Arbeit. Die Arbeit selbst wird für die meisten Menschen ihr Weg der Praxis.

Nicht dass es einfach wäre, für Ruth zu arbeiten. Sie kommt vielleicht mitten in der Nacht aus Hollywood, weckt dich auf und besteht darauf, dass du mit ihr Brot für das Retreat backst, das am nächsten Morgen beginnt. Immer wachsam, wenn es um Geld und Verschwendung geht, kann sie dich heftig dafür kritisieren, die äußeren Blätter vom Salat oder eine angegammelte Möhre weggeworfen zu haben. Es kann sein, dass sie dich auffordert, in der Mittagshitze auf dem Dach zu arbeiten. Sie kann dich an die Grenzen deiner Kraft bringen. Und sie mischt sich in deine Arbeit ein, sagt dir, was du alles anders machen sollst, wenn du gerade einen Anfang gefunden hast. Für Ruth zu arbeiten ist wie das Leben einer Dienerin im Feudsystem: Man ist ganz und gar auf die Gnade der Herrin angewiesen.

Ihre Schülerin und Helferin Margaret Frederick stellt fest: »Dhamma Dena ist Ruths *Zuhause*.« Es ist kein unpersönliches Retreat-Zentrum. Praktisch jede Kleinigkeit im Haus bei den Möbeln und Gegenständen spiegelt Ruths Geschmack wider, ihre asketische Haltung, verbunden mit ihrem Faible für Eleganz und Luxus und ihrer Forderung, dass alles sorgfältig arrangiert und in Ordnung gehalten wird. Geschirr, Gardinen, Bettwäsche und Lampen – ein Großteil der Ausstattung in Dhamma Dena stammt aus Ruths Haus in Hollywood oder wurde auf der Straße und in Secondhandläden gesammelt.

Als wir darüber sprechen, wie das Dukkha-Haus damals eingerichtet wurde, nachdem wir es geputzt hatten, sagt Ruth: »Das war kein Problem – du weißt, wie das mit Betten ist. Du gehst in die Umsonstläden, und da kriegst du Bettgestelle und Matratzen. Die Secondhandläden in Palm Springs sind super, sie sind wie Warenhäuser. Elegant, einfach großartig! Und dann bin ich beim Sperrmüll in Hollywood durch die Straßen gegangen. Hollywood, na klar. Aber wir hatten auch so viel zu Hause, weißt du, es gab immer irgendetwas zu ergattern.«

Die Gebäude von Dhamma Dena fielen Ruth in die Hände, weil sie weiß, wie man eine Gelegenheit ergreift. Das Zendo war die Wochenend-Jagdhütte eines Arztes aus Long Beach gewesen. Als eine Nachbarin Ruth 1978 erzählte, dass sie zum Verkauf stand, war Ruth mit Henrys Hilfe und ihren Ersparnissen in der Lage, den Kaufpreis von 7500 Dollar aufzubringen. Dann trug sie den Schülerinnen und Schülern auf, die kleine Hütte in eine Meditationshalle umzubauen.

Etwa vier Jahre später bot ein Handwerker aus Seattle an, das Zendo um das Doppelte zu vergrößern. Während Ruth in Europa war, um zu unterrichten, stellte der Bauherr die geräumige, solide gebaute Meditationshalle fertig. »Die Zufahrt musste verlegt werden, damit wir den Anbau machen konnten«, erzählt Ruth, »und das Dach musste gestützt werden. Und das sind nicht einfach Ziegel, Dahling! Das sind Zementblöcke und Stahlträger, damit es stabil ist. Außerdem ist es gut isoliert, weißt du.«

Ich erinnere mich an die Freude, zum Retreat zu kommen und dieses große Zendo vorzufinden, lichtdurchströmt, mit genügend Platz für unsere Knie, einem herrlichen Podest und einem Altar an der Stirnseite. Über den Altar hatte Ruth ihr Glasmosaik gehängt, ein gemusterter Läufer aus ihrem Haus in Hollywood lag auf dem Teppichboden, Glastüren öffneten sich zur Zement-Terrasse, die das Haus umgibt.

Die nächste Veränderung der Unterkunft war ein großer zusätzlicher Wohnwagen, der hinter dem Dukkha-Haus geparkt wurde und Schlafraum für Männer bieten sollte. Weitere kleine Wohnwagen kamen in den folgenden Jahren hinzu und wurden zu Unterkünften für besondere Gäste. Während der Achtziger fanden unsere Retreats in Koexistenz mit Ruths Nachbarin Stevie, deren Ehemann und Pflegekindern statt. Mit ihrer Zustimmung baute Ruth einen hohen Holzzaun zwischen den Häusern, um mehr Privatsphäre zu schaffen. Sie pflegte ein freundschaftliches Verhältnis zu dem Paar und erhielt das Vorkaufsrecht, als die beiden beschlossen, die Wüste zu verlassen. Das war 1989 oder 1990.

Ruth erzählt: »Ich habe viel Geld dafür bezahlt. Oh, achtundsechzigtausend! Heute könnte ich das nicht mehr. Und ich habe noch mal fünfundzwanzigtausend reingesteckt. Ich habe dafür gesorgt, dass es diesen wunderbaren Anbau gibt, das Badezimmer, den Anbau der Veranda und das Zimmer für die Lehrer. Da waren vorher nur Kakteen. Du konntest die Tür nicht mehr aufmachen, diese großen Dinger haben alles überwuchert. Ja, wir haben zwei Wochen lang Kakteen gerodet.«

Das wurde das Samadhi-Haus, ganz in der Nähe des Haupthauses. Ich erinnere mich an das erste Mal, als ich während eines Retreats dort gewohnt habe – welch ein Luxus! Es gab tatsächlich im Haus ein funktionierendes Badezimmer, und ich teilte das Zimmer mit einer Frau, und nicht, wie sonst im Schlafsaal, mit zehn Frauen. Die Schränke waren geräumig, und in der Küche konnten wir Tee kochen.

Das Geld, das Ruth für ihren Unterricht erhielt, ließ sie direkt in Verbesserungen von Dhamma Dena fließen. In der Theravada-Tradition wird der Unterricht als unbezahlbar angesehen und umsonst abgehalten. Lehrerinnen und Lehrer sind auf *dana* (Großzügigkeit) angewiesen – Geldspenden, Dinge oder Hilfsdienste, deren Höhe die Gebenden festlegen. Der Mindestbeitrag für ein Retreat (am Anfang waren das sieben Dollar pro Tag) deckt kaum die Kosten, so dass mit dem Geld, das als Dana zu Ruth kam, oftmals Wasserlieferungen, die Gebühren beim Müllplatz oder Reparaturen bezahlt wurden. Außerdem hat sie viele Schülerinnen und Schüler unterstützt, hat Bedürftigen Unterkunft und Essen gegeben, manchmal die Reisekosten zu einem Kloster in Burma bezahlt oder für jemanden die Studiengebühr an der Universität übernommen. Jahrelang hat sie auch einer indischen Schülerin das Flugticket bezahlt, damit diese zu den Retreats kommen konnte.

Ruth war immer unglaublich großzügig und hat gleichzeitig nie das Portemonnaie aus der Hand gegeben. Sie verabscheut Verschwendung und sucht stets nach gebrauchten Dingen, statt neue zu kaufen. Gleichzeitig hat sie viel Geld an Schülerinnen und Schüler verteilt, die welches benötigten. Als ich mit dem Schreiben eines Buches über westliche Frauen im Buddhismus begann (*Die Entfaltung des Lotus*) – ein Projekt, dass Ruth befürwortete –, fragte sie mich, was ich benötige, um mit der Arbeit anzufangen, und stellte mir prompt einen Scheck über den genannten Betrag aus. Ich habe ihr das Geld später zurückgezahlt, aber es gab über die Jahre andere spontane Geschenke, die an keine Bedingungen geknüpft waren.

Ruths Neigung, sich mit jedem Aspekt eines Retreats zu befassen, kann für diejenigen, die dort arbeiten, manchmal schwierig sein. Selbst in anderen Zentren taucht sie in der Küche auf und erteilt Anweisungen, so wie bei einem Retreat in Washington. »Man sagte mir, es gebe nichts mehr zu Essen, das Gemüse sei alle. Ich fragte: ›Wo ist der ganze Kohl von gestern?‹, und die Antwort war: ›Den mussten wir wegschmeißen, der war gefroren.‹ Ich sehe mich noch in der Mülltonne hängen und den Kohl herausklauben – ich habe darauf bestanden, dass wir ihn kochen. Sie waren schockiert über mich, sie dachten immer, ich sei eine feine Dame, aber das andere bin ich auch. Ich habe viele Rollen gespielt, ich kann eine Hexe sein, ich kann eine vornehme Dame sein, ich kann eine echte Bauersfrau sein und ein Cowgirl. Und ich kann sehr scharf reagieren, wenn etwas weggeworfen wird! – Sie wollten den Kohl nicht kochen, aber ich sagte: ›Es gibt keinen weiteren Penny für etwas zu essen!‹ Also kochten sie den Kohl.

Oh, das habe ich auch hier in Dhamma Dena getan, aber ich habe nicht viel Aufhebens darum gemacht. Ich sage dir, einmal haben sie die äußeren Blätter von einem Salat weggeworfen, die sind manchmal sehr gut; ich habe eine ganze Schüssel Salat daraus gemacht, und niemand wusste, dass ich den aus dem Abfall hatte.«

Ruths absolutes Engagement in Dhamma Dena hat eine Schattenseite. Weil Dhamma Dena ihr Zuhause ist und sie die Dinge immer genauso haben will, wie es ihr gefällt, war sie niemals wirklich offen für die guten Ideen und Kompetenzen der Leute, die angeboten haben, Dhamma Dena zu managen. Sie ist nicht bereit, Arbeit zu delegieren und eine Managerin einzustellen.

Ein Ergebnis dieser Haltung ist ihre gelegentliche Überlastung während der Retreats, wenn sie während der Meditationen und der Dharma-Vorträge auch noch die Wasserversorgung, das Abendessen und die nächste Reparatur im Kopf hat. Und auch wenn sie über scheinbar unerschöpfliche Kräfte für all diese Aufgaben verfügt, so führt der Stress wegen der großen Verantwortung doch manchmal zu Frustration und schlägt in Ärger um, den sie am Personal und an den Schülerinnen auslässt. Zwei gute Freundinnen, die durch mich nach Dhamma Dena gekommen waren, konnten ihren harschen Umgang mit den Teilnehmerinnen nicht ertragen. Eine der beiden verließ das Retreat nach der Hälfte der Zeit und schwor, nie wieder zu kommen, die andere blieb bis zum Schluss, sagte aber, dass sie nicht wiederkommen würde, um mit Ruth zu meditieren. Eines Tages im Haus Las Vegas beschloss ich, Ruth darauf anzusprechen, und wollte wissen, ob sie sich ihrer gelegentlichen Ungeduld und Schärfe bewusst ist.

»Manchmal kommandierst du die Leute anscheinend recht grob herum«, setzte ich an.

»Tue ich das?«, fragt sie.

»Ich habe das während eines Retreats beobachtet.«

»Ja, dafür kritisiert man mich.«

»Siehst du das auch so?«

»Ich bemerke es. Wenn ich es bemerke, werde ich sofort weicher.«

»Was glaubst du, woher kommt das?«

Ruth scheint sich über meine Frage zu ärgern. Sie antwortet vehement: »Wieso soll es irgendwo herkommen? Es liegt in jedem Menschen! Wenn du nicht erleuchtet bist, ist es da, du bringst das ganze Zeug mit. Ich will nicht meine Mutter oder meinen Vater dafür verantwortlich machen oder irgendjemanden. Es passiert, weil ich frustriert bin. Ich will, dass etwas anders ist, ich sehe, dass es zu langsam vorangeht, und da stehe ich dann. Aber dann drehe ich mich um, und im selben Moment wirst du mich hören: ›Hör zu, Dahling, ich war zu grob, vergib mir. Ich habe es nicht so gemeint, ich hoffe du missverstehst mich nicht.‹ Ich will nur auch unbedingt, dass die Dinge erledigt werden.

Die Leute, die hier für mich arbeiten, nehmen manchmal das alte Müsli, sie nehmen den Kohl, wenn er frisch und feucht ist, sie nehmen das also und bringen es an die Futterstelle der Kojoten. Der Kohl ist dann natürlich voller Sand. Sie machen ihn nicht sauber. Also *dann* reagiere ich grob. Wenn ich etwas Offensichtli-

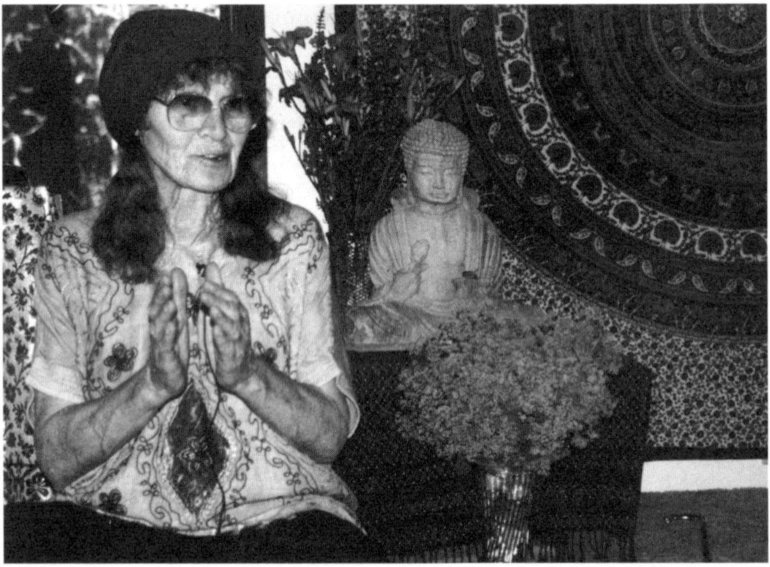

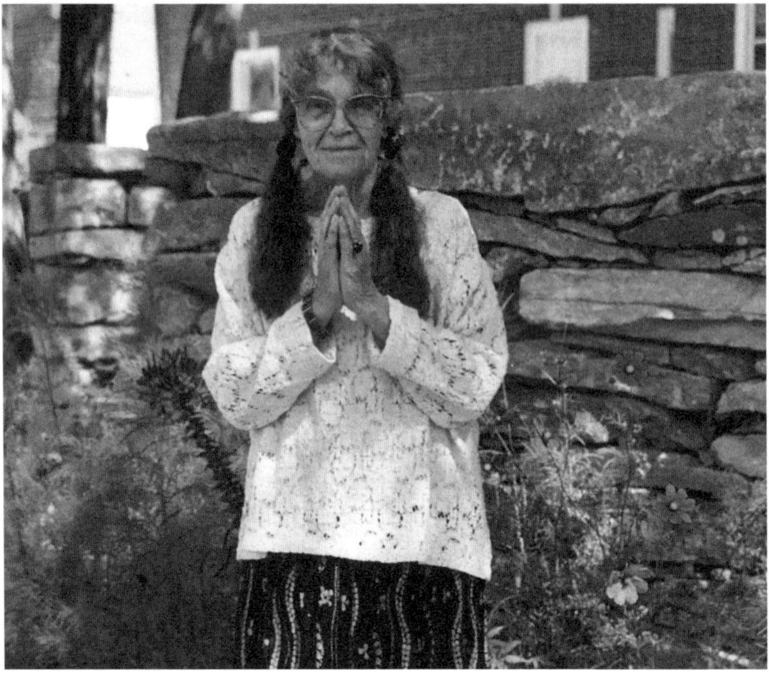

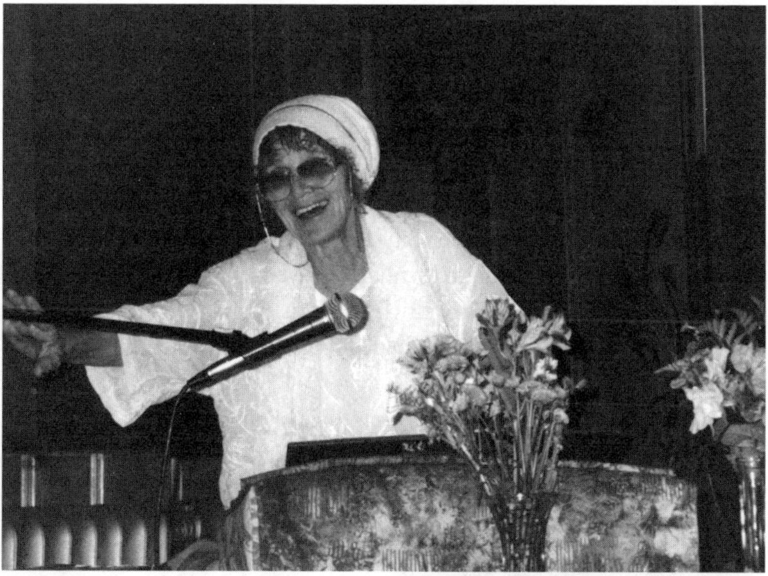

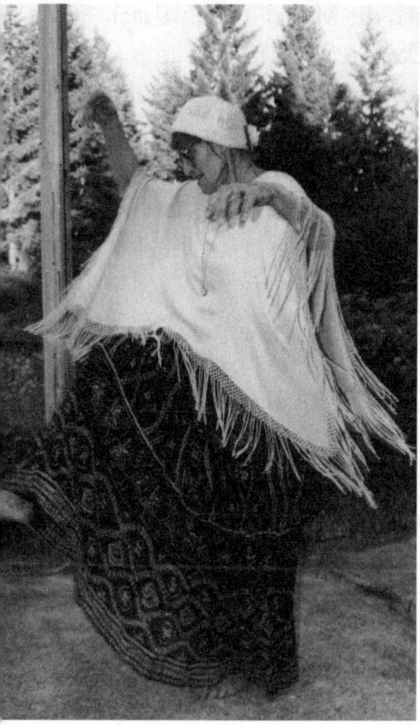

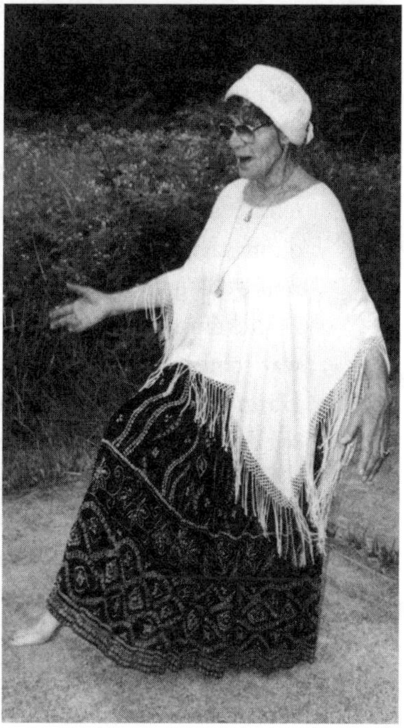

ches sehe – es wird einfach nicht für die Kojoten gesorgt, nicht gefegt, sondern das gute Essen in den Sand geworfen –, dann werde ich im Ton etwas rau. Wo es herkommt? Das kommt von der Unzulänglichkeit in dieser Handlung. Der Geist ist nicht wach.«

Jene, die eine lockere Atmosphäre erwarten, werden manchmal von Ruths fordernder Art unsanft überrascht. Ella, Musikerin und Bibliothekarin aus der Bay Area, erzählt von ihren Begegnungen mit Ruth, in denen schließlich Wertschätzung die Oberhand gewonnen hat. Als sie sich 1981 zu einem Retreat anmeldete, war sie verzweifelt und fragte, ob sie früher kommen dürfe.

Ich dachte, ich würde ein paar Tage allein und ruhig in der Wüste verbringen. Und dann war das meine erste Begegnung mit Ruth: Ich kam an, und die Erste, der ich begegnete, war Ruth. Und mir war sofort klar, dass dies alles andere als ruhige Tage für mich werden würden.
Es begann damit, dass sie mich die Möbel im Schlafsaal mit den vielen Betten verrücken ließ. Ich nehme an, sie dachte, es passt nicht alles dort hinein, oder es gefiel ihr nicht, wie es war. Sie stand hinter mir, und ich rückte die schweren Betten und Kommoden. Ich weiß noch, dass ich sie alle so hingeräumt hatte, wie sie es wollte, und sie dann sagte: »Nein, nein, nein, Dahling, das geht niemals, das gefällt mir nicht, nein, wir müssen es wieder zurückkräumen.« So ging es den ganzen Nachmittag. Das war echtes Training.
Dann wollte ich Julie Wester in der Küche helfen. Und wieder hat Ruth alles beaufsichtigt. Ich glaube, ich habe Humus im Mixer gemacht, und sie setzte an, etwas dazu zu sagen, wie ich irgendetwas schnitt: »Meinst du nicht, du solltest das anders schneiden, Dahling?« Ich erinnere mich nur noch, dass ich an dem Punkt das große Messer gehoben habe, und sie sagte: »Oh, okay Dahling, du schneidest so, wie du es willst.«
Meine Erfahrung mit ihr war, dass sie mich gleichzeitig

verrückt machte und mich »geknackt« hat, geöffnet. Deswegen war es so stark, mit ihr zu sitzen. Sie verstand mich wirklich. Ich kam und sprach mit ihr, und sie fragte: »Warum lehnst du mich ab, Dahling?« – Das war der Schlüssel. Auf sie zu treffen. So vieles in meinem Leben drehte sich um den Versuch, diese Art von Widerstand anzuschauen – diesen Impuls, etwas wegzuschieben –, um ihn loszulassen; dem Widerstand zu misstrauen, anstatt ihn anzunehmen.

Manche Teilnehmerinnen beklagten sich, dass Ruth während der Meditation sprach und sie störte. Ich glaube, sie haben nichts *begriffen*. Sie war wie eine Großmutter, die sich in alles einmischt, und gleichzeitig war so viel Liebe in allem, was sie tat.

Die Menschen sind so verwirrt. Sie glauben, dass spirituelle Praxis die unliebsamen Anteile in einem verschwinden lässt und dass man sozusagen durchs Leben schwebt wie Katherine Hepburn oder Mutter Teresa – als würde man über allem stehen. Es ist ein richtiggehendes Konzept. Und Ruth räumt sofort damit auf. Das will niemand wahrhaben: Wie kann man erleuchtet sein und gleichzeitig immer noch so ein Aufhebens machen? Und doch scheint so es gut und richtig zu sein.

Sie hielt sich nicht zurück, um sich zu schützen, und versuchte nicht, eine Fassade aufrechtzuerhalten. Sie war die Autorität, sie hatte das Sagen, aber eher wie eine Gastgeberin. Es war so klar, dass sie eine authentische, einzigartige Person war, die nicht versuchte, irgendetwas zu sein.

Es war großartig, dort zu sein und sich so unwohl zu fühlen. Ich wusste instinktiv, dass hier etwas auf mich wartete. Ich dachte oft: »Oh, ich will nicht dorthin«, und dann ging ich wieder zurück.

* * *

Verschiedene Menschen sind in den kleinen Häusern geblieben, die Ruth über die Jahre gekauft hat, um dort zu leben. Manche von ihnen leiden ernstlich an psychischen Problemen und bilden eine eigene lose Gemeinschaft, die sich um Ruth herum entwickelt hat. Um Einzelne kümmert sie sich direkt im Zentrum. Eine Frau wurde nach jahrelanger psychischer Krankheit von ihrer Familie in Ruths Obhut gegeben. Sie schickten monatlich einen kleinen Geldbetrag, und Ruth übernahm für zwei Jahre die Aufgabe, der Frau zu helfen, sich wieder mit der Realität zu verbinden.

Zuerst brachte sie ihr bei, allem, was sie tat, ihre Aufmerksamkeit zu schenken. Wenn sie ging, hatte sie einen Zettel, auf dem stand: »Ich hebe meinen Fuß und bewege ihn vorwärts, und jetzt setze ich ihn ab.« Ich erinnere mich an diese verstörte Frau, wie sie ängstlich im hinteren Teil des Zendo saß oder auf einem Stuhl auf der Seite des Samadhi-Hauses und eine Zigarette rauchte, daran, wie sie mit gesenktem Kopf in der Küche Gemüse schnitt. Ruth schloss sie in alle Aktivitäten des Retreats mit ein. Sie musste ihr oft auf die Sprünge helfen oder etwas erklären, und viele Male verließ die Frau fluchtartig die Szene und zog sich in die Einsamkeit zurück. In jedem Retreat, das ich besuchte, konnte ich Veränderungen bei ihr feststellen: Sie saß friedlicher und konnte manchmal ziemlich vernünftig in der Gruppe sprechen, sie gab das Rauchen auf. Ruth arbeitete nachhaltig mit ihr.

»Ich brachte ihr Maschineschreiben bei«, sagt Ruth. »Ich habe ein Stück Pappe an einer Schnur befestigt, das hat sie umgehängt, damit sie die Tasten nicht sehen konnte. Manchmal wurde sie wütend und hat es durch die Gegend geworfen. Aber sie hat es gelernt. Sie war großartig, sie hat viel für mich geschrieben. Sie konnte ein bisschen kochen, hat abgewaschen. Oh, und sie hat genäht. Ganz einfache Stiche. All das habe ich ihr beigebracht.«

Als wir über ihre Bereitschaft sprechen, psychisch Kranke in der Dhamma-Dena-Gemeinschaft zu akzeptieren, sagt Ruth: »Sie können hier leichter Heilung finden. Zehn Tage in ein Retreat-Zentrum zu gehen und dann wieder weg bringt keine Heilung. Das hilft nicht. Das ist zu viel für sie. Sie können nur gesund werden, wenn sie Raum haben, wenn sie mich anspucken und weglaufen können, ja, und Türen knallen und all das. Ich weiß, wo das herkommt: aus ihrem Schmerz und ihrer Angst und Verwirrung.«

Kichernd gibt Ruth zu, dass manche sagen, sie leite ein Genesungszentrum. »Die Tatsache, dass ich hier lebe und dass es auch ein bisschen schräg ist, bringt es vielleicht ganz von selbst mit sich, dass diese Menschen hier einen Hafen finden, ob du es willst oder nicht. Man muss nur mit einer Person anfangen. Das habe ich getan, dann kommen immer mehr.«

Die letzte verwirrte Person, die in Dhamma Dena lebte, war eine Frau, die ich Libby nennen möchte. Sie kam aus einer wohlhabenden Familie in Los Angeles und war früher eine schöne, hochintelligente junge Frau, die laut Ruth in den Sechzigern zu viele Drogen konsumiert hat, »... und jetzt ist ihr Verstand weg, Dahling.« Ruth gab Libby (jetzt um die sechzig) einen winzigen Wohnwagen direkt hinter dem Zaun in der Nähe des Samadhi-Hauses. Wenn wir aus dem Haus kamen, sahen wir Libby nackt in der Tür ihres Wohnwagens sitzen und mit ernster Stimme in ein nicht existierendes Telefon sprechen. Das wehende weiße Haar, die blauen Augen und die zarte Figur zeugten von ihrer früheren Schönheit, die faltige Haut war von der Wüstensonne gebräunt. So führte sie mit bedeutenden Personen lange, eindringliche Gespräche über den Zustand der Welt.

Ruth bestand darauf, dass Libby sich etwas anzog, wenn sie ihre Mahlzeiten in der Küche abholte. Sie tapste barfuß herein, nur spärlich mit einem ausgeblichenen Trägerkleid aus Baumwolle bekleidet, ihr Blick schnellte misstrauisch umher. Sie nahm ihr Tablett und aß bei ihrem Wohnwagen. Von Zeit zu Zeit schrieb sie Briefe an die Führer dieser Welt und an berühmte Schauspieler. Die Papierfetzen mit unverständlichen Botschaften brachte sie dann ins Büro, »damit sie zur Post gebracht werden«.

Ruth beschützte und versorgte Libby, brachte ihr Kleidung und Decken in den Wohnwagen. Irgendwann nahm Ruth Libby mit ins Samadhi-Haus und gab ihr ein paar Videos, damit sie beschäftigt war. Libby nutzte die Gelegenheit und riss im gesamten Haus die Fliegengitter heraus, um, wie sie sagte, die Fliegen freizulassen. In den Klohäuschen rührte sie mit einem langen Stock in den Exkrementen – um die Fliegen zu befreien.

Diejenigen, die in Dhamma Dena arbeiten und es in Betrieb halten, sind oft nicht so begeistert dabei wie Ruth, wenn es um die Versorgung von psychisch Kranken geht. Die Gegenwart von verwirrten und oftmals feindseligen Menschen verkompliziert ihre Arbeit und lenkt sie von der Versorgung der Retreats ab. Und wenn Ruth nicht da ist, sind sie allein für diese Bewohnerinnen verantwortlich. Ruth fordert sie auf, ihre Herzen zu öffnen und weit zu werden, um diesen verletzlichen Menschen einen sicheren Platz zu geben. Manche entscheiden sich dagegen und gehen. Die anderen bemühen sich und sehen es als Teil ihrer Praxis an oder vielleicht nur als eine der Bedingungen, unter denen sie in Dhamma Dena arbeiten. Manchmal stellen sich Ruths Vorstellung, dass einem psychisch kranken Menschen geholfen werden kann, als unrealistisch heraus. Nicht jedes Chaos kann beseitigt, nicht alle Probleme können gelöst werden – mangelnde Kenntnis, psychische Befindlichkeiten zu diagnostizieren kann zu Problemen führen.

Libby zum Beispiel, die am schwersten Gestörte unter den Bewohnerinnen, war so beeinträchtigt, dass man mit ihr nicht arbeiten konnte. Sie wurde eine zu große Last für Ruths Helferinnen, so dass sie sie überzeugten, Libby in einen Wohnwagen auf einem nahe gelegenen Grundstück zu bringen. Ihre Sozialhilfe reicht zum Leben, und ihre Nacktheit und ihr befremdliches Verhalten stört dort niemanden. Ruth besucht Libby, sie bringt ihr Kleidung und fährt mit ihr in die Stadt, um Lebensmittel zu kaufen, aber Libby ist nicht mehr Teil von Dhamma Dena.

Eine Bewohnerin, die deutlich von ihrer Verbindung mit Ruth profitiert hat, ist die Künstlerin Linda Sibio, die aus Los Angeles nach Dhamma Dena kam, nachdem sie einen psychotischen Zusammenbruch erlitten hatte. Linda lebt in einem der kleinen Häuser und ist eng mit Ruth verbunden, ihr Leben hat sich stabilisiert. Sie hat, nachdem es ihr wieder besser ging, als Lehrerin für Kinder mit Problemen gearbeitet, sie malt wieder, und sie hat eine Initiative für psychisch kranke Menschen aus der Umgebung gegründet. Diese Gruppe, die sich »Cracked Eggs« nennt, realisiert Theaterstücke, in denen es um psychische Krankheit, Kreativität und den American Way of Life geht.

Auch wenn Linda sich ein kreatives und nützliches Leben aufgebaut hat und Meditation sie einigermaßen stabil hält, so hat sie doch mit ihren Ängsten zu kämpfen und gerät dann und wann in eine Krise. Dann kann sie sich an Ruth wenden. Sie erzählt von einer Begebenheit, bei der sie so voller Angst war, dass sie in die Klinik gehen wollte. Sie ging hinüber zu Ruth, um ihr Bescheid zu sagen, aber Ruth war dagegen: »Nein, du kannst dich da durcharbeiten!« Linda fährt fort: »Sie hat meinen Körper berührt und gesagt: ›Richte die Aufmerksamkeit auf deinen Körper, und spüre die Empfindungen. Wenn du sie nicht spürst, dann berühre dich, damit du das spürst.‹ Sie wies mich an, die Gedanken ziehen zu lassen und meine Aufmerksamkeit auf den Atem zu richten. Nach ein paar Stunden bin ich schließlich da rausgekommen.«

Linda arbeitet daran, mit Hilfe von Meditation und Ruths Anweisungen die Fähigkeit zu entwickeln, ihren Geist in Balance zu bringen. Sie ist dabei, die Hütte zu kaufen, in der sie wohnt, und obwohl sie manchmal das soziale Leben in der Stadt mit Kunstausstellungen und Aufführungen vermisst, sagt sie: »Wenn Ruth hier ist und ich von ihr lernen und mit ihr meditieren kann, dann wiegt dies das fehlende gesellschaftliche Leben auf.«

* * *

Dhamma Dena aufzubauen erforderte Ruths gesammelte Lebenserfahrung. Durch die Jahre auf dem Bauernhof, in denen sie viel und fleißig mit ihrer Mutter arbeitete, und die schrecklichen Entbehrungen der Kriegs- und Nachkriegszeit in Europa, war sie bereit, untergeordnete Arbeiten zu verrichten, anderen zu dienen und mit wenig auszukommen. Das Zusammenleben mit Henry verlangte enorme Geduld und Selbstkontrolle von ihr. Durch ihren eigenen psychischen Zusammenbruch hat sie herausgefunden, wie sie mit psychisch kranken Menschen arbeiten kann. All diese Begabungen, Fähigkeiten und Neigungen waren in Dhamma Dena von Nutzen.

In über zwanzig Jahren haben Ruth und ihre Schülerinnen und Schüler das heutige Dhamma Dena geschaffen – sie arbeiteten mit Begeisterung oder mit Widerständen, beharrlich oder mit ernsthaftem Interesse an Arbeit als einem Weg, um Achtsamkeit zu kultivieren. Aus der Entfernung passt sich diese Ansammlung von Häusern und Wohnwagen unauffällig der Wüstenumgebung aus flachem Land und trockenen Büschen an. Von nahem kommen die einzelnen Elemente zum Vorschein: die große, wunderschön möblierte Meditationshalle, das Haupthaus mit Büro, Küche und Speiseraum, die Unterkünfte in der alten Garage, im Dukkha-Haus und im Samadhi-Haus, die Schlaf-Wohnwagen, das Duschhaus, eine große Werkstatt und ein Lagerschuppen. Wenn ich den Sandweg nach Dhamma Dena entlangfahre, ist es immer so, als würde ich nach Hause kommen, nicht nur wegen der vielen Retreats, sondern wegen der Arbeit, die ich dort eingebracht habe: Das Bauen, Putzen, Streichen und Umräumen haben mich viel Schweiß gekostet. Den anderen regelmäßigen Besucherinnen und Besuchern, die Jahr um Jahr in die Wüste zurückkehren, geht es genauso: Wie Ruth haben wir etwas von uns selbst in dieses Dharma-Zentrum investiert. Wir sind gefühlsmäßig mit diesem Ort verbunden, mit dem riesigen Himmel, dem heißen Wüstenwind, den herrlichen Sonnenuntergängen. Dhamma Dena hält uns aufrecht und lebt in uns, ebenso wie Ruth in uns lebt und uns willkommen heißt. Wenn Dhamma Dena Ruths Zuhause ist, wie Margaret sagt, dann ist es ein Zuhause, das großzügig genug ist, uns alle zu beschützen.

IV. Teil

Das Alter:
Die Früchte ernten

SECHZEHNTES KAPITEL

Unbeständigkeit

In den Achtzigern und Neunzigern wuchs Ruth beständig in ihrer Rolle als Lehrerin. Sie baute Dhamma Dena als Retreat-Zentrum auf und nahm im ganzen Land an Zusammenkünften wie den Konferenzen über Frauen und Buddhismus und an Konferenzen westlicher buddhistischer Lehrer teil. In den späteren Achtzigern fand sie in ihren Retreats nicht mehr einen Raum voller Anfängerinnen und Anfänger vor, sondern konnte mit erfahrenen Meditierenden arbeiten. Die Vipassana-Meditation in den Vereinigten Staaten wurde »erwachsen«, viele Meditierende hatten über lange Zeit hinweg praktiziert. In diesen Jahren verfeinerte Ruth ihren Ansatz und wurde in ihrer Anleitung subtiler und umfassender. Und doch hat sie ihre Sorge für diejenigen, die einfach nur zur Meditation kamen, beibehalten und ihnen immer ihre besondere Aufmerksamkeit geschenkt.

Sie erklärt, wie sie ihren Unterricht heute wahrnimmt: »Man kann mich nicht ›festnageln‹. Selbst wenn ich während eines Retreats einen Tag durchlaufe, bringe ich viele Dinge ein. Und mir ist heute klar, dass ich auf verschiedenen Ebenen unterrichte. Ich fange bei dem Level an, auf dem ich Anweisungen erteile, hmm? Dann wechsele ich und spreche über die Auswirkungen und die Ergebnisse. Manchmal knüpfe ich an eine Begebenheit an, an etwas, was draußen in der Welt geschieht. Dann können wir die Auswirkungen im Außen sehen, das Leid und die Ignoranz. Und weil wir diese tiefe Verbindung mit uns selbst haben, sehen wir dann, woher es kommt, von wo es aufsteigt, und müssen das, was dort falsch ist, nicht länger kritisieren und verurteilen. Vielmehr verneigst du dich, und in der Verneigung begreifst du vielleicht deine Dankbarkeit dafür, dass du ein wenig Klarheit hast. Das ist sehr berührend.

Alles hat für mich jetzt mehr Tiefe. Es versetzt mich in Erstaunen. Ich sehe erstens, dass alles, was wir Problem oder Unzufriedenheit nennen, nur eine Ursache hat, nämlich das Fehlen von Achtsamkeit und Aufmerksamkeit. Ich sehe keine schlechten oder großartigen Menschen mehr und frage nicht mehr, wie können sie das tun? Das ist nur Unaufmerksamkeit, die sich wieder zeigt. Es ist immer die Abwesenheit deiner höheren Instanz, einer Instanz, die die ultimative Autorität sein kann, die einzig effektive Instanz, wenn das durchkommt.

Ich beobachte das überall. Und dann bin ich überwältigt, Dahling. Nicht auf traurige, resignierte Weise überwältigt. Ich habe manchmal Tränen in den Augen, wenn ich das Ausmaß der Ignoranz und die enorme Größe des Buddha-Dharma sehe – wie es immer zutrifft, wann immer du es betrachten willst. Es gibt nichts, was du nicht erkennen oder erklären kannst, wenn du es mit dem Dharma-Blick betrachtest. Es ist so natürlich. Wir bewerten oder kritisieren, aber wenn man genau hinschaut, sieht man, dass es nicht anders sein könnte. In solchen Momenten, wenn ich die Kraft der Destruktivität und Unaufmerksamkeit erkenne, dann frage ich mich, warum sie sich nicht noch häufiger gegenseitig umbringen! Ich bin zum Beispiel dankbar, wenn ich … wenn ich zum Beispiel einen Hund sehe, sonst aber niemanden; und dann taucht plötzlich ein Herr mit einer Leine auf – dann bin ich so glücklich, als hättest du mir tausend Dollar geschenkt! Meine innere Freude kommt auf, wenn ich etwas ethisch Gutes sehe, einen Aspekt liebender Güte, ich bin dankbar für jede Kleinigkeit, die aus der Perspektive des Buddha-Dharma gut ist, für jedes Beispiel grundlegender menschlicher Güte wie Liebe und Fürsorge. In solchen Momenten erlebe und verstehe ich den vierten Aspekt der Erleuchtung, die Freude, weil ich so dankbar und glücklich bin. Wirkliche Freude, wenn man sieht, wie etwas Gutes geschieht, wie sich ein weiterer Aspekt unseres Potenzials verwirklicht, selbst wenn die Person gar nicht weiß, was sie tut.«

Ruth entwickelt ihre Fähigkeit, die volle Aufmerksamkeit auf die Aktivitäten des täglichen Lebens zu richten, beständig weiter und bringt dies ihren Schülerinnen und Schülern nahe. »Du stehst am Spülbecken und spülst das Geschirr, oder du sitzt am Computer. Dafür ist Aufmerksamkeit nötig und das profane Wissen, welche Taste zu drücken ist. Die Transzendenz darin wäre, dass du ganz entspannt bist, dass du Vertrauen hast und mit einer gewissen Freundlichkeit dabei bist und verstehst, dass du die Fähigkeit hast, dies zu tun, dass du dich selbst siehst, wie du aus dem Verstehen heraus handelst. Wenn du irritiert oder ärgerlich bist, akzeptiere das, und spüre es in der Tiefe. Stopp. Steh auf. Hole tief Luft. Nimm Zuflucht. Erneuere dein ganzes System. Lass den Ärger ziehen. Akzeptiere das Unbehagen. Du hast einen Geist, um das wahrzunehmen. Es ist eine große Freude, wenn du dafür erwachst. Eine Erneuerung des Bewusstseins. In jedem Moment, in dem du etwas berührst, kann es neu und wirklich sein.«

* * *

Manchmal konnte ich das Gewicht und den Fortschritt in meiner langjährigen Verbindung mit Ruth spüren, wenn ich allein nach Dhamma Dena kam, um Ruth zu interviewen. Wenn ich zum Haus Las Vegas ging, vor dem Zendo saß und den Sonnenuntergang beobachtete oder das Toilettenhäuschen hinter dem Dukkha-Haus aufsuchte, erinnerte ich mich an Erlebnisse, die dazu geführt haben, dass ich meine Widerstände und meine Kritik durchbrach und wertschätzen konnte, wie kostbar und einzigartig Ruth ist. In den ersten Jahren passierte dies häufig durch ihre präzisen Führungen durch den Körper, bei denen ich mit der grundlegenden Lebensenergie, die uns alle trägt, in Berührung kam und die Zerbrechlichkeit und Veränderlichkeit meines eigenen körperlichen Daseins und allen Lebens erkannte. Oder sie führte uns zu einem freudigen Moment, mein Herz öffnete sich, und eine Welle von Trauer und großer Freude durchströmte mich. Ich wurde leer und konnte dem Leben begegnen, das zu mir kam. Sie hat mich auf vielerlei Weise berührt, bewegt, frustriert und mich nach innen geführt, um meinen eigenen festhaltenden Geist anzuschauen. Während dieser Jahre habe ich mich manchmal in qualvollem Widerstand gewunden, habe Ruth kritisiert, wollte, dass sie perfekt ist, habe mir gewünscht, ihren andauernden Anweisungen zu entkommen, ihrer beständigen Einmischung. Aber es hat mich immer wieder zurück zu Ruth und nach Dhamma Dena gezogen, um dieses Unbehagen erneut zu erleben.

In manch einem Retreat kochte ich innerlich, weil Ruth offenbar klar wurde, dass die Mehrzahl der Schülerinnen noch nie vorher meditiert hatte. Sie brachte ihren Unterricht auf Anfängerinnenniveau, erklärte, was Meditation ist, und kümmerte sich sorgsam um die Bedürfnisse jeder neuen Schülerin, stellte vorsichtige Fragen und erteilte Ratschläge.

Ich jedoch, selbstverliebt in die Vorstellung von mir als erfahrene Meditierende, wollte Anweisungen für Fortgeschrittene und fühlte mich ruhelos und unzufrieden. Während eines solchen Retreats grollte ich innerlich mehrere Tage lang und kritisierte Ruth. Am Vormittag des dritten Tages hatte mich das Leid, dass ich mir selbst zufügte, ausgelaugt. Ich beschloss, meine Haltung zu ändern, aber in meinem Inneren schmorte es weiter. Ich wollte, dass Ruth ihren Unterricht veränderte. Am vierten Tag wurde ich fast verrückt und fühlte mich auf ganzer Strecke von meinem eigenen Geist besiegt. Es war mir unmöglich zu meditieren. Also gab ich schließlich auf.

Ich beschloss, einen Schritt zurück zu tun. Ich würde nicht mehr versuchen zu meditieren, sondern würde einfach Ruth bei jeder kleinsten Handlung beobachten, jede Formulierung und jedes Wort registrieren und wahrnehmen, wer sie ist, ohne etwas für mich selbst zu verlangen.

Ich beobachtete sie, ohne zu beurteilen, hörte ihr zu, ohne ihre Grammatik oder ihre fehlende Präzision zu kritisieren; ich erlaubte mir, präsent zu sein für ihre Koketterie, ihre Überzeugung, ihre Kommandos, ihre sanfte Stimme, mit der sie über unsere

Verbindung mit allem Leben sprach, ihre pingelige Überwachung jeder Einzelheit des Retreats. Ich richtete meine ganze Beobachtungsgabe auf unser Tanzen, folgte Ruth, die wie Isadora Duncan in einem weiten Rock um uns herum schwebte und Kommandos gab, die unsere Bemühungen lobte und mit den Halbherzigen und Widerspenstigen schimpfte. Sie näherte sich ihnen, berührte sie und bezauberte sie, bis sie zu lächeln begannen und ihr schließlich folgten. Hinterher standen wir im Kreis zusammen, und ich sah Tränen in Ruths Augen aufsteigen, als sie über das Dharma sprach, diese Lehre, die das Fundament des Leids in unserem Leben auflösen kann.

In all diesen Jahren passierte es immer wieder, dass ich von der Enge meiner begrenzten Persönlichkeit besiegt wurde, von all dem Unbehagen, das ich mir selbst schuf. Und dann ergab ich mich und nahm einfach nur die Person Ruth Denison wahr. Und ich sah eine Frau mit Tiefe und beinah übermenschlicher Energie, die in jedem Augenblick ihre ganze Kraft einsetzt, um mit den Menschen vor ihr in Kontakt zu treten und sie für ihre eigene Lebendigkeit zu wecken. Ich sah einen Menschen, der aus einer enormen Lebenskraft heraus agiert, mit tiefer Großzügigkeit gibt und nichts zurückhält. Je mehr ich beobachtete und zuhörte, desto klarer nahm ich das stetige helle Licht wahr, das sie in den Raum ausstrahlt. Sie ist unermüdlich in ihrem Vorhaben, uns zu öffnen, damit jede im Raum diesen gegenwärtigen Augenblick in Verbindung mit sich selbst erlebt.

Als die Jahre und meine Dharma-Praxis fortschritten, begann ich zu verstehen, dass es wirklich nicht darum ging, ob Ruth mein ästhetisches Bedürfnis erfüllte oder meinen Anforderungen an das Benehmen einer Lehrerin genügte. Worauf es ankam, war, ob ich von meinem eigenen ausgetüftelten Käfig voll »starrer Ansichten« lernen konnte und ob ich diese loslassen würde, um mich jedem Augenblick zu öffnen, so wie Ruth es tut, jedem Augenblick meine ganz Aufmerksamkeit schenken könnte, um mit ganzem Herzen dabei zu sein. Ich begriff, dass es sinnlos und anstrengend war zu wünschen, Ruth solle anders sein, als sie ist.

Freiheit bedeutet, sie in ihrer vollen, brillanten und fehlerhaften Komplexität zuzulassen, und dies kann Vorbild für mich sein, meine eigene, alles andere als perfekte Menschlichkeit zu akzeptieren.

Diese Akzeptanz mag riskant anmuten, kennen doch die meisten von uns Geschichten, in denen Leute sich einem spirituellen Lehrer hingegeben haben, der später als Schurke entlarvt wurde. Aber ich habe Ruth zwei Jahrzehnte lang beobachtet und von ihr gelernt. Ich bin ihr gegenüber nicht in schlichte Verehrung verfallen. Was immer ihre Schwächen sein mögen, ich bin dahin gekommen, ihre kontinuierliche Motivation zu sehen und deren Reinheit zu erkennen. Ruths Anliegen in jeder Situation ist, das Geschenk des Dharma weiterzugeben, die Saat des Erwachens in jedem Menschen, dem sie begegnet, zu säen. Dem kann ich vertrauen.

* * *

Und sie lernt auch weiterhin auf ihrem eigenen Lebensweg aus jeder neuen Herausforderung. Sie ist jetzt über achtzig und mit den Gebrechen und Verlusten des Alters konfrontiert. Der Tod wird realer, rückt näher, wenn er das Leben ihrer Altersgenossen fordert. Zu den schwierigen Passagen, durch die Ruth navigieren musste, gehörten Krankheit und Tod von Henry Denison. Sie schöpfte dabei aus ihrer Beharrlichkeit und Loyalität. Diese Erfahrung hat ihre Dharma-Praxis vertieft und sie in ihrem Entschluss, vollständig zu erwachen, bestärkt.

Ruths Verbindung mit Henry war eine unkonventionelle, oftmals schwierige Ehe, aber sie hat niemals daran gedacht, diese langjährige Beziehung voll »tiefer Liebe«, wie sie es nennt, aufzulösen. Während seiner Krankheit und als er starb, sorgte sie mit großer Zärtlichkeit für ihn. Sie war ihm immer dankbar dafür, dass er sie zu ihrem Lehrer U Ba Khin gebracht und sie darin bestärkt hat, ihrem eigenen Weg zu folgen.

In den frühen Neunzigern erkrankte Henry an Demenz. Er

lehnte jedoch jede Betreuung ab, und als Ruth vorschlug, er solle nach Dhamma Dena kommen, um dort zu leben, weigerte er sich unerbittlich. Sie fuhr regelmäßig von der Wüste nach Hollywood, um nach ihm zu sehen, und wusste nie, was sie vorfinden würde, wenn sie dort ankam.

Eines Tages fand sie auf seinem Schreibtisch eine Nachricht über die Zwangsvollstreckung des Anwesens in der Creston Road. Er hatte eine Hypothek aufgenommen und die Raten nicht zurückgezahlt. Die Schecks waren ausgestellt und abgeheftet, er hatte sie nicht abgeschickt. Ruth blieben vier Tage, um ihr Zuhause zu retten.

»Ein andermal kam ich nach Hause und ging in die Küche zum Herd, öffnete die Klappe, und Maden krochen heraus. Im Backofen lag eine Lammkeule, von den Maden zerfressen. Ich sagte: ›Henry, sieh dir das an!‹ Er fragte nur: ›Siehst du denn nicht, was das ist?‹, und ging weg. Da wusste ich, dass er für seine Meditationsgruppe gekocht hatte – Lammkeule und Salat, aus Gastfreundschaft. Aber die Gruppe gab es nicht mehr.«

Sie versuchte, ihn zu überzeugen, mit in die Wüste zu kommen. »Ich redete und redete, aber er sagte: ›Sei still, ich gehe niemals in die Wüste.‹ Und dann komme ich einmal nach Hause, und die Gardinen sind zugezogen. Ich ziehe sie auf und sehe, dass die Fensterscheibe in der Schiebetür fehlt. ›Dahling, was ist hier passiert?‹, frage ich. Er antwortet: ›Siehst du nicht, was da passiert ist?‹ – ›Ja, ich sehe es.‹ Wahrscheinlich war er in seiner Verwirrung durch die Scheibe gelaufen.«

Henry zu helfen wurde immer anstrengender und schwieriger für Ruth. Schließlich hätten Stress und Anspannung sie beinahe das Leben gekostet. Henry steckte die Küche in Brand. Als sie die Nachricht erhielt, fuhr sie in großer Sorge von Joshua Tree nach Hollywood. Aber während der Fahrt schlief sie am Steuer ein. »Ich wachte auf, als ich von der linken auf die rechte Spur geriet und mich um ein Haar ein LKW gerammt hätte. Ich nahm die nächste Ausfahrt, hielt an und hatte einen Weinkrampf wie niemals zuvor. Ich begriff, wo ich war. Ich hätte tot sein können.

In Henrys Haus sah ich die Asche. Die Küche hatte kein Dach mehr. Ich hatte das Ausmaß dieses Feuers nicht wirklich erfasst. Und da saß Henry und wusste nicht, was er tun sollte. Es war furchtbar, Dahling.« Als sie am nächsten Tag nach Oregon fuhr, um ein Retreat zu leiten, war sie vor lauter Stress und Sorge so fertig, dass sie zunächst nicht einmal sprechen konnte und einen Arzt aufsuchen musste.

Jetzt wusste sie, dass sie einen Weg finden musste, um Henry in die Wüste zu locken, und wenn sie ihn austricksen oder kidnappen würde. Henry hatte sich von all seinen Freunden entfremdet, es kam fast niemand mehr zu Besuch. Er hatte die Studenten und Betreuer hinausgeworfen, die Ruth eingestellt hatte. Er war vollkommen allein und geistig unzurechnungsfähig. Er litt unter Demenz und brauchte rund um die Uhr Betreuung.

In der Zwischenzeit hatte Ruth in Dhamma Dena ein Haus gekauft, das zu Fuß erreichbar war. Es hatte einem alten Paar gehört, das dort jahrzehntelang gelebt hatte. Diesmal war es keine Jagdhütte und kein verkommenes Häuschen, sondern ein gut ausgestattetes, großzügiges Haus mit geräumigem Wohnzimmer, Veranda und einem eingezäunten Garten für die Hunde. Sie nannte es Haus Las Vegas[50] und richtete es für Henry ein. Im Wohnzimmer stand ein Bett für sie, dort konnte sie schlafen, wenn sie sich um ihn kümmerte.

Aber wie sollte sie ihn dorthin bringen? Zunächst zog sie für ein paar Tage zu ihm, massierte seine Füße, umsorgte ihn und lockte ihn so aus der Reserve. Dann erfand sie eine Geschichte: Sie würde ihn zu ihrem Arzt bringen, dort müsse er nichts bezahlen. So lockte sie ihn ins Auto und fuhr mit ihm nach Dhamma Dena. Dort hießen Ruth und Margaret ihn mit Steaks, Wodka und Orangensaft willkommen.

Bei seinen Hunden und mit Videos von spirituellen Lehrern fühlte er sich mehr und mehr zu Hause, bis er schließlich vergaß, dass er einmal in Hollywood gelebt hatte.

Das war 1995. Henry lebte fünfeinhalb Jahre im Haus Las Vegas. Wenn er wach war, saß er in seinem Sessel, einen Drink in

Ruth und Henry

Ruth und Henry

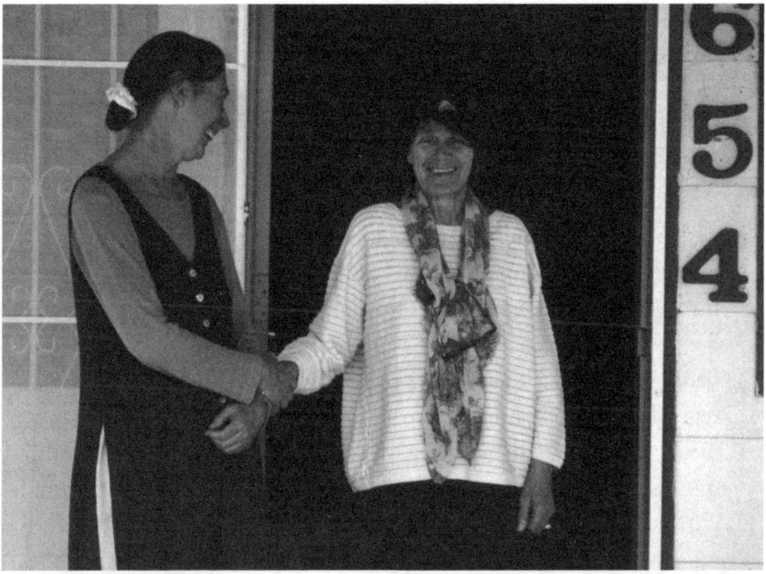
654

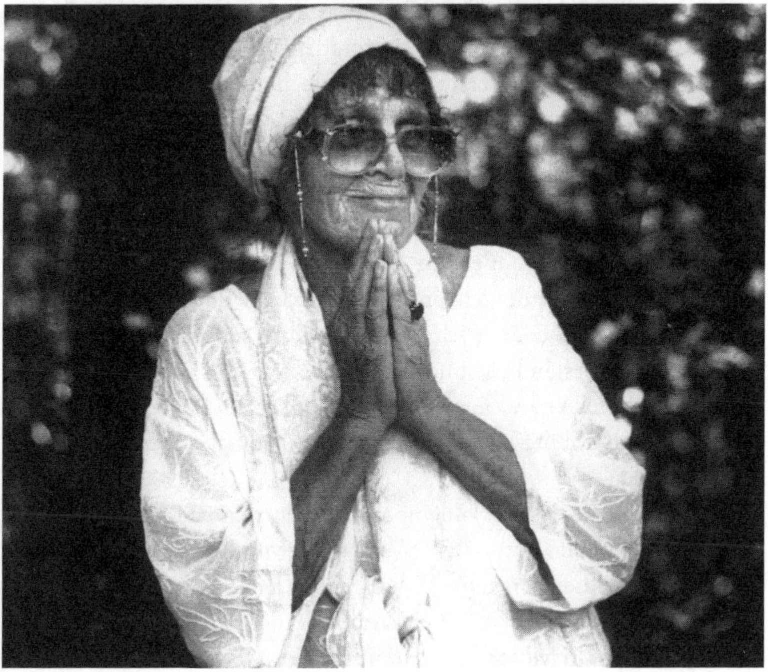

Reichweite. Abends, wenn Ruth mit Unterrichten fertig war, ging sie zu Henry. Sie kochte für ihn, sprach mit ihm, massierte ihn und machte es ihm gemütlich. Wenn sie in anderen Zentren unterrichtete, übernahm Margaret, die als Pflegerin eingestellt worden war, seine Versorgung.

Während der Retreats schickte Ruth ihre älteren Praktizierenden zu ihm, und alle, die beim Haus Las Vegas arbeiteten, unterhielten sich ein wenig mit ihm. Ruth erinnert sich an ein Retreat im Herbst, als die Frauen dort im Garten arbeiteten. »Ich glaube, diese Frau kam aus Florida. Sie öffnete die Tür seines Zimmers; beide schauten sich an, und er fragte: ›Wer sind Sie?‹ Sie antwortete: ›Ich bin gekommen, um das Unkraut zu jäten. Ruth hat mich geschickt.‹ – ›Hat sie das? Bezahlt sie Sie dafür?‹, wollte er daraufhin wissen. Sie erzählte uns das im Seminar und gab es so nett wieder. ›Nein, das tut sie nicht‹, erwiderte sie ihm. ›Das ist eine merkwürdige Vereinbarung‹, sagte er. Vielleicht hat er noch ›typisch Ruth‹ hinzugefügt oder etwas in der Art, das weiß ich nicht mehr ... ›Und Sie arbeiten trotzdem für Ruth?‹ – ›Ja‹, erwiderte sie. – ›Warum?‹, fragte er. Er konnte ihr folgen, verstehst du. Und dann erklärte sie ihm: ›Ich bekomme von Ruth etwas, was ich wirklich haben möchte.‹ Darauf sagte Henry: ›Dann greifen Sie zu, Kleines!‹

Manchmal war er *für* mich und wusste, was ich tat. Dann war er ergeben. Er war außerdem sehr schön. Ich vermisse ihn sehr, weißt du, ich würde gern mit ihm sprechen. Er fragte immer: ›Was machst du heute?‹ Ich fragte: ›Dahling, möchtest du etwas über die Unbeständigkeit hören? Soll ich dir etwas erzählen, darf ich mit dir teilen, was mir durch den Kopf geht?‹ Manchmal war er klar und konnte etwas dazu sagen, manchmal war er einfach abwesend.«

Während der letzten Jahre überlebte Henry eine Reihe medizinischer Notfälle. Ruth sah die Versorgung von Henry manchmal als ihre spirituelle Praxis an. Es gab viel zu lernen, als sie zusehen musste, wie ihr alter Geliebter-Rivale-Freund-Feind an einen unbekannten Ort verschwand. Inmitten der schweren Arbeit im

Krankenzimmer gab es auch Intimität und Liebenswürdigkeiten. Auf dem Schreibtisch neben seinem Sessel hatte Henry Fotos von Ruth aufgestellt. Wenn sie nicht bei ihm war, schaute er die Fotos an. Sie war immer noch sein Anker, seine Verbindung zu der so genannten realen Welt. Er war ein eleganter Mann, selbst im verknitterten Schlafanzug. Mit seinem langen Oberköper saß er aufrecht im Sessel und sah aus wie ein biblischer Prophet, der mit ernstem Staunen auf die Welt schaut. In ihren Vorträgen sprach Ruth oft über sein Sterben und darüber, was sie dabei lernte.

Sein Zustand machte sie traurig. Sie sah ihn als einen Mann, der alles gehabt hatte: Intelligenz, die Freiheit der Wahl, Zeit, das brennende Verlangen nach einer spirituellen Praxis und viel Unterstützung von Freunden. Nun hatte seine Krankheit ihn nicht nur von Freundschaften und sinnvollem menschlichen Kontakt getrennt, sie trennte ihn auch von sich selbst und von seiner lebenslangen Suche nach spiritueller Erfüllung. Es gab Zeiten, in denen er das erkannte und den Verlust fühlte. In Zeiten der Depression gestand er Ruth, dass er sich als »Verlierer« sah. Das waren für Ruth die schmerzlichsten Momente.

Dann, am 2. September 2000, als Ruth in Massachusetts ein Retreat in der Insight Meditation Society leitete, erhielt sie die Nachricht, dass Henry gestorben war. Sie war erschüttert und weinte. Aber sie entschied, das Retreat fortzusetzen und erst danach nach Kalifornien zurückzukehren.

Nach ihrer Rückkehr hielt sie eine Gedenkzeremonie für Henry ab, zu der alte Freunde und die Dhamma-Dena-Gemeinschaft kamen. Und dann brachte sie Henrys Körper zum endgültigen Abschied in das Krematorium in Palm Springs.

* * *

Wenn sie jetzt über Unbeständigkeit spricht, beschwört sie manchmal Henrys Tod herauf. Sie möchte, dass uns klar wird, dass der Tod real ist, und will uns helfen, nicht so viel Angst davor zu haben. Unbeständigkeit, so sieht sie es, ist die Kraft der Veränderung: »Etwas kommt ins Leben, etwas tritt heraus.«

Als wir im Haus Las Vegas hierüber sprechen, schnarchen die Hunde in ihrem Korb neben Henrys altem Sessel. Ruth erzählt mir von einem Vortrag, den sie vor ein paar Tagen in Colorado Springs gehalten hat. »Ich stellte die Frage: ›Stimmt ihr mir zu, können wir in diesem Moment glauben, dass wir sterben werden?‹ Und dann machte ich einen kleinen Scherz darüber, hmm? Ich hatte das Skelett dabei [das kleine, weiße Plastikskelett, das sie uns manchmal im Zendo vor die Nase hält, um uns an die Sterblichkeit zu erinnern]. ›Können wir uns mit diesem Kerl anfreunden?‹, fragte ich. Ich war locker. Und dann wurde ich ganz ernst. Ich sprach über Henry, wie er ins Krematorium kam und ich die Tür öffnete. Auf einem Patio in Palm Springs; von außen sah es aus wie ein großer Backofen, in dem die alten Leute Brot backten. Ich öffnete die Tür für den, der zweiundvierzig Jahre mein Gefährte gewesen war und jetzt in einem Sarg aus Pappe lag. Der Sarg rutschte von der Bahre in den Ofen. Man half mir, die Tür zu schließen, ich drückte den Knopf und hörte die ersten Flammen. Ich dachte: Das war mein Ehemann. Zweiundvierzig Jahre gemeinsames Leben.

Sie waren sprachlos. ›Ich vergoss keine einzige Träne‹, erzählte ich ihnen. Ich war ganz mit meinem Wunsch identifiziert, er möge einen wunderbaren neuen Anfang haben. Ich hörte mich sagen: ›Ich folge dir bald.‹ Eine Weile stand ich noch mit Margaret dort. Dann gingen wir in das älteste Hotel, in dem Greta Garbo und all die alten Schauspieler ihr Refugium hatten. Du weißt ja, Palm Springs. Wir verbrachten dort zwei Stunden, dann erhielten wir ein acht Pfund schweres Paket. Das steht dort.« Sie zeigt auf ein Paket, dass auf der Fensterbank hinter Henrys Sessel steht. »Es ist unberührt, immer noch so, wie ich es bekommen habe, in Packpapier. Ich habe es mit ein paar Perlen vom Weihnachtsbaum geschmückt, und die Leute sind immer ganz begeistert, wenn sie dieses dekorierte kleine Paket sehen und fragen: ›Oh, hast du ein Geschenk bekommen?‹ – ›Ja‹, sage ich, ›ich habe es noch nicht ausgepackt.‹

In meinem Vortrag habe ich gesagt: ›Wisst ihr, ob es wahr ist, dass ihr sterben werdet? Dann müsst ihr diesen Körper mehr spüren, damit ihr den gegenwärtigen Augenblick mehr wertschätzt, tiefere Dankbarkeit erlebt. Das schenkt Freude. Freude darüber, dass ihr mit dem, was euch umgibt, in Kontakt seid. Und wenn ihr älter werdet, werdet ihr keine aufgestauten Ängste haben und euch nicht fragen: Was kommt jetzt?‹

Ich sagte: ›Lasst uns jetzt feiern. Unbeständigkeit ist eine wunderbare Sache. Wir sollten uns davor verneigen, denn sie gibt uns Raum. Die Welt wird nicht überbevölkert. Es ist wie mit einem Zimmer, wenn man immer mehr Möbel kauft und nichts wegwirft: Genauso ist es mit Menschen. Wir machen das nicht so gut.‹

Ich las ihnen aus *Don Juan*[51] vor. Da gibt es eine Szene, in der er mit seinem Schüler über den Tod spricht. ›Wir können diesen Punkt nicht genug betonen, wir können die Tatsache, dass wir alle sterben werden, nicht genug betrachten.‹

Dann fand ich ein wunderbares Zitat von einem Mann, der den Atombombenabwurf über Hiroshima überlebte. Er kommt von der Arbeit, den Kopf voller Ideen, was er an seinem Arbeitsplatz einbringen wird. Er steigt aus der Kobe-Bahnlinie aus und verlässt den Bahnhof. Plötzlich ertönt eine Sirene, und alle rennen; alles wird von dunklen Wolken überzogen, dunklen Wolken mit roten und grünen Flammen. Das Nächste, was er spürte, war, dass er von Metall- und Glasssplittern getroffen wurde. Das beschreibt er. Plötzlich war es dunkel. Er war bewusstlos. Ich ging in die Gegenwart, die Worte stiegen in mir auf. Ich sagte: ›Heute ist der 11. September. Vor zwei Jahren passierte hier etwas Ähnliches: Tausende Menschen wurden vom Tod überrascht, unerwartet und ungeplant – die könnten das Gleiche geschrieben haben.‹ (Ich sagte nicht, dass es auf der politischen Ebene nur die umgekehrte Situation war – *wir* waren diejenigen, die den Japanern dies angetan haben. Dahling, das war damals nicht angemessen.)

Ruth und ihr Lehrer U Ba Khin

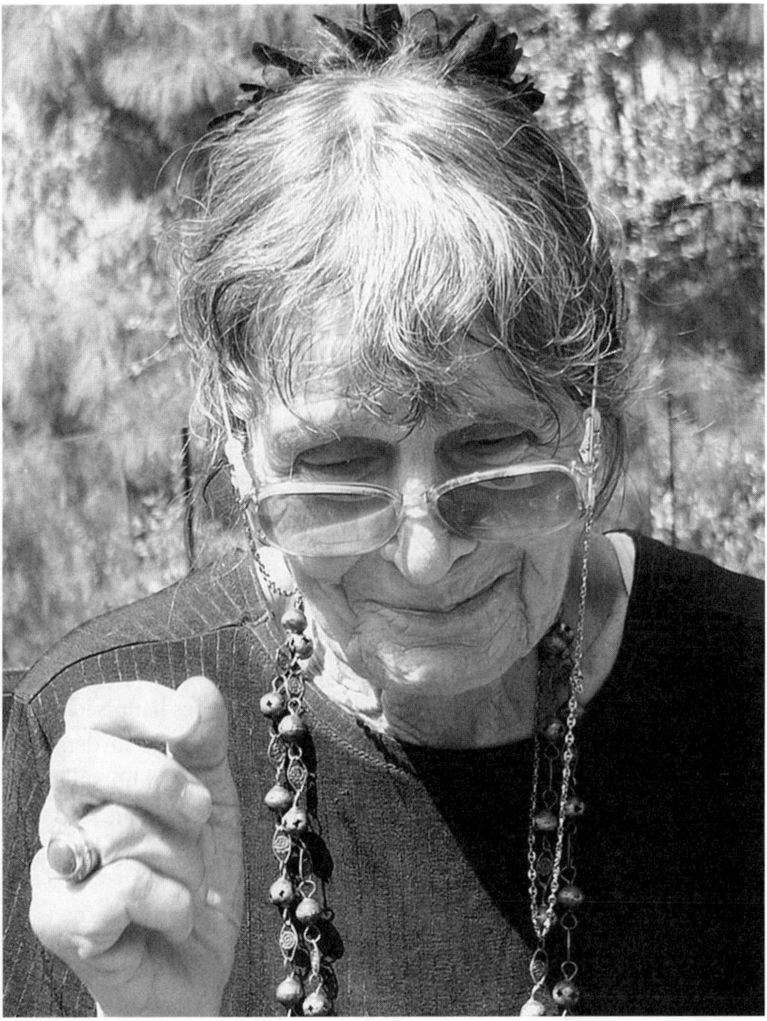

Dann sagte ich: ›Ich habe eine ganz besondere Beziehung zu diesem Moment, denn ich hatte ein Ticket für den 11. September – United Flug 175 von Boston nach Los Angeles.‹«

Ruth hatte geplant, nach ihrem Unterricht in der Insight Meditation Society diesen Flug zu nehmen. Am Tag vorher beschloss sie, noch zu bleiben und ein bisschen Sightseeing in Boston zu machen. »Ich habe den Flug verpasst.« Am 11. September um 9:03 Uhr stürzte die Maschine des Flugs 175 mit fünfundsechzig Menschen an Bord in den Südturm des World Trade Centers in Manhattan, direkt neben dem der schwarzen Rauchwolke aus dem Nordturm, der bereits getroffen war.

»Ich hätte in den Trümmern sein können«, sagt Ruth, »und das lebe ich immer noch. Ich blicke auf und sehe den Turm und die Trümmer, sehe einen Finger in den Trümmern – das könnte mein Finger sein. Das ist kein Drama. Es geht mir einfach durch den Kopf. Weil ich so nah dran war. Dann begreife ich, dass ich hier bin. Ich habe einen Verstand, und meine Augen können sehen. Auf einer anderen Ebene weiß ich, dass mein Verstand sehen kann. Das schenkt einen frischen Blick auf die Wahrnehmung und die Authentizität der Erfahrung.

Mein Bewusstsein ist seitdem verändert. Ziemlich radikal verändert. Ich verbinde mich oft mit dem Ereignis, aber hauptsächlich mit den letzten fünf Minuten, mit all denen, die in dem Flugzeug sitzen und wissen, dass sie sterben werden. Ich höre die Schreie, ich höre das Durcheinander, ich höre die Angst, die alles durchdringt und die Menschen erschüttert, und dann gab es einen großen Knall, und es war still.

Ich höre das, und dann schaue ich an mir herunter, mein Bewusstsein verändert sich, und ich muss mich berühren, um zu begreifen, dass ich am Leben bin, dass ich nicht dort bin. Die Veränderung ist, dass ich unglaublich dankbar bin, ich erlebe eine unerklärliche Wertschätzung für den gegenwärtigen Moment, wo immer ich auch bin. Ich lebe, hmm? Ich glorifiziere das Leben nicht, aber es schenkt mir die Möglichkeit, Zugang zu letztendlicher Verwirklichung zu finden. Seitdem weiß ich, dass es mir in jedem Moment passieren kann – der Tod, ungeplant, unerwartet. Das zu wissen bringt mich zu dem neuen Beschluss, so zu leben, dass ich Verwirklichung und Befreiung erlange.« Ruth schüttelt den Kopf, lächelt mich an. »Verstehst du?«, fragt sie.

Und dann fügt sie in einem kleinen Nachsatz hinzu: »Wie auch immer, das ist mein Leben. Es war in gewisser Weise ein farbenfrohes Leben. Das ist mir nicht ganz klar. Es war nicht so ... *noblesse oblige*. Du musst dafür bezahlen, für *alles*, mit Anstrengung, musst manchmal zurücktreten, zurückgehen und dankbar sein, und manchmal ist es nicht das, was du willst, aber weil die Situation nun einmal so ist...«

Sie nickt, bewegt die Schultern, hebt die Hände, wie zur Untermalung. »Ja, Dahling, ich könnte immer tanzen.«

NACHWORT

Meine Begegnung mit Ruth Denison

Vor meiner ersten Begegnung mit Ruth warnte mich eine Freundin: »Sie ist keine einfache Lehrerin. Sie kann sehr herausfordernd sein ...« Ich ließ mich von dieser Warnung nicht abhalten und buchte einen Sommerkurs bei ihr, einige Wochen nachdem ich aus Indien zurückgekommen war, wo ich bei Goenka Vipassana geübt hatte. Eigentlich war ich gar nicht auf der Suche nach einer »persönlichen Lehrerin«, als ich Ruth dann im Sommer 1988 im »Waldhaus am Laacher See« zum ersten Mal traf, aber im Nachhinein kann ich sagen: »Es war Liebe auf den ersten Blick.«

Alles, was sie uns lehrte, leuchtete mir sofort ein. Mein Herz war vollkommen offen für die vielen kleinen und großen Tipps, Tricks und Anregungen, wie wir während der Sitz-Meditation in tiefe Konzentration kommen und wie wir die Übung der Achtsamkeit im Alltag verwirklichen könnten. Ich spürte sofort: Sie lebt das, was sie lehrt, mit großer Lebendigkeit und ist dabei sehr erfinderisch. Ich war sehr berührt von der Tiefe ihrer Belehrungen, von ihrer Leichtigkeit und vor allem von ihren vielen humorvollen Beispielen aus ihrem ereignisreichen Leben. Diese Beispiele halfen mir, viele meiner Widerstände schon in den Anfängen schmelzen zu lassen.

In den folgenden Jahren lud ich Ruth meist im Anschluss nach dem großen Sommerkurs im Waldhaus zu uns nach Berlin ins »Dharmaschlösschen« zu einem Wochenende oder zu einem Meditationssonntag ein. Ruth liebte unsere Wohnzimmeratmosphäre in dem großen Yoga- und Meditationsraum. Der Dackel Maxi, den sie mir aus einem Tierheim in der Wüste mitgebracht hatte, begrüßte sie stets schwanzwedelnd und begleitete den Kurs. Die Menschen, die sich zu diesem »Meditationstag mit

Ruth Denison« einfanden, kamen vor allem aus meinen Yoga- und Meditationskursen, denn mehr als dreißig Menschen konnte der Raum auch nicht fassen. Ulrike, eine langjährige Schülerin, die lange in ihrem Zentrum in Kalifornien gelebt hatte, übernahm meistens die Küche, und so fühlte sich für Ruth fast alles »so wie in der Wüste« an.

Es war schön, mit Ruth nach einem Kurs noch irgendwohin zu gehen, in Berlin zum Beispiel in ein Café. Berlin war ja ihre alte Heimat, und in ihrer Freizeit war sie oft in ein Café am Kurfürstendamm zum Tanzen gegangen.

Als die Mauer fiel, wollte sie natürlich auch in den Ostteil der Stadt. Ich wählte das *Operncafé Unter den Linden* aus, wo wir dann zu viert saßen und, wie es immer bei Ruth hieß: »we share – wir teilen alles«. Das betraf den Kuchen oder das Essen, was bedeutete: Für vier Personen gab es nur zwei oder drei Kuchen oder Portionen, und alles wurde schön aufgeteilt und sehr achtsam »verschmaust«, wie sie es nannte.

Im *Operncafé* spielte einmal eine kleine Kapelle, ein Duo sang wunderbare alte Schlager, und man konnte tanzen. Ruth forderte uns auf, mit ihr auf die Tanzfläche zu gehen, und achtsam führten wir dort unsere Bewegungen aus – im Rhythmus von »Its now or never« und »Buona sera Senorita, buena sera« –, so wie wir es bei ihr im Kurs gelernt hatten.

Einmal fuhr ich mit Ruth nach einem Kurs durch die Straßen von Berlin, und sie fragte mich: »Wie geht's Mama?«

Ich erzählte ihr von irgendeinem Problem mit meiner Mutter, und sie schaute mich nur von der Seite an und berichtete dann von einer Situation aus ihrem aktuellen Eheleben mit Henry, ihrem Mann, der Alzheimer hatte und den sie nach langen Jahren des Getrenntlebens zu sich in die Wüste geholt hatte, um ihn zu pflegen. Ruth: »Ich fragte ihn, was er essen wolle, und er bestellte Hühnchen mit Gemüse.«

Als ich ihm das Hühnchen brachte, alles hübsch angerichtet auf einem Teller, schaute er mich ganz vorwurfsvoll an und sagte in einem sehr ärgerlichen Ton: »Wie kannst du mir nur Hühnchen servieren? Wirf es in den Fluss!«

Ruth sagte: »Aber Dahling, wir sind hier in der Wüste. Hier gibt es gar keinen Fluss!«

Die Stimme, mit der sie auf seinen Ärger einging, war so voller Zärtlichkeit, und ich musste lachen, weil ihre Augen schelmisch blitzten, als sie mir das erzählte. Ich stellte mir vor, ich könnte mit ähnlichem Humor auf die Missverständnisse mit meiner Mutter eingehen. Das würde die Dramen in bestimmten Situationen auf ganz einfache Art und Weise auflösen, und wir könnten richtig gut zusammen sein.

Immer wenn ich diese Straße entlangfahre, fällt mir diese Geschichte wieder ein, und ich lasse mich aufs Neue von ihr inspirieren. Ich muss noch heute lächeln, wenn ich an die Kurse im »Waldhaus« denke, wie Ruth abends manchmal noch bis spät in die Nacht hinein einzelne Kursteilnehmerinnen und -teilnehmer zu Einzelgesprächen empfing. Die Art und Weise ihrer Anteilnahme an unserem Leben führte dazu, dass wir alle das Gefühl hatten – sie ist unsere beste Freundin. Wir können ihr alles erzählen, und das dauerte manchmal lange, weil sie immer sehr genau nachfragte, um herauszubekommen, um was es wirklich ging.

In diesen Gesprächen gab sie uns oft einen wichtigen Hinweis für unser Leben, mit dem wir monatelang danach noch arbeiten konnten, und dieser Hinweis half uns, irgendetwas in unserem Leben zu verändern, von dem wir oft vorher gar nicht wussten, dass es der Veränderung bedurfte.

Paul Köppler, der Leiter des Waldhauses, sagte oft, wenn er Ruth zu Beginn des Kurses begrüßte: »Immer wenn Ruth bei uns im Zentrum ist, passiert irgendetwas ganz Besonderes.« Und das war meist der Fall.

Oft kamen Menschen zu ihren Kursen, die auf eine besondere Art und Weise verwirrt waren. Ruth hatte aufgrund ihrer eigenen Erfahrungen mit einer tief greifenden Getrenntheit von Körper und Geist (siehe das Kapitel »Zusammenbruch und Neubeginn«

in diesem Buch) ein gutes Gespür für diese Menschen und hat sie immer sehr schnell erkannt. Sie riet ihnen, viel in der Natur spazieren zu gehen oder im Garten oder Haus zu arbeiten, um sich zu erden und ihren Geist zu beruhigen.

Manchmal bat sie mich, mit ihnen Yoga zu üben oder ihnen eine Massage zu geben und dabei immer wieder nachzufragen, ob sie die körperlichen Empfindungen wirklich spüren, oder auch mit ihnen spazieren zu gehen und sie während des Spaziergangs zu fragen, ob sie ihre Füße tatsächlich spüren, um sie in den gegenwärtigen Augenblick zurückzuführen und die sehr schmerzhafte Trennung von Körper und Geist aufzulösen.

Einmal nahm Ruth am Ende eines Kurses eine Frau, die ziemlich verwirrt war, mit in das Hallenbad nach Bad Breisig, wo sie gerne zum Abschluss des Kurses schwimmen ging. Während des Schwimmens war Ruth immer an ihrer Seite und fragte sie: »Spürst du wirklich, wie du die Arme und Beine bewegst?«, und sie forderte sie auf: »Spüre noch deutlicher, wie der ganze Körper durch das Wasser gleitet!«

Am Ende eines Kurses im Waldhaus schenkte sie meist jedem von uns einen kleinen Stein, den sie selbst poliert hatte. Durch das Polieren brachte sie noch den einfachsten Stein zum Glänzen. Während sie uns den Stein überreichte, sprach sie jeden direkt an, und ihre Worte drückten aus, welche unserer Qualitäten wir noch mehr zum Leuchten bringen könnten, was noch in uns verborgen sei. Wir waren natürlich alle immer sehr gespannt, was sie uns sagen würde …

Ruth liebt die Menschen, die Tiere, alle Wesen und versucht das Lebens-Mosaik des Menschen zu erforschen, den sie gerade vor sich hat. Sie möchte diesem Menschen helfen, das zu entwirren und zu klären, was sein Leiden ausmacht und es aufzulösen, um sein »beautiful self« – sein »wunderschönes Selbst« zum Ausdruck zu bringen. (Das ist ihre Bezeichnung für die Buddha-Natur.)

Ich freute mich immer sehr, wenn ich ihre Stimme auf meinem Anrufbeantworter hörte, wie sie mir irgendetwas Organisatorisches mitteilte und mich dann am Ende an mein »beautiful self« erinnerte.

In ihren Ratschlägen bezieht sich Ruth nie nur auf diesen einen Menschen, mit dem sie gerade in Kontakt ist, sondern sie schließt immer die ganze Umgebung mit ein, die Eltern, die Kinder, die Partnerinnen und Partner und so weiter. Ich selbst konnte das auf wunderbare Art und Weise erfahren, als sie mir half, meine Beziehung zu meiner Mutter zu heilen. Sie versetzte sich ganz in ihre Situation und schilderte mir aus dieser Perspektive die Schwierigkeiten meiner Mutter, hob ihre guten Seiten auf eine sehr liebevolle Art und Weise hervor, so dass sich meine Wahrnehmung verändern konnte. Ich war in der Lage, die ganze Situation zwischen uns beiden besser zu verstehen, und dadurch stellte sich eine neue Klarheit und tiefe Liebe zwischen uns ein.

In der Wüste begleitete Ruth einen Nachbarn in seinem Sterbeprozess und ließ mich dabei sein. Das half mir sehr, die letzten Monate vor dem Tod meiner Mutter ganz für sie da zu sein und ihr das zu geben, was sie sich schon lange gewünscht hatte – meine vollkommene Präsenz.

Immer wenn ich mit Ruth zusammen bin, spüre ich, wie all meine Lebensenergien ins Fließen kommen. Ihre Achtsamkeit, ihre tiefe Zärtlichkeit für alles Leben übertragen sich auf mich, und ich fühle mich sehr präsent, lebendig, geborgen und offen. Ihre undogmatische, erforschende Art und Weise, an Menschen und Zusammenhänge heranzugehen, bringt viel Frische, Neugier und Freude in mein Leben.

Manchmal denke ich mitten in meinem Alltag an irgendetwas, was ich von Ruth gelernt habe, und eine große Welle von Dankbarkeit und Wertschätzung durchzieht mich, und manchmal rufe ich sie dann einfach an und sage ihr: »Ach Ruth, ich musste gerade an dich denken. Ich bin so froh, dass du mir das alles beigebracht hast, vielen, vielen Dank ...«

Annabelle Zinser
Berlin, Juni 2006

Quellen

Interviews

Daryl Bailey, 24. April 2003
Robert Beatty, 14. Februar 2003
Susanna Brinnon, 7. März 2003
Joan Buffington, 3. Februar 1984
Margaret Cormier, 13. März 2003
Ron DeHart, 3. Februar 2003
Doshin (Houn Houtman), 28. Mai 2003
Fanshen Faber, 18. Februar 2003
Russell Fieber, 18. Februar 2003
Margaret Frederick, 28. Oktober 2002
Joseph Goldstein, 27. Januar 2003
Lucinda Treelight Green, 16. Januar 2003
Jain Hein, 25. Oktober 2003
Nick Herzmark, 26. Februar 2003
Ella Hirst, 23. Januar 2003
Cindy Hoffman, 17. Februar 2003
Jim Hopper, 13. Februar 2003
Robert Hover, 14. März 2003
Nellie Kaufer, 27. Januar 2003
Jennifer Keane, 24. Februar 2003
Paul Köppler, 16. Juni 2003
Jack Kornfield, 4. April 2003
Frank Leder, 3. Februar 2003
Kathy Lewis, 18. Februar 2003
Dana MacDonald, 28. Oktober 2002
Jacqueline Mandell, 13. März 2003
Isha Mayim, 28. Januar 2003
Maria Monroe, 14. März 2003
Alan Morinis, 25. April 2003

Carol Newhouse, 21. Januar 2003
Wilhelm Polert, 5. April 2003
Caitriona Reed und Michelle Benzamin Miki, 21. Februar 2003
Ulrike Ritter, 2. Februar 2002
Marion Saltman, 9. Februar1984
Sharon Salzberg, 9. Februar 2003
Sarada (Doreen Spencer), 13. Februar 2003
Rhea Shapiro, 20. Februar 2003
Seimi Shiba, 31. Januar 2003
Linda Sibio, 2. Februar 2003
Shanti Soule, 27. Februar 2003
Beverly Spring, 13. Mai 2003
Katherine Tate, 2. Februar 2003
Denise Taylor, 26. März 2003
Michelle Tellier, 17. Februar 2003
Arinna Weisman, 14. Januar 2003
Julie Wester, 14. Januar 2003
Hope Winthrope, 1. Februar 2003
Nina Wise, 5. Februar 2003
Annabelle Zinser, 28. Oktober 2002

Anmerkungen

[1] Watts, *In my own Way. An Autobiography.* (Dtsch.: »Zeit zu leben. Erinnerungen eines ›heiligen Barbaren‹«).
[2] In Alice Miller, *For Your Own Good: The Roots of Violence in Child-rearing*, S. 28 (Dtsch.: »Am Anfang war Erziehung«).
[3] Eine Darstellung des Dritten Reichs hat mich tief berührt und half mir zu verstehen, welchen Reiz die Hitlerjugend auf die meisten ausgeübt hat: die Geschichte der Weißen Rose. Die Mitglieder der kleinen Münchner Studentengruppe druckten 1942 und '43 Flugblätter, in denen sie Hitler denunzierten und die deutsche Bevölkerung zur Sabotage aufriefen. Sie wurden von den Nazis gefasst und hingerichtet. Die Geschwister Hans und Sophie Scholl, zentrale Figuren dieser Widerstandsgruppe, waren

zuvor selbst »mit Leib und Seele« Mitglieder der Hitlerjugend gewesen. Vergleiche *Die Weiße Rose: München 1942–1943* von Inge Scholl.

4 Eine faszinierende Sammlung solcher Antworten findet sich in Alison Owings *Frauen: German Women recall the Third Reich.* (Dtsch.: »Eine andere Erinnerung«).

5 Aus Golo Mann: *The History of Germany since 1789.*

6 So horrend diese Zahlen auch sind, so müssen sie doch im Zusammenhang mit den sechs Millionen Jüdinnen und Juden, den vielen zigtausend polnischen und russischen Menschen und weiteren Opfern, die von den Nazis im Dritten Reich ermordet wurden, betrachtet werden. Die Alliierten beantworteten die Verbrechen der Deutschen mit extremer Härte.

7 In Alison Owings, *Frauen*, S. 146.

8 Owings, *Frauen*, S. 471.

9 A. L. Basham, *The Wonder That Was India* (New York: Grove Press, 1959), zitiert nach Stephen A. Kent's *From Slogans to Mantras.*

10 Isherwood, britischer Schriftsteller, der 1939 nach Hollywood zog, verfasste zahllose Romane und Sachbücher, darunter *The Berlin Diaries (Goodbye to Berlin;* Dtsch: »Berliner Tagebücher« (»Leb wohl, Berlin«)), die die Vorlage für das Theaterstück *I am a Camera* und später für das Brodwaymusical und den Film *Cabaret* lieferten.

11 In Isherwood, Christopher: *Diaries*, Band 1, 1939–1960, S. 408.

12 Watts, britischer Philosoph, Lehrer und Mystiker, wurde mit seinen Büchern über östliche Spiritualität berühmt, darunter *The Wisdom of Insecurity; The Way of Zen (The Spirit of Zen;* dtsch.: »Vom Geist des Zen«; *Nature, Man and Woman; The Joyous Cosmology* (dtsch.: »Kosmologie der Freude«); *The two Hands of God; Beyond Theology; The Book: On the Tabo against knowing who you are* (dtsch.: «Die Illusion des Ich«).

13 Watts, *In my own Way*, p. 236.

14 Watts, *In my own Way*, p. 317.

15 Dtsch: »Die Pforten der Wahrnehmung«. Andere wichtige Bücher von Huxley sind *Brave New World (*Dtsch.: »Schöne neue Welt«); *The Perennial Philosophy* (dtsch.: »Die ewige Philosophie (philosophia perennis)«), *Heaven and Hell; Brave New World Revisited* (dtsch.: »Dreißig Jahre danach oder Wiedersehen mit der wackeren neuen Welt«).

16 Watts, *In my own Way*, p. 317.

[17] Zitiert in Isherwood, Hg., *Vedanta for Modern Man*.
[18] Zitiert in «Sensory Awareness: The Work of Charlotte Selver« (Broschüre). The Sensory Awareness Foundation, Mill Valley, CA.
[19] Watts, *In my own Way*, p. 196.
[20] Bulletin #15, Summer 1999, The Sensory Awareness Foundation, in: Charlotte Selver, *Collected Writings, Volume I: Sensory Awareness and our Attitude toward Life*, S. 10.
[21] Ebd., S. 18–19.
[22] Charles Brooks, *Sensory Awareness*, S. 23 (dtsch. »Erleben durch die Sinne«).
[23] Aus *Sensory Awareness: The Work of Charlotte Selver* (Broschüre), S. 5.
[24] Gesshin wurde später in der vietnamesischen Zen-Linie ordiniert und wurde Gesshin Prabhasa Dharma Roshi (siehe vorheriges Kapitel).
[25] *Ein Experiment der Achtsamkeit* (Anm. d. Übers.).
[26] Watts, *In my own Way*, S. 316.
[27] Theravada, der Weg der Alten, ist die älteste Form des Buddhismus. Heute ist der Theravada-Buddhismus vorwiegend in Südostasien verbreitet. Die im Westen populäre Vipassana-Meditation ist die Theravada-Meditationspraxis.
[28] Diese »Memoiren« wurden später von anderen Reisenden in asiatischen Meditationszentren gelesen. Für Sharon Salzberg, Gründungslehrerin in der Insight Meditation Society, waren sie in den Siebzigern eine Quelle der Inspiration. Ein maschinengeschriebenes Exemplar befand sich jahrelang in Dhamma Dena, aber meine Bemühungen, es zu finden, waren erfolglos. Die Bewohnerinnen von Dhamma Dena glauben, dass eine übereifrige Mitarbeiterin es mit dem Altpapier entsorgt hat. Ruth sagte mir, dass sie U Ba Khin ein Exemplar gegeben hatte, aber das International Meditation Center in Burma hat auf meine Anfrage nicht reagiert.
[29] Das Licht an der Nasenspitze wird *Nimitta* genannt und als Zeichen starker Konzentration des Geistes angesehen.
[30] In Vipassana Research Institute Historical Research Project, *Sayagyi U Ba Khin Journal: A Collection Commemorating the Teaching of Sayagyi U Ba Khin*, S. 57.
[31] Timothy Leary, *Flashbacks: An Autobiography*, S. 187 (dtsch.: »Denn sie wussten, was sie tun. Eine Rückblende«).

[32] Timothy Leary, *Flashbacks,* S. 190.
[33] Timothy Leary, *Flashbacks,* S. 196.
[34] Timothy Leary, *Flashbacks,* S. 189.
[35] Die Zahl der Lebewesen ist unendlich, ich gelobe sie alle zu retten.
Unerschöpflich sind die Begierden, ich gelobe sie zu beenden.
Zahllos sind die Tore des Dharma, ich gelobe sie zu durchschreiten
Der Weg des Buddha ist unübertroffen, ich gelobe ihn zu verwirklichen.
[36] Erst viele Jahre später fand Ruth in Henrys Bibliothek ein Buch, das ihr half, ihren Verlust der Verbindung zur Lebendigkeit zu verstehen. *The Hindu-Yogi Science of Breath* (dtsch.: »Die Kunst des Atmens der Hindu-Yogis«) von Yogi Ramacharaka definiert Prana als feine Lebenskraft, die über den Atem aufgenommen wird, beschreibt das Wirken von Prana in Körper, Psyche und Geist und stellt Atemübungen zur Stärkung der körperlichen und geistigen Gesundheit vor. Das Buch beschreibt außerdem die negativen Auswirkungen von blockiertem oder vermindertem Prana.
[37] Watts, *In my own Way,* S. 376.
[38] Dharma-Gefecht: Tradition im Zen und im tibetischen Buddhismus, Schüler und Lehrer debattieren über Aspekte der Lehre.
[39] Ruth nennt das Jahr 1971 als Zeitpunkt ihrer Ernennung zur Lehrerin.
[40] Ajahn Dhiravamsa ist ein buddhistischer Lehrer aus Thailand.
[41] Sri Aurobindo war ein indischer Philosoph, Guru und Visionär, der die Transformation des Weltbewusstseins postulierte (»integraler Yoga«).
[42] Autor von *Journey of Insight Meditation.*
[43] *San Francisco Examiner,* 3. April 1985.
[44] Der Pali Ausdruck für »Dharma«. Pali ist die heilige Sprache der Theravada-Buddhisten, in den meisten anderen Ausprägungen des Buddhismus wird Sanskrit [wie in Dharma] verwendet.
[45] Ayya Khema, in Deutschland geborene Theravada-Nonne, unterrichtete mit Robert Hover in Los Angeles und war eine Freundin von Ruth. Später wurde sie eine international anerkannte Meditationslehrerin und Vorkämpferin für die Gleichberechtigung von Frauen im Buddhismus.
[46] I. B. Horner, *Women Under Primitive Buddhism* (Delhi: Motilal Banarsidass, 1930), S. 254.
[47] Unlängst hat Goenka offenbar seine Meinung geändert, denn Ruth wurde in einem seiner Zentren liebenswürdig empfangen.

⁴⁸ Ajahn Sumedho ist der westliche Abt von Amaravati, einem Kloster in England.
⁴⁹ Der Ausdruck »Lesbian Nation« wurde 1974 von Jill Johnston in ihrem Essay-Band gleichen Titels geprägt.
⁵⁰ Das Haus wurde Haus Las Vegas getauft, weil die Bäume im Garten üppig grünten und die vorherigen Besitzer grelle Außenbeleuchtung installiert hatten. Nachts funkelte es wie eine Oase in der Wüste.
⁵¹ Der mexikanische Schamane in einer Reihe von Carlos Castanedas berühmten Büchern, darunter *Die Lehren des Don Juan. Ein Yaqui-Weg des Wissens; Die Kraft der Stille. Neue Lehren des Don Juan; Reise nach Ixtlan.*

Literatur

Arendt, Hannah: *Elemente und Ursprünge totaler Herrschaft. Antisemitismus. Imperialismus. Totale Herrschaft.* München 2003.
Bhatt, Mahesh: *U. G. Krishnamurti: A Life.* Delhi: Penguin Books India, 1992.
Brecht, Bertolt: *Sämtliche Stücke in einem Band.* Köln 2002.
Bridenthal, Renate/Atina Grossman/Marion Kaplan (Eds.): *When Biology became Destiny: Women in Weimar and Nazi Germany.* New York: Monthly Review Press, 1984.
Brooks, Charles V. W.: *Sensory Awareness. The Rediscovery of Experiencing through Workshops with Charlotte Selver.* Great Neck, NY: Felix Morrow, 1974, 1986 (dtsch.: *Erleben durch die Sinne.* Paderborn 1979).
Butterfield, Stephen T.: *The Double Mirror: A Skeptical Journey into Buddhist Tantra.* Berkeley, CA: North Atlantic Books, 1994.
Elon, Amos: *The Pity of it all. A History of Jews in Germany, 1743–1933.* New York: Henry Holt and Company, 2002 (dtsch.: *Zu einer anderen Zeit. Porträt der jüdisch-deutschen Epoche 1743–1933.* München 2005).
Fest, Joachim E.: *Das Gesicht des Dritten Reiches. Profile einer totalitären Herrschaft.* München 2002.
Feuerstein, Georg/Ty Koontz/David Dykstra (eds.): *The Adept: Selections from Talks and Essays by Da Free John on the Nature and Function of the Enlightened Teacher.* Clearlake, CA: The Dawn Horse Press, 1983.
Fromm, Erich: *Die Furcht vor der Freiheit.* München 1990.

Furlong, Monica: *Zen Effects: The Life of Alan Watts*. Boston: Houghton Mifflin, 1986.

Garraty, John A.: *The Great Depression*. New York: Harcourt Brace Jovanovich, 1986.

Gidlow, Elsa: *Elsa, I come with my Songs: The Autobiography of Elsa Gidlow*. San Francisco: Booklegger Press, 1986.

Goldhagen, Daniel Jonah: *Hitlers willige Vollstrecker. Ganz gewöhnliche Deutsche und der Holocaust*. Berlin 2000.

Heiden, Konrad: *Der Fuehrer: Hitler's Rise to Power*. New York: Houghton Mifflin Co., 1944.

Herman, Judith Lewis, M. D.: *Trauma and Recovery*. New York, Basic Books, 1992 (dtsch.: *Die Narben der Gewalt. Traumatische Erfahrungen verstehen und überwinden*. Paderborn 2003).

Höss, Rudolph: *Kommandant in Auschwitz. Autobiographische Aufzeichnungen*. München 1963.

Huxley, Laura Archera: *This timeless Moment*. New York: Farrar, Straus & Giroux, 1968 (dtsch.: *Dieser zeitlose Moment*. Heidelberg 2002).

Isherwood, Christopher: *Diaries, Volume One, 1936–1960*. New York: HarperCollins Publishers, 1996 (dtsch.: *Berliner Tagebücher« (Leb wohl, Berlin)*).

—. *My Guru and His Disciple*. New York: Farrar, Straus & Giroux, 1980.

—, (Ed.): *Vedanta for Modern Man*. New York: Collier Books, 1962.

Jeffrey, Francis/John C. Lilly/M. D. John Lilly: *So far ... Los Angeles*. Jeremy P. Tarcher, 1990.

Kent, Stephen A.: *From Slogans to Mantras*. Social Protest and Religious Conversion in the Late Vietnam War Era. New York: Syracuse University Press, 2001.

Kindleberger, Charles P.: *The World in Depression*. Berkeley, CA: University of California Press, 1986 (dtsch.: *Geschichte der Weltwirtschaft im 20. Jahrhundert IV. Die Weltwirtschaftskrise 1929–1939*. München 1973.)

Koontz, Claudia: *Mothers in the Fatherland: Women, the Family and Nazi Politics*. New York: St. Martin's Press, 1987.

Kornfield, Jack: *Living Buddhist Masters*. Kandy, Sri Lanka: Buddhist Publication Society, 1977.

Leary, Timothy: *Flashbacks: An Autobiography*. Los Angeles, CA: J. P. Tarcher,

Inc., 1983 (dtsch.: *Denn sie wussten, was sie tun. Eine Rückblende.* München 1997).

Lerner, Eric: *Journey of Insight Meditation: A Personal Experience of the Buddha's Way.* London: Turnstone Books, 1977.

Lilly, John C., M. D.: *Das Zentrum des Zyklons. Eine Reise in die inneren Räume.* Frankfurt/Main 1988.

Mann, Golo: *The History of Germany Since 1789.* New York: Praeger, 1968.

Miller, Alice: *For Your Own Good: The Roots of Violence in Child-rearing.* London: Virago Press, 1987. *Am Anfang war Erziehung.* Frankfurt Main 1998 (dtsch.: *Am Anfang war Erziehung.* Frankfurt/Main, 1998).

Mitscherlich, Alexander und Margarete: *Die Unfähigkeit zu trauern. Grundlagen kollektiven Verhaltens.* München 2004.

Niewyk, Donald L.: *The Jews in Weimar Germany.* Baton Rouge and London: Louisiana State University Press, 1980.

Owings, Alison: *Frauen: German Women recall the Third Reich.* New Brunswick, NJ: Rutgers University Press, 1994 (dtsch.: *Eine andere Erinnerung.* München 1999).

Ramacharaka, Yogi: *Science of Breath. A Complete Manual of the Oriental Breathing Philosophy of Physical, Mental, Psychic and Spiritual Development.* Chicago: Yogi Publication Society, 1904, 1905, 1932 (dtsch.: *Die Kunst des Atmens der Hindu-Yogis.* München 1958).

Schmidt, Amy: *Dipa Ma. Furchtlose Tochter des Buddhas.* Freiamt 2004.

Scholl, Inge: *Die weiße Rose.* Frankfurt 1993.

Shainberg, Lawrence: *Ambivalent Zen: One Man's Adventures on the Dharma Path.* New York: Random House/Vintage Books, 1995.

Shattock, E. H. Rear Admiral: *An Experiment in Mindfulness: An English Admiral's Experiences in a Buddhist Monastery.* New York: E. P. Dutton & Co., Inc., 1960.

Sherrill, Martha: *The Buddha from Brooklyn.* New York: Random House, 2000.

Trumbo, Dalton: *Night of the Aurochs.* New York: Bantam Books, 1979.

Van de Wetering, Janwillem: *The empty Mirror. Experiences in a Japanese Zen Monastery.* New Yor: St. Martin's Griffin, 1973 (dtsch.: *Der leere Spiegel. Erfahrungen in einem japanischen Zen-Kloster.* Reinbeck 1981).

Vipassana Research Institute Historical Research Project: *Sayagyi U Ba Khin*

Journal. A Collection commemorating the Teaching of Sayagyi U Ba Khin, published to mark the Twentieth Anniversary of His Demise. Maharashtra, India: Vipassana Research Institute, 1991.

Watts, Alan: *In my own Way. An Autobiography*. New York: Pantheon Books, 1972 (dtsch.: *Zeit zu leben. Erinnerungen eines »heiligen Barbaren«*. München 1984).

Filme

Aimee & Jaguar, von Max Färberböoeck, D 1999; spielt in Berlin im Jahre 1943; handelt von der lesbischen Beziehung zwischen einer Jüdin und der Ehefrau eines Nationalsozialisten.

Im toten Winkel: Hitlers Sekretärin, von André Heller und Othmar Schmiderer, D 2002. Dokumentarfilm; Interview mit Traudl Junge, einer von Hitlers persönlichen Sekretärinnen während des Zweiten Weltkriegs.

Cabaret, von Bob Fosse, USA, 1972. Musical über eine junge Frau, die den Niedergang des Berlins der Vorkriegszeit miterlebt.

Judgment at Nuremburg, von Stanley Kramer, USA 1961.

Paragraph 175, Rob Epstein and Jeffrey Friedman, USA 1999. Dokumentarfilm über den Umgang mit Homosexuellen in Deutschland während des Nationalsozialismus.

Der Pianist, von Roman Polanski, USA 2002. Drama über einen polnisch-jüdischen Musiker, der während der Zerstörung des Warschauer Ghettos im Zweiten Weltkrieg um sein Überleben kämpft.

Die weiße Rose, von Michael Verhoeven, D, 1986. Geschichte über Münchner Studenten, die 1942 einen Aufstand gegen die Nazis anzettelten und hingerichtet wurden.

Dank

So wie die Lehren des Buddha keinen Preis haben, so sind auch Ruth Denisons Unterricht und ihre unnachahmliche Persönlichkeit Geschenke, die dankbar empfangen werden. Ich kann ihr nicht genug dafür danken, einfach sie selbst zu sein und, wie eine ihrer Schülerinnen es ausdrückte, so viel Licht in diese Welt zu bringen. Viele Jahre lang hat sie mit großer Geduld dieser manchmal verdrießlichen Schülerin das Dharma weitergegeben und Starrsinn mit Freundlichkeit und Humor vergolten. Während der Arbeit an diesem Buch reagierte Ruth auf meine Sitzungen voller ermüdender Fragen mit unerschöpflicher Energie und guter Laune. Ohne ihre liebenswürdige Kooperation hätte dieses Buch nicht geschrieben werden können. Als wir das fertige Manuskript zusammen lasen, fand sie, dass es dem Geist, der sie motiviert, und dem Beitrag, den sie immer noch zum amerikanischen Buddhismus leistet, gerecht wird.

In den späten Neunzigern schlugen einige ihrer Schülerinnen vor, dass ich Ruths Biografie schreiben solle. Annabelle Zinser aus Berlin und Jain Hein aus Scarsdale, New York, waren die treibenden Kräfte. Sie sprachen zur gleichen Zeit mit Ruth und überzeugten sie, ihre natürliche Zurückhaltung aufzugeben und mir zu erlauben, ein Buch über sie zu schreiben. Ihre Argumente waren offensichtlich überzeugend, denn 1999, während des Herbst-Retreats, bat Ruth mich zu einem Gespräch. Sie überraschte mich mit ihrem Wunsch, ich möge ihre Biografie schreiben. Wir redeten bis nachts um halb zwei, und ich warnte sie davor, dass ich mich um einen ehrlichen, ungeschönten Blick auf ihr Leben und ihren Unterricht bemühen würde. Ruth hörte genau zu und willigte ein. Anfang 2002, im Jahr ihres achtzigsten Geburtstags, begann ich mit den Recherchen für dieses Buch.

Insbesondere Annabelle Zinser hat mir zu Beginn der Arbeit geholfen, mich ermutigt, mich entscheidend unterstützt, und ich durfte zu Gast in ihrem Haus in Berlin sein. Ich bin ihr dankbar für die Hilfe, für ihren Glauben an dieses Projekt und daran, dass ich die Richtige dafür sei. Ruths treuer Anhängerin Jain Hein danke ich für ihre unerschöpfliche Verehrung unserer Lehrerin und für ihre Begeisterung für diese Arbeit. Jack Kornfield teilte mir mit, er sei sehr erfreut, dass ich dieses Projekt durchführen wollte. Die Berkeley Women's Dharma Foundation bot Unterstützung in Form großzügiger finanzieller Unterstützung an.

Ruths Kollegen und Schüler schenkten mir ihre Zeit und erzählten inspirierende, oftmals komische, wunderbar einfühlsame Geschichten über ihre Begegnungen mit Ruth. Sie überprüften außerdem nebulöse Daten und Fakten. Ihre Erlebnisse sind der Hintergrund und der Stoff dieser Arbeit.

Obwohl ihre Namen im Anhang genannt werden, möchte ich den Menschen, die mit Ruth in der Wüste leben, ganz besonders danken. Ihre Hilfe bezüglich Informationen und Transport war wundervoll. Es sind Ron DeHart, Hope Winthrope, Seimi Shiba, Katherine Tate und Linda Sibio. Margaret Frederick holte mich viele Male gutmütig vom Flughafen in Palm Springs ab, brachte mich nach Dhamma Dena und fuhr mich Tage später fröhlich zurück. Sie beantwortete meine Emails umgehend oder schickte mir Detailinformationen wie Namen und Daten durchs Telefon – und ob Kojoten Hundefutter bekommen. Sie ist ein Juwel; für ihren Beitrag zu diesem Buch bin ich aufrichtig dankbar.

Ich danke all den Freundinnen und Freunden, den Bibliothekarinnen (besonders Judy Clarence) und den Buchhändlerinnen, die mir genau den passenden Artikel, das passende Buch oder die Online-Biografie schickten. Damit die Leserinnen und Leser wissen, worauf ich mich stütze, erscheint dieses Material bei den »Quellen«. Meine alten Freundinnen Sandra Butler und Nan Gefen haben mir beide den unschätzbaren Dienst erwiesen, das Manuskript sorgfältig zu lesen. Sandys Anmerkungen zur Psychologie des Missbrauchs halfen, das manchmal schwierige Material einzuschätzen. Reverend Maurine Lewis, zu Besuch aus Wisconsin, machte es sich in meinem Wohnzimmer gemütlich, um das Buch zu lesen, und gab wertvolle Hinweise. Eva Herzer kontrollierte die deutschen Wendungen und die Passagen über die deutsche Geschichte. Jennifer Boesing untersuchte mit mir die Wirkung des Textes und ließ mich an ihrer Sichtweise teilhaben.

Ich danke anderen Freundinnen dafür, dass sie mir zugehört haben, wenn ich erzählte, was ich herausgefunden hatte – besonders über die verstörenden Einzelheiten des Dritten Reichs. Und ich danke den Freundinnen, die Ruth kennen und mit mir die Bedeutung ihres Verhaltens oder ihrer Marotten, die mich verwirrten, diskutierten. Unter ihnen sind Carol Newhouse und Annie Hershey, die nicht nur das Manuskript gelesen haben, sondern sich immer nach dem Stand der Dinge erkundigten und bei einem guten Abendessen den Inhalt kommentierten.

Meine Verlegerin bei Beacon, Amy Caldwell, sah schon früh den Wert meines Vorhabens, ein Buch über eine der wichtigsten buddhistischen Lehrerinnen zu schreiben, und es war ihr Vorschlag, dass ich außerdem meine eigenen Erfahrungen als Schülerin von Ruth Denison thematisieren könne. Ich danke ihr für ihren Vorschlag zu diesem, wie ich glaube, richtigen Ansatz. Und ich danke ihr für ihre kluge Begleitung beim Feilen und Kürzen des Manuskripts.

Ich möchte meinen Dank auf all jene Menschen ausdehnen, die sich an dem großen Abenteuer beteiligen, das die Erschaffung des amerikanischen Buddhismus genannt wird. Wir haben in den Vereinigten Staaten eine beispiellose Präsenz und Effizienz von Frauen in der buddhistischen Praxis erreicht, und dieser Zusammenhang hat die Ruth Denisons dieser Welt ermutigt, etwas von sich zu geben – manchmal ungeachtet erheblicher Unwegsamkeiten.

Schließlich verneige ich mich vor meiner Partnerin Martha Boesning – Dramatikerin, Theaterdirektorin und soziale Aktivistin – für ihre Bereitschaft, mit mir monatelang schier endlose Diskussionen über dieses Buch zu führen, dafür, dass sie jedes Wort in verschiedenen Fassungen las und unermüdlich die Passagen benannte, über die ich mir Gedanken machen sollte, weil sie einer schärferen Perspektive oder eines fokussierteren Zugangs bedurften. Der Beitrag ihres scharfen Verstandes und ihrer Großzügigkeit ist auf beinahe jeder Seite greifbar. Ich bin ihr dafür unendlich dankbar und für ihre Liebe in meinem Leben.

Sandy Boucher

Dank des Theseus Verlages

Annabelle Zinser danken wir für ihre großzügige Unterstützung. Ohne sie hätte die deutsche Ausgabe des Buches nicht erscheinen können.

Dank an Ruth Denison, Louise Francis-Smith, John Fabian, Ulrike Ritter, Karen Siebert, Annabelle Zinser, Chandini B. Werner und andere für die Fotos, die sie für die deutsche Ausgabe des Buches zur Verfügung gestellt haben.*

---

* Trotz unserer Bemühungen war es leider nicht in allen Fällen möglich, den jeweiligen Rechteinhaber ausfindig zu machen: Für Hinweise sind wir dankbar. Rechtsansprüche bleiben gewahrt.

Kontaktadresse

Für weitere Informationen über Ruth Denison und Dhamma Dena wenden Sie sich bitte an:

Dhamma Dena Desert Vipassana Center
HC-1 Box 250
Joshua Tree, CA 92252
Tel: 001/760/362-4815